U0958129

管理信息系统开发技术基础

（Java）

主　编：闻思源
副主编：陈爱玲　李　颖　温博晨
参　编：王　睿　邹　霞　胡江涛　万伟岗
顾延彬　李　敏　田强强　高晓月

電子工業出版社
Publishing House of Electronics Industry
北京·BEIJING

内 容 简 介

本书以使学生掌握B/S架构管理信息系统开发基本技术为目标，以Java为程序开发语言，以SQL Server为关系型数据库管理系统，以关系型数据库管理与数据操纵、HTML和CSS基础、JavaScript基础、初级Web页面开发、JSP开发、Servlet开发、Java的数据库访问技术、JavaBean开发为从浅到深的技术路径，全面系统地介绍如何应用这些方法完成管理信息系统的各项开发工作，并结合具体案例逐一进行开发步骤与关键点的详解。本书内容覆盖J2EE全栈开发技术，详细充实、实践性佳，保障学生在学习后立即可以投入使用。本书要求学习者具备Java程序设计语言的基础知识。

本书既可作为高等院校信息管理与信息系统专业、计算机专业、经济管理类专业本科生、研究生管理信息系统开发技术等课程的教材，也可作为MBA、工程硕士等相关课程的参考书。对于从事管理信息系统建设、开发及包括CIO在内的各级管理人员来说，本书亦是一本有益的参考书。

图书在版编目（CIP）数据

管理信息系统开发技术基础 : Java / 闻思源主编. —北京：电子工业出版社，2020.11
ISBN 978-7-121-39979-4

Ⅰ.①管… Ⅱ.①闻… Ⅲ.①管理信息系统－系统开发－高等学校－教材②JAVA语言－程序设计－高等学校－教材 Ⅳ.①C931.6②TP312.8

中国版本图书馆CIP数据核字（2020）第227938号

责任编辑：王二华
印　　刷：天津千鹤文化传播有限公司
装　　订：天津千鹤文化传播有限公司
出版发行：电子工业出版社
　　　　　北京市海淀区万寿路173信箱　　邮编：100036
开　　本：787×1092　1/16　印张：19.75　字数：505.6千字
版　　次：2020年11月第1版
印　　次：2020年11月第1次印刷
定　　价：59.00元

凡所购买电子工业出版社图书有缺损问题，请向购买书店调换。若书店售缺，请与本社发行部联系，联系及邮购电话：（010）88254888，88258888。

质量投诉请发邮件至zlts@phei.com.cn，盗版侵权举报请发邮件至dbqq@phei.com.cn。

本书咨询联系方式：wangrh@phei.com.cn。

前　言

管理信息系统融合了计算机技术、数据库技术、数字通信网络技术等信息技术硬件设备和软件系统，构成了以快速搜集、传播、加工数据并形成有效信息为主要目标的计算和存储系统，目前已成为各行各业保障其业务良好、高效运行和精准决策的不可或缺的计算机辅助系统，对于信息社会的高速发展起到了关键的作用。

当前对于管理信息系统的教学和研究，有的侧重于技术视角，有的侧重于管理视角，前者注重管理信息系统的技术架构、开发体系和方法实践，后者强调管理信息系统在行业中的管理实践。本书遵循“从技术角度着力培养学生管理信息系统开发能力”的原则，以管理信息系统开发的体系架构为基点，重视对开发实践中各类技术方法的阐述，注重学生全面多视角的开发能力、分析与设计能力的培养，使学生在今后的相关工作学习中，当遇到相关技术问题时，能够明确基础概念、正确评估技术路径、全面掌握技术方法、深度分析技术问题，并能以系统化的观点来参与开发、组织、管理各类管理信息系统建设项目。

本书共分 12 章，内容大致可以分为五个部分：第一部分，主要介绍管理信息系统的概念与内涵、主要信息系统开发模型和开发过程；第二部分，讲解以关系型数据库管理系统为基础的数据管理基本概念、关系型数据建模方法，介绍当前主流的关系型数据库产品，重点说明使用标准 SQL 语言操作数据库的具体方法和使用 JDBC 访问数据库的方法；第三部分，对 Web 页面基础开发技术进行说明，包括 HTML、CSS、JavaScript 的基础知识与实践运用，使得学生可以学会如何构建基础动态 Web 页面；第四部分，对 Java EE 进行了概念和运行原理说明，从环境配置、开发工具和开发步骤等方面对 Java 的 Web 开发基础进行了案例化详细讲述；第五部分，对 JSP、JavaBean、Servlet 这三项主要的 B/S 开发技术逐一进行具体讲述，使学生掌握管理信息系统全栈开发技术基础，对管理信息系统开发有更深刻的认识，从而初步具备软件工程能力。

本书为山东财经大学“物流信息系统开发技术”课程配套教材。本书由山东财经大学闻思源任主编，陈爱玲（山东财经大学）、李颖（山东现代学院）、温博晨（太极计算机股份有限公司数字医疗事业部总监）任副主编。具体写作分工如下：第 1、2 章由闻思源、李颖编写；第 3、4 章由陈爱玲、闻思源编写；第 5 章由温博晨编写；第 6、7 章由万伟岗[嘉和美康（北京）科技股份有限公司开发部经理]、高晓月（济南多盟信息技术有限公司高级工程师）编写；

第 8 章由王睿（山东财经大学）、邹霞（山东财经大学）编写；第 9 章由胡江涛（济南多盟信息技术有限公司技术总监）编写；第 10、11 章由李敏（山东正元冶达科技发展有限公司高级工程师）、顾延彬（济南多盟信息技术有限公司高级工程师）、田强强（济南多盟信息技术有限公司高级工程师）编写。与本书配套的案例代码和图表等由各位作者共同完成，为本书编写做出贡献的还有闻佳睿等。

由于编者水平有限，书中难免存在疏漏之处，欢迎广大读者批评指正。

编　者

目　录

第 1 章　管理信息系统基础

近年来，信息在社会生活和科学发展中发挥着越来越重要的作用。数据的快速大量产生和传播为信息挖掘创造了良好的条件，同时，海量数据与信息需要可靠的信息系统进行持续完善，信息的使用者也需要通过信息系统快速查询，由此产生了用于保障业务良好、高效运行和精准决策的管理信息系统。它融合了计算机技术、数据技术、数学、通信网络，构成了可以快速搜集、传播、加工数据并形成有效信息的计算和存储系统，并已大量应用于各行各业。信息社会已成为现实。

本章阐述了数据与信息的概念和二者间的关系、管理信息系统的概念与内涵，以及组成和分类。针对管理信息系统的开发，首先讲述了软件系统的各个开发阶段和要解决的主要问题，以及最终阶段性成果；然后讲述了当前五种主要的软件开发模型，并指出增量模型+快速原型模型已成为近年来信息系统开发的主流模型，对 Java、C# 两种主流的开发语言进行了对比；最后对主流集成开发工具进行了概要介绍，在后续章节的内容中将使用 Eclipse 作为集成开发工具。

重点和难点：

- ⊙ 信息的特征
- ⊙ 数据与信息的关系
- ⊙ 管理信息系统的组成
- ⊙ 软件系统各开发阶段的主要工作
- ⊙ 主要开发模型及其优缺点

1.1　数据与信息

1.1.1　数据

数据（Data，又称资料）是指对客观事件进行记录并可以鉴别的符号，是对客观事物的性质、状态以及相互关系等进行记载的物理符号或这些物理符号的组合，是可识别的、抽象的符号。数据是对某一目标定性、定量描述的原始资料，是对客观事物的符号方式的记录，这些符号不仅指数字，而且包括字符、文字、图形、音频、视频等，所以数据是记录下来的某种可以识别的符号，具有多种多样的形式，也可以加以转换，但其中包括的信息内容不会改变，也不随载体的物理设备形式的改变而改变。

在计算机科学中，数据是指所有能输入到计算机并被计算机程序处理的符号的介质的总称，是用于输入电子计算机进行处理，具有一定意义的数字、字母、符号和模拟量等的通称。计算机存储和处理的对象十分广泛，表示这些对象的数据也随之变得越来越复杂，但是在计算机中各种数据最终以 0 和 1 这两个数字表示。

（1）数据按性质可分为以下几类：

① 定位的数据，如各种坐标数据；

② 定性的数据，如表示事物属性的数据（居民地、河流、道路等）；

③ 定量的数据，反映事物数量特征的数据，如长度、面积、体积等几何量或重量、速度等物理量；

④ 定时的数据，反映事物时间特性的数据，如年、月、日、时、分、秒等。

（2）数据按表现形式分为以下两类：

① 数字数据，如各种统计或量测数据，数字数据在某个区间内是离散的值；

② 模拟数据，由连续函数组成，是指在某个区间连续变化的物理量，又可以分为图形数据（如点、线、面）、符号数据、文字数据和图像数据等，如声音的大小和温度的变化等。

（3）数据按记录方式分为地图、表格、影像、磁带、纸带。按数字化方式分为矢量数据、格网数据等。在地理信息系统中，数据的选择、类型、数量、采集方法、详细程度、可信度等，取决于系统应用目标、功能、结构和数据处理、管理与分析的要求。

数据的表现形式还不能完全表达其内容，需要经过解释，数据和关于数据的解释是不可分的。例如，46 是一个数据，可以是一个班级的人数，也可以是包装箱的高度，还可以是某个物流包裹的重量。数据的解释是指对数据含义的说明，数据的含义称为数据的语义，数据与其语义是不可分的。

1.1.2 信息

信息，指音讯、消息、通信系统传输和处理的对象，泛指人类社会传播的一切内容。人通过获得、识别自然界和社会的不同信息来区别不同事物，得以认识和改造世界。在一切通信和控制系统中，信息是一种普遍联系的形式。1948 年，数学家香农在题为《通信的数学理论》的论文中指出：“信息是用来消除随机不定性的东西。”创建一切宇宙万物的最基本单位是信息。

美国信息管理专家霍顿（F.W.Horton）给信息下的定义是：“信息是为了满足用户决策的需要而经过加工处理的数据。”简单地说，信息是经过加工的数据，或者说，信息是数据处理的结果。

我国著名的信息学专家钟义信教授认为“信息是事物运动的状态与方式，是事物的一种属性”。

信息的含义应该包括 3 个方面：信息的客观性、信息的主观性、信息的有用性。

一般来讲，信息具有以下基本特征：

（1）真实性。这是信息的最基本特征之一，也是信息的中心价值所在，“输入的是垃圾，输出的就更是垃圾”，这说明了信息真实性的重要。

（2）目的性。对任何管理信息的搜集和整理工作，都是为了某项具体的管理工作服务的，都具有明确的目的性。

（3）扩散性。信息的扩散性是其本性，就像热源总是从温度高的地方向温度低的地方扩散，而信息通过各种渠道向四面八方传播。信息的扩散力度与信息的浓度、信息源与接收者的梯度等成正比。

（4）传输性。信息是可以传输的。在当前技术状况下，电话、电报、卫星、光缆和计算网络等会将信息快速传遍全球。

（5）等级性。管理信息的等级性是和企业管理系统的层次性相对应的，一般分为战略计划信息、管理控制信息和作业处理信息三个等级，不同管理层次的信息在内容来源、精度、加工方法、使用频率、使用寿命以及保密程度等方面的要求都是不同的。

（6）共享性。共享性又称为非消耗性，是指信息在一定的时间内可以多次被多方面的客户使用，而本身并不消耗。

（7）价值性。一方面体现在获得某信息资料所付出的代价，其价值是按照社会必要劳动量来计算的；另一方面体现在某信息在决策中的影响程度转换得到的效益，其价值是通过使用信息的最优方案和其他方案的效益比较后得到的。

（8）时效性。信息是有寿命时效的，只有在一定的时间内才能体现出最大的价值。

在信息科学中，得到普遍认可和应用的定义是香农的信息定义。在香农信息论中，信息虽然是不确定的，但还是有办法将它们进行量化的，人们根据信息的概念，可以归纳出信息有以下 3 个特点。

① 消息 x 发生的概率为 $P(x)$，其值越大，信息量越小；反之，表示 x 发生的概率越小，信息量就越大。可见，信息量（我们用 I 来表示）和消息发生的概率是相反的关系。

② 当概率为 1 时，百分之百发生的事，地球人都知道，所以信息量为 0。

③ 当一个消息是由多个独立的小消息组成时，那么这个消息所含信息量应等于各小消息所含信息量的和。

根据以上 3 个特点，正好用数学上的对数函数来表示信息量和消息发生的概率之间的关系：$I = -\log_a(P(x))$。信息量计量单位通常是比特（bit），这样比较方便，因为一个二进制波形的信息量恰好等于 1bit，在计算机中 bit 是最小的存储单元，所以香农信息论从信息的量化表达上奠定了计算机信息处理的基础。

信息可以从不同角度进行分类，按照管理层次可以分为战略信息、战术信息和作业信息等；按照应用领域可以分为管理信息、社会信息、科技信息等；按照加工顺序可以分为一次信息、二次信息和三次信息等；按照表示形式可以分为数字信息、图像信息和声音信息等；按照信息来源，可以分为宇宙信息、地球自然信息和人类社会信息 3 类。

1.1.3　数据与信息的关系

信息是向人们或机器提供关于现实世界事实的知识，是数据中包含的意义。

数据经过处理后仍然是数据，处理数据是为了更好地解释数据内涵和数据间关系，只有经过解释（或加工）后的数据才有意义，才能成为信息，可以说信息是经过加工以后并对描述客观世界有可解释意义的数据。

数据与信息的区别在于数据是客观的，来源于客观的真实世界，经过加工处理后形成了信息，具有主观性。在企业中人们形象地将数据和信息的关系解释为原材料与产品之间的关系，数据和信息在人们认识改造现实世界的过程中不断地实现相互转换。

数据与信息的转换过程如图 1-1 所示。

例如，汽车的行驶速度是数据，但只有当司机根据汽车速度表上的速度数据做出加速或减速决策时，速度数据才成为司机控制汽车行驶的有效信息。

再如，快递的货物签收时间是如“2020-05-04 10:36:25”这样的数据，但只有知道货物发件时间数据，再将二者相减，才知道“货物是否延迟到达”这项信息，而多单货物的“是否延迟到达”又构成了“延迟率”统计指标值，这是标识物流公司服务质量的重要信息。

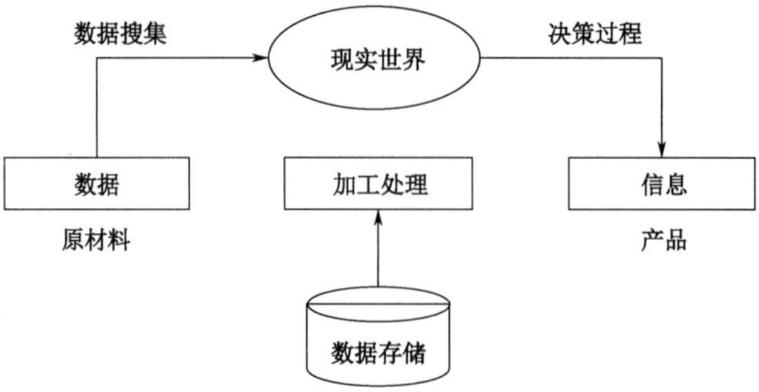

图 1-1 数据与信息的转换

同一数据，每个人的解释可能不同，其对决策的影响也可能不同。决策者利用经过处理的数据做出决策，可能取得成功，也可能得到相反的结果，关键在于对数据的解释是否正确，因为不同解释往往来自不同的背景和目的。

1.2 管理信息系统概述

1.2.1 管理

管理是人们有目的、有意识的实践活动，是指一定组织中的管理者，通过实施计划、组织、领导、协调、控制等职能来协调他人的活动，使别人同自己一起实现既定目标的活动过程，是人类各种组织活动中最普通和最重要的一种活动。

管理的任务在于设计和维持一种环境，使在这一环境中工作的人们能够用尽可能少的支出实现既定的目标，或者以现有的资源实现最大的目标。细分为四种情况：产出不变，支出减少；支出不变，产出增多；支出减少，产出增多；支出增多，产出增加更多。这里的支出包括资金、人力、时间、物料、能源等的消耗。总之，管理基本的原则是“用力少，见功多”，以尽量少的资源耗费，取得尽量大的产出效果。

近百年来，人们把研究管理活动所形成的管理基本原理和方法，统称为管理学。作为一种知识体系，管理学是管理思想、管理原理、管理技能和方法的综合。随着管理实践的发展，管理学不断充实其内容，成为指导人们开展各种管理活动，有效达到管理目的的指南。

管理是以真实有效、持续提供的信息为基础的，没有信息支撑，管理就成了无本之木、无源之水，而在当今信息时代，信息往往来源于信息系统。

1.2.2 信息系统

信息系统（Information System），是由计算机硬件、网络和通信设备、计算机软件、信息资源、信息用户和规章制度组成的以处理信息流为目的的人机一体化系统。它主要有 5 个基本功能：对信息的输入、存储、处理、输出和控制。信息系统的发展经历了简单的数据处理系统、孤立的业务管理信息系统、集成的智能信息系统 3 个发展阶段。

从概念上讲，信息系统在计算机问世之前就已经存在，但它的加速发展和成为生产生活必备却是在计算机和网络广泛应用之后，目前已成为绝大多数组织的运行中必备的一个子系统，是为生产和管理服务的，对于从事物质生产及具体工作的部门来说，它总是管理或控制系统中的一部分。信息系统有别于其他子系统，像人的神经系统分布于全身每一个器官一样，信息系统也渗透到组织中的每一个部门中。信息系统不从事某一具体的实物性工作，而是关系全局的协调一致，因而组织越大，改进信息系统所带来的经济效益也就越大，即信息系统的运转情况与整个组织的效率密切相关。

信息系统是一门新兴的科学，其主要任务是最大限度地利用现代计算机及网络通信技术加强企业的信息管理，通过对企业拥有的人力、物力、财力、设备、技术等资源的调查了解，建立正确的数据，加工处理并编制成各种信息资料及时提供给管理人员，以便进行正确的决策，不断提高企业的管理水平和经济效益。自 20 世纪初泰罗创立科学管理理论以来，管理科学与方法技术得到迅速发展。在与统计理论和方法、计算机技术、通信技术等相互渗透、相互促进的发展过程中，信息系统迅速成为一个专门领域。

从发展和特点，信息系统可分为 5 种类型：数据处理系统（Data Processing System，DPS)、管理信息系统（Management Information System，MIS)、决策支持系统（Decision Sustainment System，DSS)、专家系统（Expert System，ES)、虚拟办公室/办公自动化（Virtual Office，VO)。

另外，从管理的层次性和目的性，可将信息系统分为经理信息系统、营销信息系统、制造信息系统、财务信息系统、人力资源信息系统等。

信息系统具有五项基本功能——输入、存储、处理、输出和控制。

- 输入功能：输入功能决定于系统所要达到的目的及系统的能力和信息环境的许可。
- 存储功能：存储功能指的是系统存储各种信息资料和数据的能力。
- 处理功能：基于数据仓库技术的联机分析处理（OLAP）和数据挖掘（DM）技术。
- 输出功能：信息系统的各种功能都是为了保证最终实现最佳的输出功能。
- 控制功能：对构成系统的各种信息处理设备进行控制和管理，对整个信息加工、处理、传输、输出等环节通过各种程序进行控制。

1.2.3 管理信息系统

关于管理信息系统（Management Information Systems，MIS)，1985 年，管理信息系统创始人、明尼苏达大学卡尔森管理学院著名教授高登·戴维斯（Gordon B. Davis）给出了一个较为完整的定义：“它是一个利用计算机硬件和软件，手工作业，分析、计划、控制和决策的模型以及数据库技术的人–机系统，它能提供网上支持企业或组织的运行、管理与决策功能。”

高登·戴维斯教授给出的管理信息系统的定义全面地说明了管理信息系统的目标、功能和组成，而且反映了管理信息系统在当时达到的水平。它具有 3 个层次的含义：

（1）管理信息系统由四个部分组成：计算机硬件和软件，手工作业，分析、计划、控制与决策模型，数据库技术。

（2）管理信息系统的功能是提供信息（基础信息、管理信息、决策信息等)。

（3）管理信息系统提供的信息有以下两个方面的作用：

- 其基础信息与管理信息能支持企业和组织的管理活动与正常运行；
- 它的决策信息能辅助企业进行有交往的企业决策。

《中国企业管理百科全书》上的定义是：“管理信息系统是一个由人、计算机等组成的能进行信息的收集、传递、储存、加工、维护和使用的系统。管理信息系统能实测企业的各种运行情况；利用过去的数据预测未来；从企业的全局出发辅助企业进行决策；利用信息控制企业的行为；帮助企业实现其规划目标。”

总的来说，管理信息系统是运用系统的理论方法，以计算机网络和现代通信技术为工具和手段，具有进行信息的收集、存储、加工处理、传递等功能的，能为管理决策提供信息服务的人–机系统。

管理信息系统是一个交叉综合性学科，主要组成部分包括计算机学科（网络通信、数据库、计算机语言等）、数学（统计学、运筹学、线性规划等）、管理学、仿真等多学科。建设完善的管理信息系统具有以下四个标准：确定的信息需求、信息的可采集与可加工、可以通过程序为管理人员提供信息、可以对信息进行管理。具有规划完整的数据库是管理信息系统成熟的重要标志，它表明管理信息系统是软件工程的产物。

管理工作的成败取决于能否做出有效的决策，信息是管理决策中极为重要的资源，而决策的正确性在很大程度上取决于信息的质量与数量，所以能否有效地管理信息成为各组织的首要问题，管理信息系统在强调精准决策的信息社会中越来越得到普及，其建设水平也成为社会信息化水平的重要衡量标志。

1.3 管理信息系统的开发过程

管理信息系统需要根据应用目标、使用方法、使用角色、应用强度、安全要求等进行功能细化，然后进行系统构建。目前计算机系统的硬件、网络、数据存储都具备相应的工业标准，只需根据数据量、运行速度、传输效率、安全标准等进行标准化选型即可，所以各个管理信息系统的主要区别在于软件系统的不同。在一般意义上，管理信息系统的建设主要指的是软件系统开发。

软件系统开发的主要内容是需求、设计、编程和测试，其过程依次包括以下 6 个阶段。

1.3.1 计划阶段

计划阶段定义所要解决的问题，主要考虑技术、经济、社会、人员等因素，需要撰写“开发可行性报告”，并初步制订开发计划。

1.3.2 需求分析阶段

根据 Standish Group 对 23000 个软件项目进行研究的结果表明，只有约 26%的项目获得成功，28%的项目彻底失败，46%的项目超出经费预算或者超出工期；在这些高达 74%的不成功项目中，有约 60%的失败是源于需求问题，也就是说，有 40%以上的项目最终因为需求的问题导致失败。所以需求分析是项目能否成功的重要因素，精准的需求描述会为项目后续阶段的顺利开展和后期验收维护打下良好的基础。

需求分析的步骤如下：

- 现场调查，用于明确用户使用方法和系统环境；
- 确定需求，确定系统的功能、性能、可靠性、安全性、所涉及资源等；

- 描述需求，根据前两个步骤结果撰写“需求分析报告”和“需求规格说明书”；
- 复核需求，与客户和使用者共同复核需求描述文档内容是否准确。

1.3.3　系统设计阶段

系统设计是软件开发中最重要的阶段，是将用户需求转化为实际产品的必经途径，在此过程中，系统设计者根据系统分析的结果，运用系统科学的思想和方法，设计出能最大限度满足所要求的目标的软件系统。系统设计是软件开发质量得以保障的关键。

系统设计的内容主要包括确定系统功能、设计方针和方法，做出演示版系统（Demo），根据用户反馈和初步运行效果对演示版系统做出修正并产生可选设计方案。在系统设计中，可将系统分解为若干子系统，自顶向下，分别进行总体设计和子系统设计，最终对系统方案进行论证并做出性能效果预测。

系统设计常用方法有以下几个：

- 结构化设计方法（Structure Design Method，SDM），该方法把系统作为一系列数据流的转换，输入数据在系统中被转换为所期望的输出值，通过模块化来完成自顶而下的数据处理过程，通常以数据流图作为基本设计结构；
- 面向数据结构的设计方法（Data Structure-Oriented Method，DSOM），该方法从数据结构入手，分析信息结构，并用数据结构图（特指该类方法所用的图形描述工具，如 Jackson 结构图和 Warnier 图）来表示，再在此基础上进行需求分析，进而导出软件的结构；
- 面向对象的设计方法（Object-Oriented Design，OOD），其本质是参照人类认识一个现实系统的方法，完成分析、设计与实现一个软件系统，强调最终建立的系统能映射问题域，使得系统中的对象，以及对象之间的关系能够如实地反映问题域中固有的事物及其关系。

其中 OOD 已成为目前管理信息系统主流的设计方法。

系统设计过程有以下两个主要阶段：

- 概要设计（总体设计）阶段，设计软件的模块结构，确定总体结构与子系统的关系，形成“概要设计说明书”；
- 详细设计（过程设计、模块设计）阶段，设计模块内部的算法和数据结构，形成“详细设计说明书”。

除此以外，对于数据设计部分，还需要形成“数据库设计说明书”，并编写“测试计划”初稿。

1.3.4　系统开发阶段

使用选定的编程语言（Java、C#、C++、Python 等）进行编码，将详细设计的结果转换为计算机程序，软件编码是系统设计的继续，编码水平对软件质量和可维护性也具有决定性意义。

系统开发可分为如下步骤：

- 程序设计。补充剩余的详细设计，形成代码的技术性设计。
- 设计审查。检查设计结果，发现设计缺陷。

- 编写代码。编写各模块程序代码，要确保代码运行结果可验证。
- 代码审核。测试编码结果，发现编码缺陷。在目前软件工程中，往往采用“黑盒测试”方法，对于要求较高的系统，可采用“白盒测试”方法。
- 编译代码。将修改后代码分模块编译，开成可执行的软件系统。

1.3.5 系统测试

站在使用者角度，在规定使用条件下对系统各项功能进行反复操作，以发现程序错误，评估软件质量并衡量其是否能满足设计要求。

系统测试的策略主要包括功能测试、性能测试、负载测试、压力测试、容量测试等。

系统测试的步骤主要包括制订测试计划，设计测试环境和测试用例，实施单元测试、集成测试、系统测试、验收测试等，最后做出测试总结，并撰写“系统测试报告”。

1.3.6 运行维护阶段

软件系统交付给用户后，需要根据用户需求或硬件环境的改变，持续进行适当的修改，其中包括软件功能的完善和问题更改。

软件维护不仅仅是修正错误，一般包括以下 4 方面内容：

- 纠错性维护。改正在系统开发阶段产生，而系统测试阶段未发现的错误。
- 适应性维护。使软件系统适应信息技术变化和管理需求变化而进行的修改。
- 完善性维护。为扩充功能和改善性能而进行的修改，这是软件系统维护中最大的工作量。
- 预防性维护。为了改进软件系统的适应性、可靠性和可维护性，主动增加的预防性代码完善。

1.4 管理信息系统的开发模型

管理信息系统软件开发秉承软件开发的过程模型，可以采用不同的开发模型施行。目前，软件开发主要包括以下 5 种模型：

1.4.1 瀑布模型

瀑布模型（Waterfall Model）是一个项目开发架构，开发过程是通过设计一系列阶段顺序展开的，从系统需求分析开始直到产品发布和维护，每个阶段都会产生循环反馈，因此，如果有信息未被覆盖或者发现了问题，那么最好“返回”上一个阶段并进行适当的修改，项目开发进程从一个阶段“流动”到下一个阶段，这也是瀑布模型名称的由来。

瀑布模型于 1970 年由温斯顿•罗伊斯（Winston Royce）提出，直到 20 世纪 80 年代早期，它一直是唯一被广泛采用的软件开发模型，其核心思想是按工序将问题化简，将功能的实现与设计分开，便于分工协作，即采用结构化的分析与设计方法将逻辑实现与物理实现分开。将软件生命周期划分为制订计划、需求分析、软件设计、程序编写、软件测试和运行维护等 6 个基本活动，并且规定了它们自上而下、相互衔接的固定次序，如同瀑布流水，逐级下落。

瀑布模型具有以下优点：

- 为项目提供了按阶段划分的检查点；
- 当前一阶段完成后，您只需要去关注后续阶段；
- 可在迭代模型中应用瀑布模型；
- 它提供了一个模板，这个模板使得分析、设计、编码、测试和支持的方法可以在该模板下有一个共同的指导。

瀑布模型有以下缺点：

- 各个阶段的划分完全固定，阶段之间产生大量的文档，极大地增加了工作量；
- 由于开发模型是线性的，用户只有等到整个过程的末期才能见到开发成果，从而增加了开发风险；
- 通过过多的强制完成日期和里程碑来跟踪各个项目阶段。
- 不适应用户需求的变化（瀑布模型的突出缺点）。

1.4.2　边做边改模型

当一个软件产品在没有规格说明或设计方案的情况下被开发时，开发者不得不多次对产品编码直到得到正确稳定的产品，这种开发模型就是边做边改模型（Build and Fix Model）。

在此模型中，开发者们首先需要快速开发出一个初版系统给客户使用，然后开发团队再开发新的版本提交给客户，这个过程一直持续直到客户满意为止。

这是一种类似软件作坊的开发方式，对编写几百行的小程序来说还不错，但不适应于具备一定规模的系统开发，其主要问题在于以下几点：

- 缺少规划和设计环节，软件的结构随着不断的修改越来越糟，导致无法继续修改；
- 忽略需求环节，给软件开发带来很大的风险；
- 整个开发过程中需要做大量的重复性工作；
- 设计和代码中的错误要到整个产品被构建出来后才能被发现；
- 没有考虑软件系统的可维护性，文档过于简单，导致后期维护升级困难。

因为边做边改模型没有包括编码前的设计阶段，所以一般不被认为是一个完整周期的开发模型，然而在某些场合这种方式非常实用，尤其对于需求简单、软件功能容易定义、代码量较小、上线周期要求快的系统可以使用这种模型进行开发。

1.4.3　快速原型模型

快速原型模型（Rapid Prototype Model），又称原型模型，是增量模型的另一种形式。这种模型在开发真实系统之前，构造一个原型，在该原型的基础上，逐渐完成整个系统的开发工作。这种模型由于能够快速反映用户需求，便于开发方与使用方精确沟通，现已成为管理信息系统开发的主流模型。

由于种种原因，在需求分析阶段得到完全、一致、准确、合理的需求说明是很困难的，在获得一组基本需求说明后，就快速实现其功能界面原型（User Experience Design，UE），通过原型反馈，加深对系统的理解，使用户在使用原型过程中受到启发，对需求说明进行补充和精确化，从而逐步获得合理、协调一致、无歧义的、完整的、现实可行的需求说明。快速原型模型的第一步是用快速建模软件（如 Axure、Visio 等）建造一个软件系统的快速原型，形成用户与系统的交互界面，通过用户使用原型并进行评价，进一步细化用户需求，并逐步调整原型使其满足用户的要求；第二步则在第一步的基础上开发用户满意的软件产品。

快速原型模型适合预先不能确切定义需求的软件系统的开发，其优点在于：克服了瀑布模型效率较低的缺点，并降低了边做边改模型所带来的开发风险。其缺点在于：快速建立起来的系统模型使得用户可以随时介入系统开发过程，从而产生功能需求变更的随意性，由此可能会导致需求的不可控。

1.4.4 演化模型

演化模型（Evolutionary Model）是一种全局的软件（或产品）生存周期模型，属于迭代开发方法。

该模型可以表示为：第一次迭代（需求→设计→实现→测试→集成→反馈）→第二次迭代（需求→设计→实现→测试→集成→反馈）→……

根据用户的基本需求，通过快速分析构造出该软件的一个可运行初始版本，然后根据用户在使用初始版本过程中提出的意见进行改进，获得新的版本。重复这一过程，最终可得到令用户满意的软件产品。演化模型特别适用于对软件需求缺乏精确认识，需要在使用过程中不断磨合的项目。

演化模型的优点有以下几点：

- 版本提交时效高，任何功能一经开发就能进入测试以便验证是否符合产品需求；
- 可帮助引导用户在使用情境中深化需求，从而产出高质量的产品要求；
- 可以在早期就获得项目进程数据，并据此对后续的开发循环做出比较切实的估算，增加项目成功概率；
- 开发中的经验教训能应用于后续循环过程，有助于提高产品质量；
- 使软件产品的销售工作可提前进行，在产品开发的中后期即可用包含主要功能的初版产品去向客户做展示，争取试用机会。

演化模型的缺点有以下几点：

- 产品需求在项目期开始时并不完全清楚，会给总体设计带来困难，削弱产品设计的完整性，并因而影响软件代码优化及产品最终质量及可维护性；
- 如果缺乏严格的过程管理，该模型可能退化为一种原始的无计划的“试－错－改”模式；
- 让用户过早接触尚未测试稳定的功能，可能对用户产生负面影响，由此导致的负向信息也会给系统开发人员带来负面情绪。

1.4.5 增量模型

增量模型（Incremental Model）是把待开发的软件系统模块化，将每个模块作为一个增量组件，从而分批次地分析、设计、编码和测试这些增量组件。

运用增量模型的软件开发过程是递增式的过程，在整体上按照瀑布模型的流程实施项目开发，以方便对项目的管理；但在软件的实际开发中，则将软件系统按功能分解为许多增量构件，并以构件为单位逐个地创建与交付，直到全部增量构件创建完毕，并都被集成到系统之中交付用户使用。

相对于瀑布模型而言，由于采用增量模型进行开发，开发人员不需要一次性地把整个软件产品提交给用户，可以分批次进行提交。

增量模型适用于具有以下特征的软件开发项目：

- 软件产品可以分批次地进行交付；
- 待开发的软件系统能够被模块化；
- 软件开发人员对应用领域不熟悉，难以一次性地进行系统设计与开发；
- 项目管理人员把握全局的水平较高。

增量模型的最大特点就是将待开发软件系统进行模块化和组件化，具有以下优点：

- 可以分批次地提交软件产品，有利于工期管理和用户及时了解软件进展；
- 以组件为单位进行开发降低了软件开发的风险；
- 开发组织灵活，开发人员可以对组件的实现顺序进行优先级排序，先完成需求稳定组件，当组件的优先级发生变化时，还能及时地对实现顺序进行调整。

增量模型的缺点是：要求待开发的软件系统可以被模块化，如果待开发的软件系统很难被模块化，那么增量模型将不再适用。根据目前信息系统开发经验，软件系统的模块化程度已经越来越高，各种优秀开发框架的涌现也为增量模型奠定了坚实的技术基础，如 Java 开发中经常使用的 SSM 模型等。

鉴于中大型信息系统开发在设计思想和开发平台支撑上都可以模块化，所以增量模型+快速原型模型成为近年来信息系统开发的主流模型。

1.5 常用集成开发工具

软件系统的定制开发是为大、中、小公司所广泛采用的一种软件开发形式。大多数软件系统的使用单位由于自身的业务状况和管理特殊性，对于软件系统会有特殊的具体要求。市场上的通用管理信息系统软件有很多，如运输管理系统、仓储管理系统、人事管理系统、供销存管理系统、财务管理系统等，但是一方面有些单位对价格可能难以承受，另一方面通用软件的管理思路、功能和模式相对固定，如果使用，则完全是让使用方按照软件的业务流程进行管理的流程化套用，无法考虑兼顾到使用方的行业及内部个性化需求，这样就造成了软件在上线和使用过程中存在着严重的“水土不服”的现象，因此不少单位在经历过失败的案例后，纷纷转向定制开发。具体来说，定制开发就是根据企业的具体情况和个性要求来设计软件系统，并提供相应的开发服务，从而提高系统适用性、资金使用效率，促进使用方工作效率提升和成本降低。

实现软件定制开发需要有软件开发工具，也称为集成开发环境（Integrated Development Environment，IDE），是用于提供程序开发环境的应用程序，一般包括代码编辑器、编译器、调试器和图形用户界面等工具，是集代码编写、代码编译、代码调试、性能分析等功能为一体的开发软件服务套件，如微软的 Visual Studio 系列、Eclipse、NetBeans 等，使用 IDE 可以大幅缩减开发者的编码量，使开发者有更多时间关注用户需求，在项目的需求设计、开发测试、部署维护等各个阶段均提供强大的支持。

软件开发平台源于烦琐的实践开发过程中，开发人员在实践中将常用的函数、类、抽象、接口等进行总结和封装，成为可以重复使用的“中间件”（Middle Ware），而随着“中间件”的成熟和通用，功能更强大、更能满足企业级客户需求的软件开发平台就应运而生了。

当前主流的软件开发语言有 Java、C#、C/C++、Python、Delphi 等，由于 Java 语言和 C# 语言使用的广泛性，所以用于管理信息系统开发的开发工具主要有两大类：Java 开发工具和.net 开发工具。

1.5.1 Java 开发工具

Java 是一门面向对象编程语言，不仅吸收了 C++语言的各种优点，还摒弃了 C++里难以理解的多继承、指针等概念，因此 Java 语言具简单易用、面向对象、分布式结构、健壮安全、平台独立与可移植性强、多线程等突出特点，可以编写桌面应用程序、Web 应用程序、分布式系统和嵌入式系统应用程序等。作为静态面向对象编程语言的代表，Java 极好地体现了面向对象理论，允许程序员以优雅的思维方式进行复杂的编程。

1996 年 1 月，Sun 公司发布了 Java 的第一个开发工具包（JDK 1.0）。2009 年，甲骨文公司（Oracle）宣布收购 Sun 公司，目前甲骨文公司发布的 JDK 最新版本是 JDK14。

JDK（Java Development Kit）称为 Java 开发包或 Java 开发工具，是一个编写 Java 应用程序的软件开发环境，是整个 Java 的核心，包括了 Java 运行环境（Java Runtime Environment，JRE）、一些必要的 Java 开发工具程序及 Java 的核心类库（Java API），不论什么 Java 应用服务器实质都是内置了某个版本的 JDK。当前主流的 JDK 是甲骨文公司发布的 JDK，除甲骨文公司之外，还有很多公司和组织都开发了自己的 JDK，如 IBM 公司开发的 JDK、BEA 公司开发的 Jrocket，还有自由软件基金会（Free Software Foundation）所资助的 GNU 组织开发的 JDK。

JRE 是个运行环境，JDK 是个开发环境，因此写 Java 程序的时候需要 JDK，而运行 Java 程序的时候就需要 JRE，而 JDK 里面已经包含了 JRE，因此只要安装了 JDK，就可以编辑 Java 程序，也可以正常运行 Java 程序，但由于 JDK 包含了许多与运行无关的内容，占用的空间较大，因此运行普通的 Java 程序无须安装 JDK，而只需要安装 JRE 即可。

常用的 Java 语言开发工具有以下几个。

1. Eclipse

Eclipse 是一个开放源代码的、基于 Java 的可扩展集成开发平台，是一个框架和一组服务，通过插件、组件构建开发环境。Eclipse 本身附带了一个标准的插件集，包括 JDK。

Eclipse 最初是由 IBM 公司开发的替代商业软件 Visual Age for Java 的下一代 IDE，2001 年 11 月贡献给开源社区，由非营利软件供应商联盟——Eclipse 基金会（Eclipse Foundation）管理。2007 年 6 月发布第一个稳定版本——3.3 版；2008 年 6 月发布 3.4 版，此后每年 6 月 Eclipse 基金会都会安排同步发布。

Eclipse 的本身只是一个框架平台，通过安装不同的插件 Eclipse 可以支持不同的计算机语言，如 C++和 Python 等开发工具，众多插件的支持使得 Eclipse 拥有其他功能相对固定的 IDE 很难具有的灵活性，Eclipse 的目标是成为可进行任何语言开发的 IDE 集成者，使用者只需下载各种语言的插件即可。

Eclipse 目前已成为 Java 开发最为主流的 IDE，本书主要讲述基于 Java 语言和 SQLServer 数据库（见第 2 章）开发管理信息系统的基本方法，案例所使用的开发工具是 Eclipse。

2. MyEclipse（MyEclipse Enterprise Workbench）

MyEclipse 应用开发平台是 J2EE 集成开发环境，包括了完备的编码、调试、测试和发布功能，完整支持 Java、HTML、Struts、Spring、JSP、CSS、Javascript、SQL、Hibernate。MyEclipse 应用开发平台在结构上实现了 Eclipse 单个功能部件的模块化，并可以有选择性地对单独的模块进行扩展和升级。

3. NetBeans

NetBeans 是 Sun 公司在 2000 年创立的开放源代码的、供开发人员和客户社区使用的家园，旨在构建世界级的 Java IDE，它是开放源码的 Java 集成开发环境，适用于各种客户机和 Web 应用，NetBeans 当前可以在 Solaris、Windows、Linux 和 Macintosh OS X 平台上进行开发，适于创建和部署 2 层 Java Web 应用和 n 层 J2EE 应用的企业开发人员使用。

1.5.2　.Net 开发工具

.NET 就是微软用来实现 XML、Web Services，面向服务的体系结构（Service-Oriented Architecture，SOA）和敏捷性的技术。

从技术角度看，.NET 是微软的新一代技术平台，为敏捷商务构建互联互通的应用系统。这些系统是基于标准的、联通的、适应变化的、稳定的和高性能的。一个.NET 应用是一个运行于.NET Framework 之上的应用程序，更精确地说，一个.NET 应用是一个使用.NET Framework 类库来编写，并运行于公共语言（Common Language Runtime，CLR）之上的应用程序。

伴随着.NET 的发布，微软同步发布了 C#语言，它是由 C 和 C++衍生出来的一种安全的、稳定的、简单的、优雅的面向对象编程语言。它在继承 C 和 C++强大功能的同时去掉了一些复杂特性（如没有宏、不允许多重继承）。C#综合了 VB 简单的可视化操作和 C++的运行高效率，以其强大的操作能力、优雅的语法风格、创新的语言特性和便捷的面向组件编程的支持成为.NET 软件开发的首选语言。

在 C#语言的软件开发平台中，最成熟、使用最广泛的是 Microsoft Visual Studio.Net（简称 VS.net）。它是微软公司的开发工具包，包括了整个软件生命周期中所需要的大部分工具，如统一建模（UML）设计工具、代码编辑管控工具、代码调试工具、图形化部件工具、数据库工具等，所写的目标代码适用于微软支持的所有平台。

VS.net 可用于开发 ASP NET Web 应用程序、Web services、桌面应用程序和移动应用程序。在 VS.net 中，Visual C#、Visual C++、Visual Basic 等语言都可以用于软件开发，实现了多语言工具共享，能够轻松地创建混合语言解决方案。

1995 年，微软发布了 Visual Studio 初版（俗称 Visual Studio 4.0）；2002 年，微软发布了 Visual Studio .NET2002；2005 年发布了 Visual Studio .NET2005；2007 年发布了 Visual Studio .NET2008；2012 年发布了 Visual Studio .NET2012；2015 年发布了 Visual Studio .NET2015；目前最新的 VS.net 版本是 Visual Studio .NET2019。

第 2 章　数据库基础

计算机系统在工作和生活中的应用日益广泛，数据快速大量产生，数据的可靠存储和快速访问成为近年来信息科学研究的热点之一，从而涌现出各种数据模型和数据管理的软件系统——数据库管理系统，对信息系统的建设和运行发挥了重要作用。

本章首先通过介绍数据管理技术的发展进程明确数据库管理系统产生的必然性和技术趋势，在说明数据库管理系统主要功能、工作模式的基础上，进一步介绍了几种当前主流的数据库；其次，在明确数据模型概念的基础上，介绍了主流数据模型——关系数据模型，对其基本概念、基本术语和表示方法、完整性规则进行了详细说明；最后，为加强对关系数据模型的认知，本章对现实世界的关系数据模型映射方法——实体—关系模型（E-R 图），从概念、构成要素、一般性约束、设计步骤几个方面进行了说明，并通过案例加以阐述。

重点和难点：

- ⊙ 数据库管理系统的概念和主要功能
- ⊙ 关系数据模型的概念、表示方法、基本术语
- ⊙ 关系数据模型的 3 个完整性规则
- ⊙ 用 E-R 图表达数据的概念模型

2.1　数据管理技术的发展

数据管理是指对数据的收集、分类、组织、编码、存储、查询和维护等活动，其目的在于充分有效地发挥数据的作用。数据管理技术是指与数据管理活动有关的技术，随着计算机技术的发展，数据管理经历了人工管理、文件系统、数据库管理系统三个发展阶段。

2.1.1　人工管理阶段

20 世纪 50 年代中期以前，计算机主要用于科学计算，这一阶段数据管理的主要特征有以下几点。

（1）不能长期保存数据。在 20 世纪 50 年代中期之前，计算机一般在关于信息的研究机构里才能拥有，当时由于存储设备（纸带、磁带）的容量空间有限，都是在做实验的时候暂存实验数据，做完实验就把数据结果打印在纸带上或者存放在磁带上带走，所以一般无法将数据长期保存。

（2）数据管理方式定制化。数据并不是由专门的应用软件来管理，而是由使用数据的应用程序数据自己来管理。作为程序员，在编写软件时既要设计程序逻辑结构，又要设计物理结构及数据的存取方式。

（3）数据不能共享。在人工管理阶段，可以说数据是面向应用程序的，由于每一个应用程

序都是独立的，一组数据只能对应一个程序，程序间的数据是不能共享的，因此程序与程序之间有大量的数据冗余。

（4）数据不具有独立性。只要数据的逻辑结构或物理结构发生变化，应用程序要相应发生改变，因而程序员就必须要对程序代码做出相应的修改，给软件系统带来维护困难，也给编程人员带来了额外的工作负担。

人工管理阶段应用程序与数据间的对应关系如图 2-1 所示。

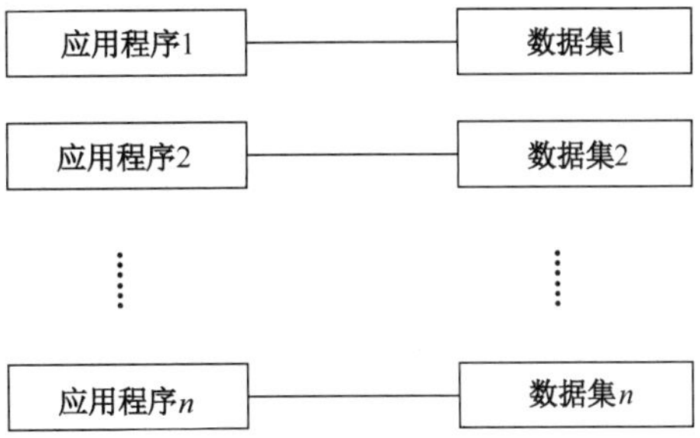

图 2-1　人工管理阶段应用程序与数据间的对应关系

2.1.2　文件系统阶段

20 世纪 50 年代后期到 60 年代中期，计算机开始应用于数据管理方面。此时，计算机的存储设备也不再是磁带和卡片了，计算机硬件方面已经有了磁盘、磁鼓等可以直接存取的存储设备了。计算机软件方面，操作系统中已经有了专门的数据管理软件，一般称为文件系统。文件系统一般由三部分组成：与文件管理有关的软件、被管理的文件以及实施文件管理所需的数据结构。文件系统阶段存储数据就是以文件的形式来存储，由操作系统统一管理。文件系统阶段也是数据库发展的初级阶段，使用文件系统存储、管理数据具有以下 4 个特点。

（1）数据可以长期保存。大容量磁盘作为这个时期的主要存储设备，计算机开始被用来处理大量的数据并存储数据。

（2）有简单的数据管理功能。数据文件的逻辑结构和物理结构脱钩，程序和数据的分离使数据和程序各自有了相对的独立性，在软件开发和升级维护中减少了程序员的工作量。

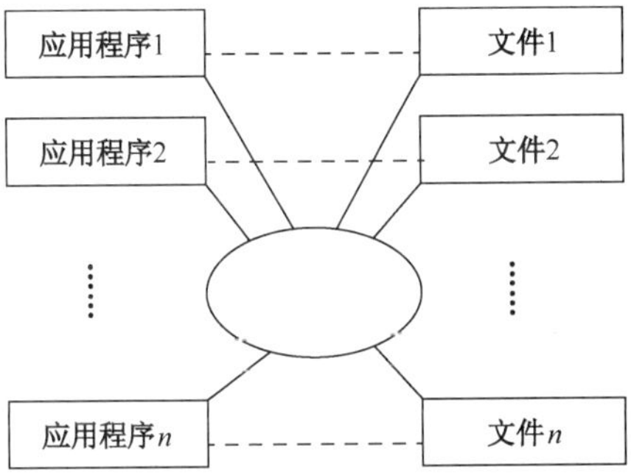

图 2-2　文件系统阶段应用程序与数据间的对应关系

（3）数据共享能力依然较差。由于每一个文件都是独立的，当需要用到相同的数据时，必须建立各自的文件，数据还是无法在多个应用程序间共享，也会造成大量的数据冗余。

（4）数据不具有独立性。在此阶段数据仍然不具有独立性，当数据的结构发生变化时，也必须修改应用程序，修改文件的结构定义，同样，应用程序的改变会影响数据结构。

文件系统阶段应用程序与数据间的对应关系如图 2-2 所示。

2.1.3　数据库管理系统阶段

20 世纪 60 年代后期以来，计算机应用于管理的系统越来越多，应用范围也越来越广泛，数据规模急剧增长，再伴随计算机网络的快速部署，多种信息系统共享数据集的要求越来越强烈，数据库技术便应运而生，出现了专用于统一管理数据的软件系统——数据库管理系统。

相比文件系统方式，用数据库管理系统来管理数据具有明显的优点，它实现了数据共享、数据结构与信息系统的独立性，并具备大规模并发访问能力，存取效率也到显著提升，从文件系统到数据库管理系统，标志着数据库管理技术的飞跃。

数据库管理系统阶段应用程序与数据间的对应关系如图 2-3 所示。

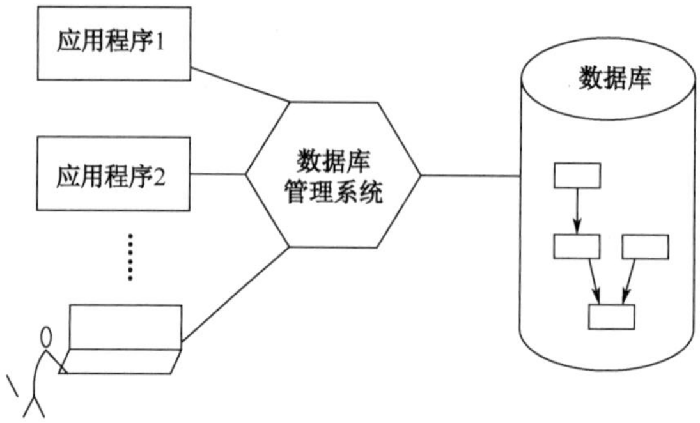

图 2-3　数据库管理系统阶段应用程序与数据间的对应关系

2.2　数据库管理系统

2.2.1　数据库管理系统的概念

数据库管理系统（Database Management System）是一种操纵和管理数据库的大型软件，用于建立、使用和维护数据库，简称 DBMS。

一个 DBMS 可以管理多个数据库，可以对多个数据库施行统一管理和控制，保障数据库的安全性和完整性，支持多个应用程序和用户用不同的方法同时在数据库中执行建库、建表、数据修改和数据查询操作，用户通过它访问数据库中的数据，数据库管理员通过它进行数据库的维护工作。

大部分 DBMS 提供两类主要功能语言：第一，数据定义语言（Data Definition Language，DDL），供用户定义数据库的模式结构与权限约束；第二，数据操纵语言（Data Manipulation Language，DML），实现对数据的查询、修改、增加、删除等操作，简称 BUID（Browse、Update、Insert、Delete）操作。

2.2.2　数据库管理系统的主要功能

数据库管理系统主要包括以下功能。

1. 数据定义

DBMS 所提供的数据定义语言（DDL）主要用于建立、修改数据库的库结构，使用户可以定义数据库的三级模式结构（概念模式、逻辑模式、物理模式）、两级映射（概述模式向逻辑模式的映射，逻辑模式向物理模式的映射），以及完整性约束和保密限制。

2. 数据操纵

DBMS 所提供数据操作语言（DML），主要用于实现对数据的查询、修改、增加、删除等操作。

3. 数据库的运行管理

DBMS 可以实现对数据库的运行控制与管理，包括多用户环境下的并发控制、安全性检查和存取限制控制、完整性检查和执行、运行日志的组织管理、事务的管理和自动恢复，这些功能保证了数据库系统运行的稳定高效可控。

4. 数据组织、存储与管理

DBMS 可以分类组织、存储和管理各种数据，包括数据字典、用户数据、存取路径等，可以根据需要决定以何种文件结构和存取方式在存储级上组织这些数据，如何实现数据之间的联系，以提高存储空间利用率和存取效率。

5. 数据库的保护

数据库中的数据是信息社会的重要战略资源，所以数据的保护非常关键，DBMS 对数据库的保护通过 4 个方面来实现：数据库的恢复、数据库访问的并发控制、数据库访问的安全控制、数据完整性控制，其他保护功能还有数据缓冲区的自适应迁入/迁出机制及数据存储结构的调节机制等。

6. 数据库的运行维护

DBMS 对数据库的运行维护功能包括数据载入、迁出、转换、转储，数据库复制，数据重组、性能监控等功能，这些功能分别由各 DBMS 附带的工具程序或软件插件来完成。

7. 数据通信

当前 DBMS 均支持网络环境下运行，有专用的网络调用接口（N-API），应用程序可以通过网络远程访问其所管理的数据库，各公司 DBMS 产品也能够通过网络进行数据互通，从而使信息系统开发人员的数据访问透明化。

2.2.3 数据库管理系统的工作模式

DBMS 的工作模式如下：

（1）接受应用程序的数据请求和处理请求；

（2）将用户的数据请求（高级指令）转换成复杂的机器代码（低层指令）；

（3）实现对数据库的操作；

（4）从对数据库的操作中接受查询结果；

（5）对查询结果进行处理（格式转换）；

（6）将处理结果返回给用户。

因为 DBMS 总是基于某种数据模型，所以 DBMS 可看作是某种数据模型在计算机系统上的具体实现。根据数据模型的不同，DBMS 可以分成层次型、网状型、关系型、面向对象型等。在不同的计算机系统中，由于缺乏统一标准，即使同种数据模型的 DBMS，在用户接口、系统功能等方面也常常不尽相同。

2.2.4 数据库管理系统的优点

DBMS 主要具备以下 3 个优点。

（1）为应用程序提供统一访问接口。应用程序通过数据定义语言和数据操纵语言所写的程序脚本，可以方便地访问 DBMS 所管理的数据，而不必知晓数据的具体存储位置和存储结构，并且数据访问脚本可方便地嵌入各种程序开发语言中，也大大方便了软件系统中数据访问功能的移植。

（2）保障数据一致。数据冗余主要体现为相同数据在数据库中的多次存储。DBMS 通过数据完整性机制来消除或控制数据冗余，可降低数据不一致所产生的风险，由于每种应用系统的数据概述模型都不一样，DBMS 不能自动确保数据的一致性，需要开发人员在开发系统时，根据业务规则需要，使用 DBMS 外键、约束等方法，自定义数据一致性规则。

（3）方便数据共享。数据库应该被有权限的用户所共享，DBMS 可以使多个用户和应用程序在各自的权限规定下并发地访问数据库，允许数据通过计算机网络快速传输，新的应用程序也可以只增加没有存储的数据，而不用重新定义所有的数据需求。

2.2.5 数据库种类

最常用的数据库种类有两种，即关系型数据库和非关系型数据库。

1. 关系型数据库

关系型数据库（Relational Database）的数据模型是把复杂的数据结构归结为简单的二元关系（二维表格形式），在关系型数据库中，对数据的操作全部建立在一个或多个关系表格上。通过对这些关联的表格进行分类、合并、链接或选取等运算来实现对数据的访问与处理。

关系型数据库是目前管理信息系统中主要使用的 DBMS，典型代表产品有 Oracle、SQL Server、DB2、MySQL、PostgreSQL、Access 等。

2. 非关系型数据库

非关系型数据库（Non-Relational Database），也称为 NoSQL，没有固定的数据表结构，一般也不存在连接操作，克服了传统关系型数据库在高并发情况下的输入/输出瓶颈和性能瓶颈，适用于数据模式单一、数据量巨大、以高性能和使用便利为目的的特定场景，是适合物联网时代的大数据管理系统，如 Hadoop 数据库等。

非关系型数据库主要包括以下两种。

1）键值（Key-Value）数据库

键值数据库类似于传统语言中使用的哈希表，可以通过 Key 来添加、查询或删除数据。因为使用 Key 主键访问，所以会获得很高的性能及扩展性，键值数据库的主要数据结构是一个哈希表，这个表中有一个特定的键和一个指针指向特定的数据。Key-Value 模型对于 IT 系统来说结构简单、易于部署、可高并发。

典型产品有 Memcached、Redis、MemchachedDB、Berkeley DB、MongoDB。

2）列存储数据库

列存储数据库将数据存储在列簇中，通常用来应对分布式存储的海量数据。

典型产品有 Cassandra、HBase。

2.2.6　主流关系型数据库管理系统

近年来，虽然非关系型数据库在大数据的驱动下取得了较快的发展，但基于成熟度、数据管理能力、数据量、安全性、新旧系统兼容等方面的考虑，当前管理信息系统绝大多数还是构建在关系型数据库管理系统之上，典型的关系型数据库管理系统包括 Oracle、SQL Server、DB2、MySQL、PostgreSQL、Access 等，以下简单介绍最为常用的四种。

1. Oracle

Oracle 是美国甲骨文公司开发的分布式关系型数据库管理系统软件产品，以客户/服务器（Client/Server，CS）作为体系架构，是目前世界上使用最为广泛的数据库管理系统。作为一个通用的数据库管理系统，它具备完整的数据管理功能；作为分布式数据库，它实现了网络环境下的分布式数据处理功能。

由于要满足分布式高并发的访问需求，Oracle 采用的是并行服务器模式，将一个查询分解成多个子查询，再在不同的 CPU 上同时执行这些子查询，所以在对称多处理器计算平台上，Oracle 的性能非常优秀。在实际信息系统中，数据量往往在系统投入运行后快速提高，我们会经常面临提高系统性能的需要，这时可以从两方面入手：一种是提高单台服务器的性能，另一种是增加服务器数目。基于 Oracle 在对称多处理器计算平台上的高性能，如果我们选择的性能改善方式是提高单台服务器性能，这时在前期数据库管理系统选型时，应主要考虑采用 Oracle。

Oracle 数据库服务器由 Oracle 数据库管理系统和多个 Oracle 实例组成，每个 Oracle 实例都代表了一个数据集合，也称为一个业务数据库，由系统全局区内存结构和用于管理数据库的后台进程组成。

Oracle 的第一个商业版本发布于 1979 年，1985 年发布了 5.0 版，1992 年发布了具有革命性改进的 7.0 版，1997 年发布了 8.0 版，2003 年发布了作为甲骨文公司下一代应用基础架构软件集成套件的 Oracle10g 版，2007 年 11 月发布了 Oracle 11g 版，目前最新版本是 2019 年发布的 Oracle Database 19c。

2. SQL Server

SQL Server 数据库管理系统是美国微软公司开发的关系型数据库管理系统软件产品，是一个可扩展的、高性能的、为分布式客户机/服务器计算所设计的数据库管理系统，实现了与 Windows 操作系统的有机结合，提供了基于事务的企业级信息管理系统方案。

SQL Server 数据库具备以下特性：

- 基于 Internet/Intranet 的真正客户机/服务器体系结构；
- 全图形化管理界面，系统管理和数据库管理更加直观易用；
- 编程接口工具丰富，为用户进行数据库程序设计提供了更大余地；
- SQL Server 与 Windows 操作系统完全集成，利用了操作系统的许多功能，如发送和接收消息、管理登录安全性等；
- 良好的伸缩性，可跨越从运行 Windows XP/7/10 的小型计算机到运行 Windows Server 的大型多处理器等多种平台使用；

- 支持 Web 技术，使用户能够很容易地将数据库中的数据发布到 Web 页面上；
- 内置提供数据仓库（Data Warehouse）功能；
- 支持 XML（Extensive Markup Language，扩展标记语言）；
- 强大的基于 Web 的分析；
- 支持 OLE DB 和多种查询；
- 支持分布式的分区视图。

SQL Server 最初是由微软、Sybase 和 Ashton-Tate 三家公司共同开发的，并于 1988 年推出了第一个 OS/2 版本。微软 SQL Server 近年来不断更新版本，1996 年微软推出 SQL Server 6.5 版本，1998 年推出了 SQL Server 7.0 版，2000 年推出了 SQL Server 2000 版，2005 年推出了 SQL Server 2005 版，2008 年推出了 SQL Server 2008 版，2012 年推出了 SQL Server 2012 版，目前最新版本是 2019 年推出的 SQL Server 2019 版。

3. DB2

DB2 是 IBM 公司开发的关系型数据库管理系统，可运行在 OS/2、Windows NT、UNIX 操作系统上，通常将运行在这些平台上的 DB2 产品统称为 DB2 通用数据库，这主要是强调这些产品运行环境类似，并共享相同的源代码。DB2 通用数据库主要组件包括数据库引擎（Dalabase Engine）应用程序接口和一组工具。数据库引擎提供了关系型数据库管理系统的基本功能，如管理数据、控制数据的访问（包括并发控制）、保证数据完整性及数据安全。所有数据访问都通过 SQL 接口进行。

DB2 有工作组版（DB2 Workgroup Edition）、企业版（DB2 Enterprise Edition）、个人版（DB2 Personal Edition）和企业扩展版（DB2 Enterprise-Exended Edition）等多种版本，这些产品在基本数据管理功能方面基本一致，区别在于支持远程客户能力和分布式处理能力。个人版适用于单机使用，即服务器只能由本地应用程序访问，工作组版和企业版提供了本地和远程客户访问 DB2 的功能（远程客户要安装相应客户端应用程序开发部件），企业版包括工作组版中的所有部件并增加了对主机连接的支持，企业扩展版允许将一个大的数据库分布到同一类型的多个不同计算机上，这种分布式功能尤其适用于大型数据库的部署。

DB2 数据库管理系统具备以下特性。

- 支持标准 SQL 查询。
- 支持面向对象的编程。DB2 支持复杂的数据结构，如无结构文本对象，可以对无结构文本对象进行布尔匹配、最接近匹配和任意匹配等搜索。可以建立用户数据类型和用户自定义函数。
- 支持多媒体应用程序。
- 具有备份和恢复能力。
- 支持存储过程和触发器，用户可在建数据表时显式定义复杂的完整性规则。
- 支持异构分布式数据库访问。
- 支持数据复制。

4. MySQL

MySQL 是一种开放源代码的关系型数据库管理系统，使用最常用的数据库管理语言——结构化查询语言（SQL）进行数据库管理，由瑞典 MySQL AB 公司开发，目前属于甲骨文公司。MySQL 在速度、可靠性和适应性方面性能卓越，在不需要事务化处理的情况下，MySQL 在关系型数据库管理系统中查询性能最优。

MySQL 具备以下特性：

- MySQL 是开源的，使用者不需要支付软件购买费用。
- MySQL 兼容标准的 SQL 语言。
- MySQL 可以运行于多个系统上，并且支持多种编程语言，这些编程语言包括 C、C++、Python、Java、Perl、PHP、Eiffel、Ruby 和 Tcl 等。
- MySQL 支持大型数据库，支持上亿条记录的数据仓库，32 位系统支持最大的表文件为 4GB，64 位系统支持最大的表文件为 8TB。
- MySQL 是可以定制的，在遵从 GPL 协议情况下，可以通过修改源代码来开发定制的 MySQL 数据库管理系统。

由于 MySQL 是开放源代码的，因此任何人都可以在 General Public License（GPL）的许可下下载源代码，并根据个性化需要对其进行修改。

2.3　数据库系统

2.3.1　数据库系统的基本概念

数据库系统（Database System）是为适应数据处理的需要而发展起来的一种较为理想的数据处理的核心机构，由计算机的高速处理能力、大容量存储能力、高速输入/输出能力为其提供数据管理自动化的实现条件，是软件领域的一个重要分支，其个体含义是指一个具体的数据库管理系统软件和用它建立起来的数据库，其学科含义是指研究、开发、建立、维护和应用数据库系统所涉及的理论、方法、技术所构成的学科。

数据库研究涵盖计算机应用、系统软件和理论研究三个领域，其中计算机应用促进新系统软件的研制开发，新系统软件带来新的理论研究，而理论研究又对前两个领域起着指导作用。数据库系统的出现是计算机应用的一个里程碑，使得计算机应用从以科学计算为主转向以数据处理为主，使得计算机在各行各业乃至家庭普遍使用。在数据库系统之前的文件系统虽然也能处理以文件方式存储的持久数据，但是文件系统不提供对任意部分数据的快速访问，无法适应数据量迅速增大的应用需求，而为了实现对任意数据的快速访问，就需要使用普通用户难以操作的文件分解与并行处理技术，所以需要由系统软件（数据库管理系统）完成数据管理，并给用户提供简单易用的数据库语言（现在一般使用 SQL 语言）。由于对数据库的操作都由数据库管理系统完成，所以数据库就可以独立于具体的应用程序而存在，从而数据库又可以为多个用户所共享，因此，数据库系统实现了数据的独立可共享，节省了大量人力、物力，为数据库系统的广泛应用奠定了基础。

数据库系统一般包含以下 4 个部分。

（1）数据库（Database，DB）是指长期存储在计算机内、有组织、可共享的数据的集合。数据库中的数据按一定的数学模型组织、描述和存储，具有较小的冗余、较高的数据独立性和易扩展性，并可为各种用户共享。

（2）硬件是构成计算机系统的各种物理设备，如处理器、主板、内存、外存、接口管理部件等。对于数据库系统，硬件的配置水平应满足数据存储空间和访问效率的需要。

（3）软件系统包括 DBMS、操作系统及数据应用程序。DBMS 是数据库系统的核心软件，是在操作系统的支持下工作，解决如何科学地组织和存储数据，如何高效获取和维护数据的系统软件。其主要功能包括数据定义功能、数据操纵功能、数据库的运行管理和数据库的建立与维护。操作系统是 DBMS 安装的基础，负责进程调度、内外存管理等；数据应用程序负责根据用户需求完成对数据库中数据的访问和处理，我们常用的管理信息系统就是一种典型的数据应用程序。

（4）人员主要有 4 类。第一类为系统分析员和数据库设计人员，系统分析员负责应用系统的需求分析和规范说明，他们和用户及数据库管理员一起确定系统的硬件配置，并参与数据库系统的概要设计。数据库设计人员负责数据库中数据的确定、数据库各级模式的设计。第二类为应用程序员，负责编写使用数据库的应用程序。这些应用程序可对数据进行检索、建立、删除或修改。第三类为最终用户，他们利用系统的接口或查询语言访问数据库。第四类用户是数据库管理员（Database Administrator，DBA），负责数据库的总体信息控制，具体职责包括：根据数据库中的信息内容和结构，决定数据库的存储结构和存取策略，定义数据库的安全性要求和完整性约束条件，监控数据库的使用和运行，负责数据库的性能改进、数据库的重组和重构，以提高系统的性能。

数据库系统的基本要求有以下几点。

- 充分保障数据和程序的相互独立性，有利于加快软件开发速度，节省费用；
- 数据共享程度高，冗余数据少；
- 用户接口简单，用户对数据的访问方便易行；
- 能够确保系统运行可靠，出现故障时能迅速排除；
- 安全机制好，能够保护数据不受非受权者访问或破坏，一旦产生能及时发现；
- 有数据重组能力，通过改变数据的存储结构或数据存储位置，可适应用户操作特性的变化，改善由于频繁插入、删除操作造成的数据组织零乱和时空性能变坏；
- 能够充分描述数据间的内在联系。

2.3.2 常用的数据库系统

我们每天都使用多种数据库系统，比如：

- 用手机转账使用了银行信息系统；
- 登录 QQ 账号并发送和接收消息使用了腾讯公司的即时通信信息系统；
- 开学注册使用了学校的学生管理信息系统；
- 期末考试结束后用浏览器登录分数查询系统并查询分数；
- 打开浏览器，登录 12306 网站订购火车票，使用了国家铁路总公司的火车票订票管理信息系统；
- 打开某快递公司的手机 App，登录后下发件订单，使用了快递管理信息系统；
- 上网订一份午餐外卖并随时查询递送情况，使用了订餐管理信息系统；
- 打开学校图书馆网站，借阅图书，使用了图书馆管理信息系统；
- ……

以上这些信息系统本质上都是数据库系统。其他还有：

- 企业资源规划（Enterprise Resource Planning，ERP）；
- 客户关系管理（Customer Relation Management，CRM）；
- 供应链管理（Supply Chain Management，SCM）；
- 电子商务（ElectronicCommerce，EC）；
- 企业信息门户（Enterprise Information Portal，EIP）；
- 决策支持系统（Decision Support System，DSS）；
- 经理信息系统（Executive Information System，EIS）；
- 医院信息系统（Hospital Information System，HIS）；
- ……

2.4　数据库系统的数据模型

2.4.1　数据模型的概念

数据模型（Data Model）是数据特征的抽象。数据（Data）是描述事物的符号记录，模型（Model）是现实世界的抽象，数据模型从抽象层次上描述了系统的静态特征、动态行为和约束条件，为数据库系统的信息表示与操作提供了一个抽象的框架。

数据模型主要由以下 3 部分构成。

（1）数据结构：主要描述数据的类型、内容、性质以及数据间的联系等，是目标类型的集合，其中目标类型是数据库的组成成分，一般包括数据类型、数据类型之间的联系。数据结构是数据模型的基础，数据操作和数据约束都基本建立在数据结构上，不同的数据结构具有不同的数据操作和数据约束。

（2）数据操作：主要描述在相应的数据结构上的操作类型和操作方式，是操作运算符的集合，包括若干操作和推理规则，用以对目标类型的有效实例所构成的数据库进行操作，一般常用的数据操作包括查询、修改、新增和删除。

（3）数据约束：主要包括数据结构内数据间的语法、词义联系、它们之间的制约和依存关系，以及数据动态变化的规则，用以保证数据的正确、有效和无冲突，它是完整性规则的集合，用以限定符合数据模型的数据库状态及状态的变化。数据约束条件按不同分类原则可以划分为数据值的约束和数据间联系的约束、静态约束和动态约束、实体约束和实体间的参照约束等。

2.4.2　数据模型的发展

数据库技术发展至今，按照发展的先后次序和表达形式，主要有三种数据模型：层次数据模型（Hierarchical Data Model）、网状数据模型（Network Data Model）、关系数据模型（Relational Data Model）。

（1）层次数据模型诞生于 20 世纪 60 年代，是数据库系统中最早出现的数据模型，用于描述现实世界中呈现出一种很自然层次关系的实体之间的联系，如行政关系、家族关系等，层次描述非常自然、直观，容易理解。层次数据模型的优点主要是数据结构简单清晰、数据查询效率高。层次数据模型的主要缺点是在对数据的插入和删除操作方面限制比较多，导致应用程序的编写比较复杂。层次数据模型的典型代表是 IBM 公司于 1968 年推出的 IMS（Information Management System），这是第一个大型商用数据库管理系统，曾经得到广泛的使用。

（2）网状数据模型取消了层次数据模型不能表示非树状结构的限制，对于层次和非层次结构的事物都能比较自然地模拟，由于两个或两个以上的结点都可以有多个双亲结点，从而数据间关系的拓扑描述从层次模型的有向树变成了有向图。网状数据模型的主要优点在于能够更为直接地描述现实客观世界，可表示实体间的多种复杂联系，存取效率较高。网状数据模型的主要缺点在于结构比较复杂，其数据定义语言（DDL）和数据操作语言（DML）复杂，用户不容易使用，而且应用规模越大，其数据库结构就越复杂，不利于最终用户掌握，另外数据独立性较差，应用程序在访问数据时要指定存取路径。在 20 世纪 70 年代，曾经出现过大量的网状数据模型产品，比较著名的有 Cullinet 软件公司的 IDMS、Honeywell 公司的 IDSII、Univac 公司（后来并入 Unisys 公司）的 DMS1100，HP 公司的 IMAGE 等。在关系型数据库出现之前，网状数据模型要比层次数据模型用得普遍，在数据库发展史上，网状数据模型曾占据重要地位。

（3）关系数据模型开发较晚，是通过满足一定条件的二维表格来表示实体集合以及数据间联系的一种模型，具有以关系代数为基础的坚实数学基础与理论基础，严格符合现代数据模型的定义。在关系数据模型中，结构、操作和完整性规则三部分联系紧密，数据结构简单清晰，存取路径完全向用户隐蔽，使程序和数据具有高度的独立性。关系数据模型的数据语言非过程化程度较高，数据性能好，具有集合处理能力，并有定义、操纵、控制一体化的优点，关系型数据模型为提高程序员的生产效率以及终端用户直接使用数据库提供了一个现实技术基础。

关系数据模型诞生于 1970 年，IBM 的研究员 E.F.Codd 博士发表《大型共享数据银行的关系模型》一文，提出了关系模型的概念，从而开创了数据库的关系方法和数据规范化理论的研究，他为此获得了 1981 年的图灵奖。关系数据模型自诞生以来，发展十分迅速，目前主流的一些数据库管理系统，如 Oracle、SQL Server、MySQL、DB2、Sybase、Informix、Access 等都属于关系数据模型，在管理信息系统中也基本使用关系数据模型来表达数据，使用关系型数据库管理系统来管理数据。

2.4.3 数据模型的层次类型

数据模型按不同的应用层次分成三种类型，分别是概念数据模型、逻辑数据模型、物理数据模型。

1. 概念数据模型

概念数据模型（Conceptual Data Model），是一种面向用户、面向客观世界的模型，主要用来描述世界的概念化结构，它是数据库的设计人员在设计的初始阶段，摆脱计算机系统及 DBMS 的具体技术问题，集中精力分析数据以及数据之间的联系等，与具体的 DBMS 无关，概念数据模型必须换成逻辑数据模型，才能在 DBMS 中实现。

概念数据模型用于信息世界的建模，一方面具有较强的语义表达能力，能够方便直接表达应用中的各种语义知识；另一方面简单、清晰、易于用户理解。

在概念数据模型中最常用的建模表达方式是 E-R 模型、扩充的 E-R 模型、面向对象模型及谓词模型。较为有名的是 E-R 模型。

2. 逻辑数据模型

逻辑模型（Logical Data Model），是一种面向数据库系统的模型，是具体的 DBMS 所支持的数据模型，如网状数据模型、层次数据模型等。此模型既要面向用户，又要面向系统，主要用于 DBMS 的实现。

3. 物理数据模型

物理数据模型（Physical Data Model），是一种面向计算机物理表示的模型，描述了数据在储存介质上的组织结构，不但与具体的 DBMS 有关，而且还与操作系统和硬件有关。每一种逻辑数据模型在实现时都有其对应的物理数据模型，DBMS 为了保证其独立性与可移植性，大部分物理数据模型的实现工作由系统自动完成，而设计者只负责索引、聚集等特殊结构的设计。

2.5 关系数据模型

2.5.1 关系数据模型的概念

关系数据模型，简称关系模型，是以集合论中的关系概念为基础发展起来的，在关系数据模型中，无论是实体还是实体间的联系均由单一的结构类型——关系来表示，在实际的关系型数据库中，用二维表的形式表示实体和实体间联系，一个关系型数据库由若干个表组成。目前在信息系统所应用的数据库中，90%以上是关系型数据库。

关系数据模型以数据表的形式组织数据，以便于对各种物理实体与属性之间的关系进行存储和变换，没有数据分层和数据指针，是建立实体数据和属性数据之间关系的一种非常有效的数据组织方法。关系数据模型的优点在于结构特别灵活，概念单一，满足所有布尔逻辑运算和数学运算规则形成的查询要求，能搜索、组合和比较不同类型的数据，增加和删除数据非常方便，具有更高的数据独立性、更好的安全保密性。关系数据模型的缺点是数据库大时，查找满足特定关系的数据效率较低。

关系数据模型主要包括以下 3 个关键点。

（1）关系的数据结构：关系的数据结构采用二维表来表示，二维表由表框架和表的元组组成，其中表框架由多个命名的表属性组成，每个属性也称为字段，都有一个取值范围，称为值域，元组代表二维表中的每一行数据，也称为数据行或记录。

（2）关系的操纵：关系的操纵是建立在关系上的数据操纵，一般有数据查询（基本单位是元组分量）、数据删除（基本单位是元组）、数据插入（基本单位是元组）和数据修改（基本单位是元组分量）四种操作。

（3）关系中的数据约束：关系数据模型中提供实体完整性约束、参照完整性约束和用户定义的完整性约束三种数据约束。

2.5.2 关系数据模型的基本概念术语

关系数据模型的基本概念术语共有以下 14 个。

（1）关系：一个关系对应着一个二维表，二维表就是关系名。

（2）元组：二维表中的一行，被称为一个元组。

（3）属性：二维表中的列被称为属性。属性的个数被称为关系的元或度。列的值被称为属性值。

（4）值域：属性值的取值范围为值域。

（5）分量：每一行对应的列的属性值，即元组中的一个属性值。

（6）关系模式：在二维表中的行定义，即对关系的描述称为关系模式。一般表示为（属性1，属性2，……，属性 n），如老师的关系模型可以表示为教师（教师号，姓名，性别，年龄，职称，所在系）。

（7）键（码）：如果在一个关系中存在一个唯一标识实体的属性或属性集，则称之为实体的键，即使得在该关系的任何一个关系状态中的两个元组，在该属性集上的值的组合都不同。

（8）候选键（候选码）：若关系中的某一属性的值能唯一标识一个元组，即在该关系的一个键中不能移去任何一个属性，否则它就不是这个关系的键，则称这个被指定的候选键为该关系的候选键或者候选码。

例如，在表 2-1 所示的学生基本信息表中，“学号”或“图书证号”都能唯一标识一个元组，则“学号”和“图书证号”都能唯一地标识一个元组，则“学号”和“图书证号”都可作为学生关系的候选键。

表 2-1 学生信息表

学号	姓名	性别	年龄	图书证号	专业
A2019301105	李静	女	19	B201900021	计算机科学
A2019402418	杜正彤	男	18	B201900356	英语
A2019512135	赵晓飞	男	18	B201901023	物流管理

而在表 2-2 所示的选课表中，只有属性组“学号”和“课程号”才能唯一地标识一个元组，则候选键为（学号，课程号）。

表 2-2 选课表

学号	课程号
A2019301105	C2001
A2019402418	C3018
A2019512135	C2007
A2019301105	C3018

（9）主键（主码）：在一个关系的若干候选键中指定一个用来唯一标识该关系的候选键，则称这个被指定的候选键为主关键字，或简称为主键（Primary Key，PK）或主码。每一个关系都有并且只有一个主键，通常用较小的属性组合作为主键。例如，在学生信息表中，因为每个学生的学号都不一样，则“学号”可作为主键；而在选课表中，主键为“学号”和“课程号”的组合。

（10）主属性和非主属性：关系中包含在任何一个候选键中的属性称为主属性，不包含在任何一个候选键中的属性为非主属性。

（11）全键或全码：一个关系模式中的所有属性的集合。

（12）外键或外码：关系中的某个属性不是这个关系的主键，却是另外一个关系的主键时，则称这个属性为外键（Foreign Key）或外码。

（13）超键或超码：如果在关系的一个键中移去某个属性，它仍然是这个关系的键，则称这样的键为关系的超键（Super Key）或超码。

（14）参照关系与被参照关系：是指以外键相互联系的两个关系，可以相互转化。

2.5.3　关系数据模型的表示

关系数据模型可表述为如下表达式：

R（U，D，Dom，F）

其中：

R 为关系名；

U 为组成该关系的属性名集合；

D 为属性组 U 中属性所来自的域；

Dom 为属性向域的映像集合；

F 为属性间的数据依赖关系集合。

例如，导师和研究生出自同一个域——人，取不同的属性名，并在模式中定义属性向域的映象，即说明他们均出自 PERSON 域：

Dom（SUPERVISOR-PERSON）= Dom（POSTGRADUATE-PERSON）=PERSON

关系模式通常可以简记为：

R（U）或 R（A1，A2，…，A*n*）

其中 R 是关系名，A1，A2，…，A*n* 是属性名，域名及属性向域的映像一般直接说明为属性的类型、长度。

关系数据型模型所具有的特点是概念单一、规范化、以二维表格表示。

关系型数据库管理系统是支持关系型模型的数据库管理系统。

2.5.4　关系数据模型的三类完整性约束

1. 实体完整性约束

实体完整性约束要求关系中的各元组在组成主键的属性上不能有空值，如有空值，那么主键值就起不了唯一标识元组的作用。

例如，快递管理系统中订单基本信息表中订单号不能为空。

2. 参照完整性约束

参照完整性约束要求，如果属性集 K 是关系模式 R1 的主键，K 也是关系模式 R2 的外键，那么在 R2 的关系中，K 的取值只允许有两种可能，即等于 R1 关系中某个主键值或者为空值。

例如，快递管理系统的订单基本信息表中取件员工的工号，必须在员工基本信息表中存在；配载信息表中，车辆号必须在车辆基本信息表中存在。

使用参照完整性约束时应注意以下 3 点。

- 外键和相对应的主键可以用不同名称，只要定义在相同的值域上即可。
- R1 和 R2 也能是同一个关系模式，表示了属性之间的联系。
- 外键值是否允许为空，应视具体问题而定。

3. 用户定义的完整性约束

用户定义的完整性约束要求，关系中某属性的值域必须满足用户所定义的范围，或者一定的规则。

例如，快递管理系统的订单基本信息表中，货物重量要求不得大于 20 千克，订单折扣率不得高于 90%，保险费不得高于 10000 元，这些都是与具体业务相关的用户自定义规则约束。再如，客户电子邮件的内容必须含有“@”字符，否则不认为是有效的电子邮件地址。

2.6 关系数据模型的 E-R 图表达

2.6.1 E-R 图的概念

E-R 图也称实体–联系图（Entity Relationship Diagram），是用来描述现实世界的概念模型，是描述现实世界关系概念模型的有效方法，是表示关系模型的常用方式，提供了表示实体本身、实体属性和实体联系的方法。

E-R 图由美籍华裔计算机科学家陈品山（Peter Chen）发明，是对概念数据模型进行高层描述所使用的数据模型，它为表述实体联系模式图形式的数据模型提供了图形符号。这种数据模型典型地用在信息系统设计的第一阶段，即在需求分析阶段用来描述信息需求和/或要存储在数据库中的信息的类型。

概念模型的用途包括以下几点：

- 概念模型用于现实世界向信息世界映射的建模；
- 概念模型是现实世界到机器世界的一个中间层次；
- 概念模型是数据库设计的有力工具；
- 概念模型是数据库设计人员和用户之间进行交流的语言。

对概念模型的基本要求有以下几点：

- 较强的语义表达能力；
- 能够方便、直接地表达应用中的各种语义知识；
- 简单、清晰、易于用户理解。

2.6.2 E-R 图的构成要素

构成 E-R 图的 3 个基本要素是实体、属性和联系。

1. 实体

一般认为，客观上可以相互区分的事物就是实体，实体可以是具体的人和物，也可以是抽象的概念与联系。关键在于一个实体能与另一个实体相区别，具有相同属性的实体具有相同的特征和性质。用实体名及其属性名集合来抽象和刻画同类实体。在 E-R 图中用矩形表示实体，矩形框内写明实体名。比如，学生张三、学生李四都是实体，快递管理系统中的运单、车辆、快递员等都是实体。

2. 属性

属性是实体所具有的某一特性，一个实体可由若干个属性来刻画。属性是相对实体而言的，不能脱离实体。在 E-R 图中用椭圆形表示属性，并用实线将其与相应的实体连接起来。例如，学生的姓名、学号、性别、都是属性，快递单的取件时间、发运人、收件人、收件地址等也是快递单的属性。

3. 联系

联系也称关系，用于在信息世界中反映实体内部或实体之间的关联，实体之间的联系通常是指不同实体集之间的联系，实体内部的联系通常是指组成实体的各属性之间的联系。联系在 E-R 图中用菱形表示，菱形框内写明联系名，并用实线分别与有关实体连接起来，同时在实线旁标上联系的类型（1:1，1:n 或 m:n）。例如，老师给学生授课存在授课关系，学生选课存在选课关系；快递系统中车辆与包裹存在配载关系，快递员与包裹存在取件和送件关系。

E-R 图 3 个基本要素的具体使用方法：用矩形框表示实体型，矩形框内写明实体名称；用椭圆框或圆角矩形表示实体的属性，并用实线将其与对应的实体连接起来；用菱形框表示实体之间的关系，在菱形框内写明关系名，并用实线将其与有关实体连接起来，同时在实线旁标上联系的类型（1:1，1:n 或 m:n）。

例如，表示“快递公司”“快递员”“快件包裹”3 个实体和表达“派送”“聘用”两个实体间联系的 E-R 图如图 2-4 所示。

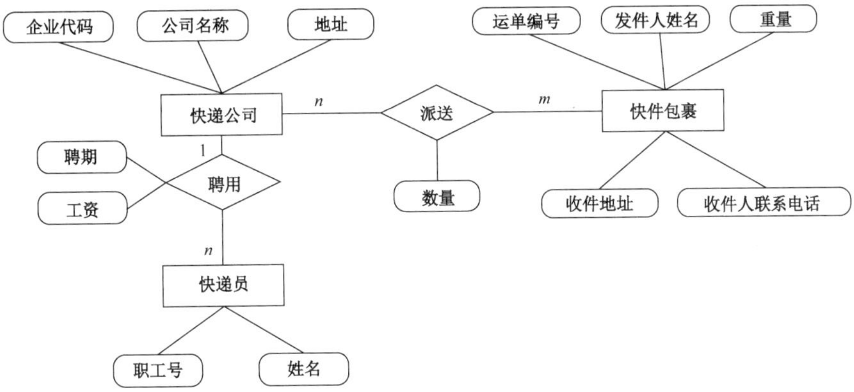

图 2-4　E-R 图示例

2.6.3　E-R 图的三种一般性约束

E-R 图存在三种一般性约束，即一对一约束（联系）、一对多约束（联系）和多对多约束（联系）。它们用来描述实体集之间的数量约束。

1. 一对一联系（1:1）

对于两个实体集 A 和 B，若 A 中的每一个值在 B 中至多有一个实体值与之对应，反之亦然，则称实体集 A 和 B 具有一对一（1:1）的联系。

例如，一个学校只有一个正校长，而一个校长只在一个学校中任职，则学校与校长之间具有 1:1 的联系。再如，快递公司中，一台运输车辆只能有一名司机，一名司机也只能开一台运输车辆，则司机与运输车辆间具有 1:1 的联系。

2. 一对多联系（1:*n*）

对于两个实体集 A 和 B，若 A 中的每一个值在 B 中有多个实体值与之对应，反之 B 中每一个实体值在 A 中至多有一个实体值与之对应，则称实体集 A 和 B 具有一对多的联系。

例如，某校教师与课程之间存在一对多的联系——“教”，即每位教师可以教多门课程，但是每门课程只能由一位教师来教。再如，一个专业中有若干名学生，而每个学生只在一个专业中学习，则专业与学生之间具有一对多联系；图 2-4 中快递公司与快递员的关系也是 1:*n* 的关系，即 1 家快递公司有多名快递员，但 1 名快递员只能在一家快递公司工作。

3. 多对多联系（*m*:*n*）

对于两个实体集 A 和 B，若 A 中每一个实体值在 B 中有多个实体值与之对应，反之亦然，则称实体集 A 与实体集 B 具有多对多联系。

例如，表示学生与课程间的联系“选修”是多对多的，即一个学生可以学多门课程，而每门课程可以有多个学生来学。

联系也可能有属性。例如，学生选修某门课程所取得的成绩，既不是学生的属性也不是课程的属性，由于成绩既依赖于某名特定的学生又依赖于某门特定的课程，所以它是学生与课程之间的联系“选修”的属性。

实际上，一对一联系是一对多联系的特例，而一对多联系又是多对多联系的特例，联系是随着概念模型的语义改变而改变的。假如有如下 3 种信息模型语义规定：

- 一个部门有一个经理，而每个经理只在一个部门任职，则部门与经理之间是 1:1 的联系。
- 一个员工可以同时是多个部门的经理，而一个部门只能有一个经理，则这种规定下员工与部门之间的“管理”联系就是 1:*n* 联系。
- 一个员工可以同时在多个部门工作，而一个部门有多个员工在其中工作，则员工与部门的“工作”联系为 *m*:*n* 联系。

2.6.4 E-R 图的设计步骤

E-R 图的设计分为以下 3 个步骤。

1. 调查分析

在需求分析阶段选择局部应用，通过对应用环境和要求进行详尽的调查分析，用数据流图和数据字典描述整个系统，每个数据流图对应一个局部应用，然后参照数据流图依次进行如下工作：

- 标定局部应用中的实体；
- 标定实体的属性和码；
- 确定实体之间的联系及其类型（1:1、1:*n*、*m*:*n*）。

（1）标定局部应用中的实体。现实世界中一组具有某些共同特性和行为的对象就可以抽象为一个实体。对象和实体之间是“is member of”的关系。例如，在学校环境中，可以把张三、李四、王五等对象抽象为学生实体，实体的组成成分可以抽象为实体的属性。组成成分与实体之间是"is part of"的关系。例如，学号、姓名、专业、年级等可以抽象为学生实体的属性，其中学号为标识学生实体的码。

（2）标定实体的属性和码。一般说来，在给定的应用环境中：

- 属性不能再具有需要描述的性质，即属性具有原子性，不可再分解为多个属性；
- 属性不能与其他实体具有联系，联系只发生在实体之间或实体内部。

实际上实体与属性是相对而言的，很难有截然划分的界限。同一事物在一种应用环境中作为属性，在另一种应用环境中就必须作为实体。

（3）确定实体之间的联系及其类型（1:1、1:n、m:n），根据需求分析，要考察实体之间是否存在联系，有无多余联系。

2. 合并生成

此阶段需要修正各分 E-R 图之间的冲突，冲突主要有三类，即属性冲突、命名冲突和结构冲突。

（1）属性冲突。

- 属性域冲突，即属性值的类型、取值范围或取值集合不同。例如，对于"运单号"这个属性，有的定义为字符型，有的为数值型。
- 属性取值单位冲突。例如，对于"包裹重量"这个属性，有的以克为单位，有的以千克为单位。

（2）命名冲突。

- 同名异义，即不同意义的实体具有相同名称。
- 异名同义（一义多名），即相同意义的实体具有不相同名称。例如，"快件"和"包裹"在快递管理系统中实际上具有相同含义。

（3）结构冲突。

- 同一实体在不同应用中具有不同的抽象。例如，"课程"在选课应用中被当作实体，而在成绩管理应用中则被当作属性。
- 同一实体在不同局部视图中所包含的属性不完全相同，或者属性的排列次序不完全相同。
- 实体之间的联系在不同局部视图中呈现不同的类型。例如，实体 E1 与 E2 在局部应用 A 中是多对多联系，而在局部应用 B 中是一对多联系；又如，在局部应用 B 中 E1 与 E2 有联系，而在局部应用 C 中 E1、E2 和 E3 这三者之间有联系，解决方法是根据应用的语义对实体联系的类型进行综合调整。

3. 修改重构

此阶段生成最终的 E-R 图，各局部应用的分 E-R 图经过合并可以生成初步 E-R 图，之所以称其为初步 E-R 图，是因为其中可能存在冗余的数据和冗余的实体间联系，即存在可由基本数据导出的数据（如配送间隔可以由包裹的发运时间和收件时间相减得出）和可以由其他联系导出的联系。冗余数据和冗余联系容易破坏数据库的完整性，给数据库维护增加困难。因此得到初步 E-R 图后，还应当进一步检查 E-R 图中是否存在冗余，如果存在，则应设法予以消除。修改、重构初步 E-R 图以消除冗余，直至生成无冲突的最终 E-R 图。

2.6.5 E-R图设计示例

以下对一个工厂的管理和零部件存放进行 E-R 图设计，假设有如下需求和关系描述。

- 一个仓库可以存放多种零件，一种零件可以存放在多个仓库中，仓库和零件具有多对多的联系，用库存量来表示某种零件在某个仓库中的数量。
- 一个仓库有多个职工当仓库保管员，一个职工只能在一个仓库工作，仓库和职工之间是一对多的联系。
- 职工之间具有领导–被领导关系，即仓库主任领导若干保管员。职工实体中具有一对多的联系。
- 供应商、项目和零件三者之间具有多对多的联系。

根据上述语义画出 E-R 图，在 E-R 图中需注明实体的属性、联系的类型及实体的标识符。

第一步：以上所述中，仓库、供应商、职工、零件、项目分别具有共同的特性和行为，应该成为实体。

第二步：依照所述，仓库与保管员之间有“工作”关系，是 1:*n* 联系；一个仓库可以存储多种零件，一种零件可能存储在多个仓库中，所以仓库与零件之间存在“库存”关系，是 *m*:*n* 联系；职工之间存在领导关系，是 1:*n* 联系；一个供应商给多个项目供应零件，一个项目有多个供应商，所以供应商与项目之间存在“供应关系”，是 *m*:*n* 联系；

第三步：确定各个实体的属性，如仓库包括仓库号、面积、办公电话等，供应商有供应商代码、名称、地址、电话号码、账号等。

第四步：绘出 E-R 图，如图 2-5 所示。

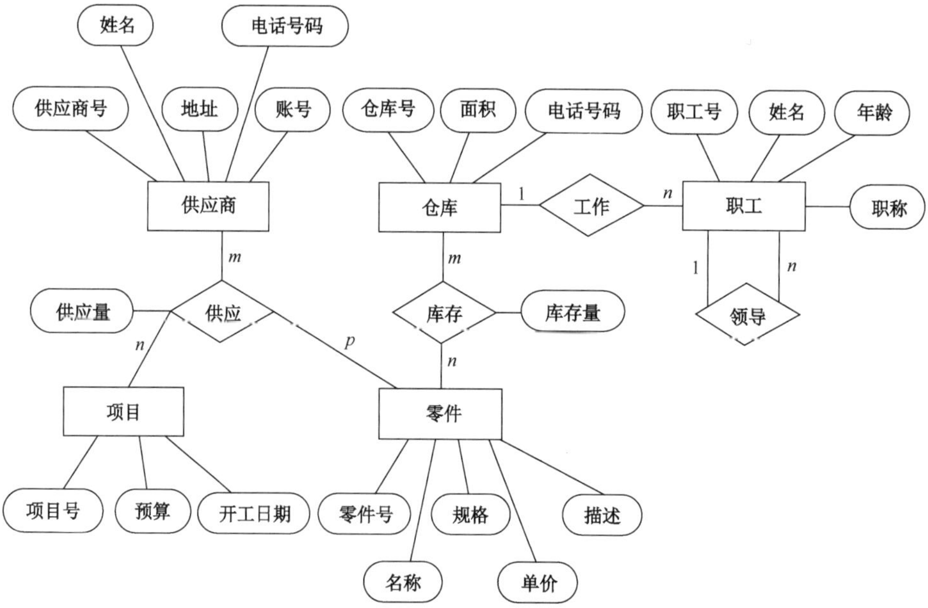

图 2-5 E-R 图设计示例

第 3 章　SQL 基础

结构化查询语言（Structured Query Language，SQL），是一种用于实现透明访问多种数据库产品的数据库查询这一特殊目的的编程语言，用于存取数据以及查询、更新和管理关系数据库系统，是数据库访问的标准语言。SQL 具有功能丰富、使用方便灵活、简洁易学等突出的优点，深受计算机工业界和计算机用户的欢迎，也是管理信息系统开发的必备技术。

本章对 SQL 进行整体介绍，阐述 SQL 的分类及特点，在明确 SQL 概念的基础上，进一步对 SQL Server 数据库进行详细介绍，同时简单说明 SQL Server 2012 的安装环境要求及安装流程，为进一步加深对 SQL 的理解，对数据定义、数据查询、数据操纵、数据控制这四大类 SQL 操作进行了详细说明。

重点和难点：

- ⊙ SQL 特点
- ⊙ 用 SQL 语句进行数据结构定义
- ⊙ 用 SQL 语句对数据进行 BUID 操纵
- ⊙ 聚合函数的应用

3.1　SQL 语言概述

SQL 是高级的非过程化编程语言，允许用户在高层数据结构上工作。它不要求用户指定对数据的存放方法，也不需要用户了解具体的数据存放方式，所以具有完全不同底层结构的不同数据库系统，可以使用相同的结构化查询语言作为数据输入与管理的接口。结构化查询语言语句可以嵌套，这使它具有极大的灵活性和强大的功能。

3.1.1　SQL 发展史

SQL 于 1974 年由 Boyce 和 Chamberlin 提出，并首先在 IBM 公司研制的关系数据库系统 SystemR 上实现。

20 世纪 70 年代初，IBM 公司 San Jose、California 研究实验室的埃德加·科德发表了将数据组成表格的应用原则（Codd's Relational Algebra）。1974 年，同一实验室的 D.D.Chamberlin 和 R.F. Boyce 将 Codd 关系数据库中几条准则的数学定义以简单的关键字语法表达出来，形成了一套规范语言——SEQUEL（Structured English QUERY Language），并在 1976 年 11 月的 IBM Journal of R&D 上公布新版本的 SQL（叫 SEQUEL/2）。1980 年改名为 SQL。

1979 年甲骨文公司首先提供商用的 SQL，IBM 公司在 DB2 和 SQL/DS 数据库系统中也实现了 SQL。

1986 年 10 月，美国 ANSI 采用 SQL 作为关系型数据库管理系统的标准语言（ANSI X3.135-1986），后为国际标准化组织（ISO）采纳为国际标准。

1989 年，美国 ANSI 采纳在 ANSI X3.135-1989 报告中定义的关系型数据库管理系统的 SQL 标准语言，称为 ANSI SQL 89，该标准替代 ANSI X3.135-1986 版本。

3.1.2 SQL 分类

1. 数据定义语言

数据定义语言（Data Definition Language，DDL）：用于定义和管理 SQL 数据库中的所有对象的语言，其语句包括动词 CREATE、ALTER 和 DROP，在数据库中创建新表或修改、删除表（CREAT TABLE 或 DROP TABLE）。

2. 数据操纵语言

数据操纵语言（Data Manipulation Language，DML）：SQL 中处理数据（包括数据的增加 INSERT、删除 DELETE、修改 UPDATE、查询 SELECT）等操作统称为数据操纵语言。

3. 数据控制语言

数据控制语言（Data Control Language，DCL）主要实现对用户权限的分配等处理，它的语句通过 GRANT 或 REVOKE 实现权限控制，确定单个用户和用户组对数据库对象的访问。

4. 事务控制语言

事务控制语言（Thing Control Language，TCL）：用于管理事务，它的语句能确保被 DML 语句影响的表的所有行及时得以更新，包括 Begin Transaction（开始事务）、Commit Transaction（提交事务）、RollBack Transaction（撤销事务）。

5. 其他附加语言元素

基本的编程语句等。

3.1.3 SQL 的特点

1. 综合统一

SQL 可以独立完成数据库生命周期中的全部活动，包括定义关系模式、录入数据、建立数据库、查询、更新、维护、数据库重构、数据库安全性控制等一系列操作。这就为数据库应用系统开发提供了良好的环境，在数据库投入运行后，还可根据需要随时逐步修改模式，且不影响数据库的运行，从而使系统具有良好的可扩充性。

2. 高度非过程化

非关系数据模型的数据操纵语言是面向过程的语言，用其完成用户请求时，必须指定存取路径。而用 SQL 进行数据操作，用户只需提出“做什么”，而不必指明“怎么做”，因此用户无须了解存取路径，存取路径的选择以及 SQL 语句的操作过程由系统自动完成。这不但大大减轻了用户负担，而且有利于提高数据独立性。

3. 面向集合的操作方式

SQL 采用集合操作方式，不仅查找结果可以是元组的集合，而且一次插入、删除、更新操作的对象也可以是元组的集合。

4. 以同一种语法结构提供两种使用方式

SQL 既是自含式语言，又是嵌入式语言。作为自含式语言，它能够独立地用于联机交互的使用方式，用户可以在终端键盘上直接输入 SQL 命令对数据库进行操作；作为嵌入式语言，SQL 语句能够嵌入到高级语言（如 C、C#、Java）程序中，供程序员设计程序时使用。而在两种不同的使用方式下，SQL 的语法结构基本一致，这种以统一的语法结构提供两种不同的操作方式，为用户提供了极大的灵活性与方便性。

5. 语言简洁，易学易用

SQL 功能极强，但由于设计巧妙，语言十分简洁，且语言语法简单，接近英语口语，因此容易学习和使用。SQL 语言完成数据定义、数据查询、数据操纵、数据控制这四项核心功能只用了 10 个关键词：SELECT、CREATE、ALTER、DROP、INSERT、UPDATE、DELETE、GRANT、REVOKE、DENY，如表 3-1 所示。

表 3-1 SQL 语言的动词

SQL 功能	动 词
数据定义	CREATE，ALTER，DROP
数据查询	SELECT
数据操纵	INSERT，UPDATE，DELETE
数据控制	GRANT，REVOK，DENY

3.1.4 SQL 的基本概念

1. 基本概念的内容

SQL 的基本概念包括以下几方面内容：

（1）关系模式，称为数据表；

（2）存储模式，称为数据文件；

（3）子模式，称为数据视图；

（4）元组，称为数据行；

（5）属性，称为数据表的列或字段。

2. SQL 支持关系型数据库的三级模式结构

SQL 支持关系型数据库的三级模式结构，如图 3-1 所示。

1）数据表

- 关系型数据库中，一个关系就对应一个数据表；
- 一个（或多个）数据表对应一个数据文件；

- 一个数据表可以带若干索引。

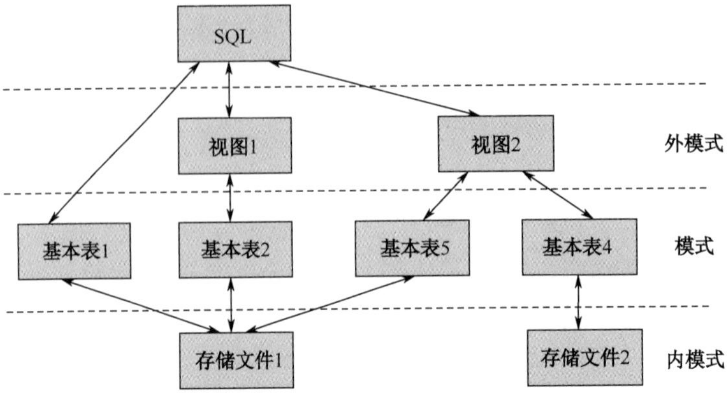

图 3-1　SQL 支持关系型数据库的三级模式结构

2）数据视图

- 从一个或几个数据表导出的、存储在计算内存中的临时数据表；
- 数据库中只存放视图的定义而不存放视图对应的数据；
- 数据视图是一个虚表；
- 用户可以在已存在的数据视图基础上再定义数据视图。

3）数据文件

- 关系数据库的内模式由数据文件的物理结构确定；
- 不同的关系型 DBMS，其物理结构均不相同，但用户可通过 SQL 语言对它们进行透明访问。

3.2　SQL 测试环境搭建

微软公司的关系型 DBMS 产品——SQL Server 是目前最流行的数据库平台之一，能够在多个平台、程序和设备之间共享数据，更易于与内部和外部系统连接，大幅度降低了系统运行、维护风险和 IT 管理成本。SQL Server 数据库的管理与开发技术将为 IT 技术人员提供更多的发展机会和空间，使其在激烈的市场竞争中更具竞争力。

本书以 SQL Server 2012 作为教学用 DBMS，本节主要说明 SQL Scrver 2012 的基本概念、主要特性、安装方法及管理工具的基本操作。

3.2.1　SQL Server 数据库简介

1. SQL Server 数据库发展历程

1988 年，第一次出现 SQL Server 名称，微软公司、Sybase 公司和 Ashton-Tate 公司合作，在 Sybase 公司的关系型 DBMS——Sybase 基础上开发出在 OS/2 操作系统上使用的 SQL Server 1.0。

1989 年，SQL Server 1.0 作为产品推出，取得了较大成功，微软公司和 Ashton-Tate 公司分道扬镳。

1991 年，SQL Server 1.11 版发布。

1992 年，微软公司和 Sybase 公司共同开发的 SQL Server 4.2 面世。

1993 年，微软公司推出 Windows NT 3.1 服务器操作系统，在抢占服务器操作系统市场方面取得巨大的成功，同期推出的 SQL Server for Windows NT 3.1 也成为畅销产品。

1994 年，微软公司和 Sybase 公司分道扬镳。

1995 年，SQL Server 6.0 发布，随后又推出 SQL Server 6.5。

1998 年，SQL Server 7.0 发布，SQL Server 7.0 开始进军企业级数据库市场。

2000 年，SQL Server 2000 企业级数据库系统发布，其包含了三个组件——DBMS、用于支持仓库建设的在线联机分析处理系统（On-Line Analysis Processing，OLAP)、英文自然语言查询处理引擎（English Query)，并丰富了前端工具和开发工具，以及对 XML 的支持等，促进了该版本的推广和应用。

2005 年，SQL Server 2005 发布。

2007 年，SQL Server 2008 发布。

2008 年，SQL Server 2008 R2 发布。

2012 年，SQL Server 2012 发布。

2014 年，SQL Server 2014 发布。

2016 年，SQL Server 2016 发布。

2017 年，SQL Server 2017 发布。

自 SQL Server 2008 发布以来，微软未在产品中有重要革新，重点改进放在效率提升、用户易用性、BUG 修正、功能完善方面，所以本书选用 SQL Server 2012 版作为数据库平台。

2. SQL Server 2012 版本体系

SQL Server 2012 是一个产品系列，共有 6 个不同的版本，用户可以根据自己的需要和软、硬件环境选择不同的版本，各版本从低到高说明如下。

（1）SQL Server 快捷版（SQL Server Express)。该版本可免费获取（无购买费用、版税及再发行费用)，它并非是简单的 AcessJet 数据库引擎的插件替代版本，而是 SQL Server 数据库引擎的完整版，用于应用程序内的嵌入式数据库，但 Express 版有一些限制，如最大数据库容量限 4GB，只支持一个 CPU 及 1GB 内存。

（2）SQL Server 2012 开发版。该版本是独立软件供应商、咨询人员、系统集成商、解决方案供应商，以及创建和测试应用程序的企业开发人员的理想选择，可以在 Windows 工作站版本上运行，授权用于开发和测试，但不可用于商业发行。

（3）SQL Server 2012 Web 版。该版本是 SQL Server 2012 的新产品，授权用于网站托管。主要运行于 Windows 服务器和面向 Internet Web 服务的环境中，该版本在 Web 应用和客户托管解决方案中具有实现成本低、规模大、可用性高等特点，并为用户提供了必要的支持工具。

（4）SQL Server 2012 标准版。该版本适合中小型企业的数据管理和分析平台，包括电子商务、数据仓库和业务流解决方案所需的各项基本功能，并包括集成服务、分析服务、Web 服务、数据库镜像和故障转移群集等所有适宜的功能，SQL Server 2012 标准版可以满足大多数大型生产数据库的需要，是 SQL Server 的主打版本。

（5）SQL Server 2012 商业智能版。SQL Server 2012 商业智能版包括标准版的所有功能，适用于高级的自服务与企业级商业智能，使用 Power View 可实现快速数据分析与挖掘，以及可扩展的企业级报表。

（6）SQL Server 2012 企业版。该版本支持超大型企业进行联机事务处理、高度复杂的数据分析、数据仓库系统和网站建设所需的性能水平。它具有全面商业智能和分析能力，以及高可用性功能（如故障转移群集），使其可以承受处理大多数企业关键业务工作负荷。企业版是功能最齐全、性能最优的数据库系统，具有高级性能和可用性功能（如表分区及数据压缩），支持数千个并发连接和 PB 级数据容量。

在 SQL Server 2012 的所有版本中，可以方便地从低级版本向高级版本升级。例如，可以从 SQL Server 2012 的标准版升级到 SQL Server 2012 的企业版。

3. SQL Server 2012 的特性

SQL Server 2012 具有以下特性。

（1）安全性和高可用性。提高服务器正常运行时间并加强数据保护，无须浪费时间和金钱即可实现服务器到云端的扩展。

（2）企业安全性及合规管理。内置的安全性功能及 IT 管理功能，能够在极大程度上帮助企业提高安全性能级别并实现合规管理。

（3）超高的性能。在业界首屈一指的基准测试程序的支持下，用户可获得突破性的性能。

（4）快速的数据发现。通过快速的数据探索和数据可视化对成堆的数据进行细致深入的研究，从而能够引导企业提出更为深刻的商业洞见。

（5）可扩展的托管式自助商业智能服务。通过托管式自助商业智能、IT 面板及 Share Point 之间的协作，为整个商业机构提供可访问的智能服务。

（6）可靠一致的数据保障。针对所有业务数据提供一个全方位的视图，并通过整合净化帮助确保数据可信度。

（7）全方位的数据仓库解决方案。凭借全方位数据仓库解决方案，以低成本向用户提供大规模数据管理，能够实现高度灵活性和可伸缩性。

（8）按需扩展。通过灵活的部署选项，根据用户需要实现从服务器到云的扩展。

（9）实现解决方案更为迅速。通过一体机和私有云/公共云产品降低解决方案的复杂度并有效缩短其实现时间。

3.2.2 SQL Server 2012 的运行环境要求

1. 硬件要求

（1）硬盘：最少 6 GB 的可用硬盘空间。

（2）内存：快捷版不低于 1GB，其他版本不低于 4GB，并且应该随着数据库大小的增加而增加，以便确保最佳的性能。

（3）CPU：x86 处理器不低于 1.0 GHz，x64 处理器不低于 1.4 GHz，建议使用 2.0 GHz 或更快。

2. 软件要求

SQL Server 2012 可安装于 Windows Server 2003 及更高版本系列（如 Windows 7/8/10 等）的操作系统上，Web 环境下需要 IE6.0 及以上版本，.NET 3.5 以上版本，Windows Installer 4.5

以上版本和 Microsoft 数据访问组件 2. 8SP1（MDAC2.8SP1）以上版本。

操作系统具有内置网络软件，独立的命名实例和默认实例支持以下网络协议：Shared memory、Named Pipes、TCP/IP 和 VIA。

3. SQL Server 2012 安装注意事项

在开始安装 SQL Server 2012 之前，应完成如下操作。

（1）使用具有本地管理员权限的用户账户或适当权限的域用户账户登录系统。

（2）关闭所有依赖于 SQL Server 的应用。

（3）关闭 Windows 操作系统的 Event Viewer 和 Regedit.exe。

（4）如果系统上存在 Visual Studio 2012，应先安装 SQL Server 2012，再安装 Visual Studio 2012。

（5）建议在 NTFS 格式的磁盘上安装 SQL Server 2012。

3.2.3　SQL Server 2012 的安装

SQL Server 2012 的安装步骤（共计 18 步）如下。

第 1 步：下载软件安装包。从微软（中国）网站下载 SQL Server 2012 Evaluation 免费版软件安装包（如图 3-2 所示）。

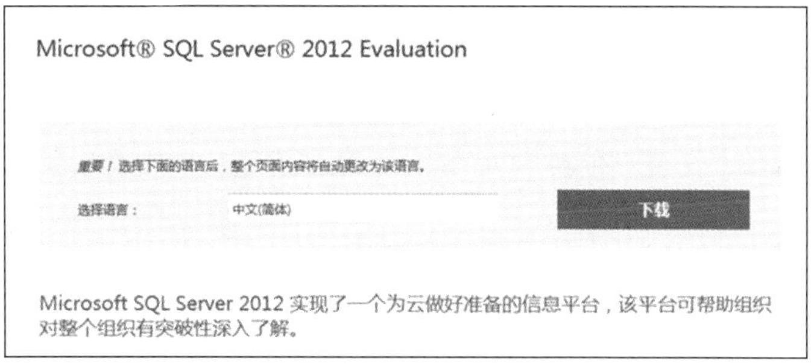

图 3-2　下载 SQL Server 2012 Evaluation 免费版软件安装包

如图 3-3 所示，选择其中的 3 个程序，然后单击“下载”按钮即开始下载自解压安装包程序。

图 3-3　选择 SQL Server 2012 版本的 3 个程序

第 2 步，解压安装包。下载后，双击 SQLFULL_x64_CHS_Install.exe 文件，进行解压（如图 3-4 所示）。

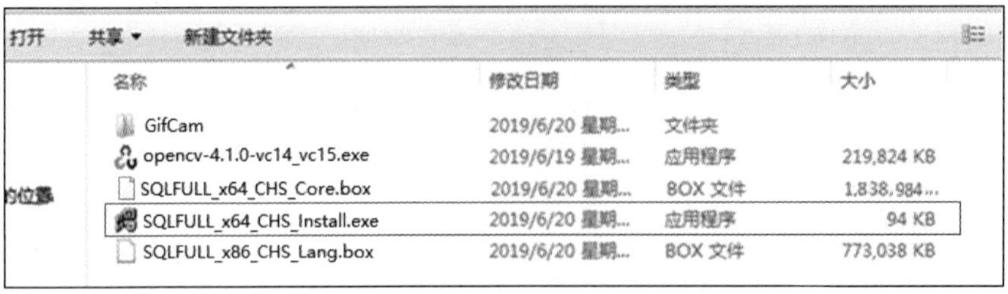

图 3-4　解压 SQL Server 2012 安装包

解压完成后，就会有 SQLFULL_x64_CHS 文件夹生成（如图 3-5 所示）。

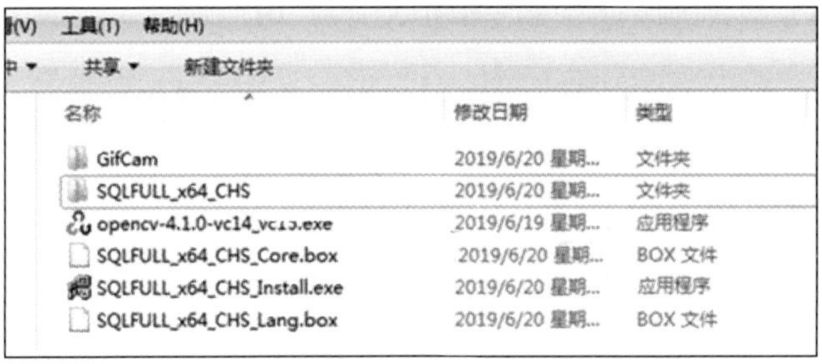

图 3-5　解压结束

第 3 步，开始安装。打开 SQLFULL_x64_CHS 文件夹，双击 SETUP.EXE（如图 3-6 所示），在安装选择界面中选择“安装→全新 SQL Server 独立安装或向现有安装添加功能”命令（如图 3-7 所示）。

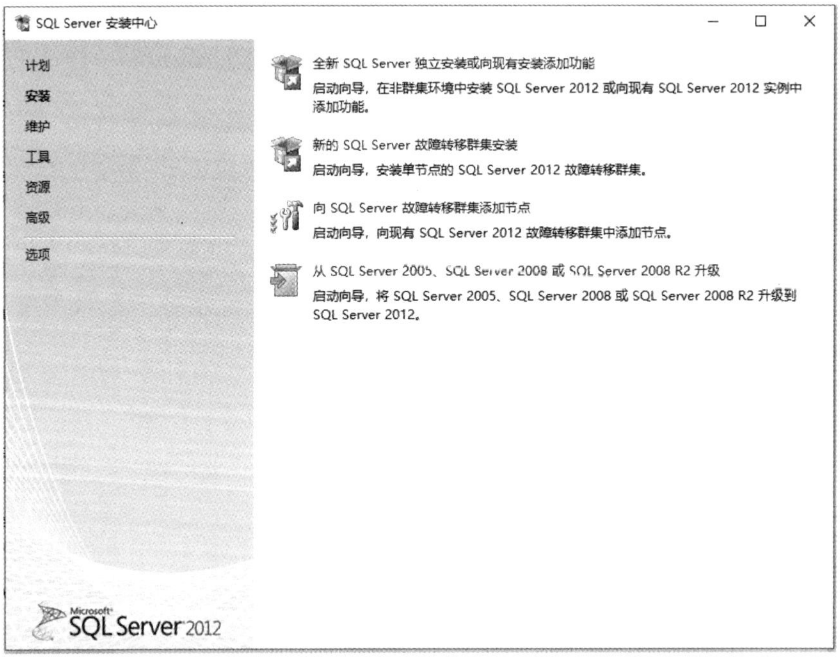

图 3-6　开始安装 SQL Server 2012

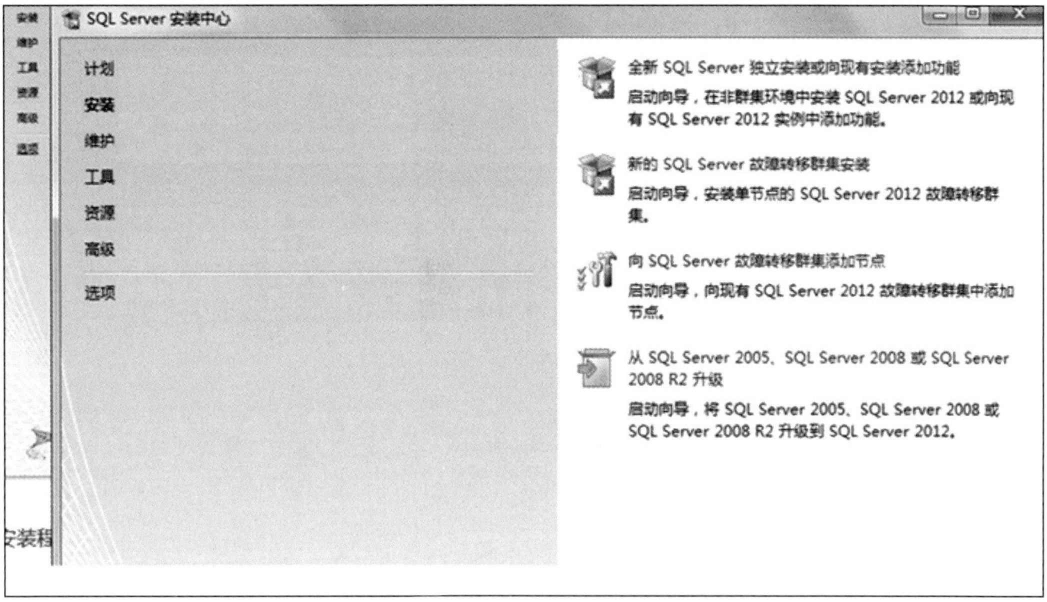

图 3-7　在安装 SQL Server 2012 过程中进行定制

安装成功以后单击“确定”按钮（如图 3-8 所示）。

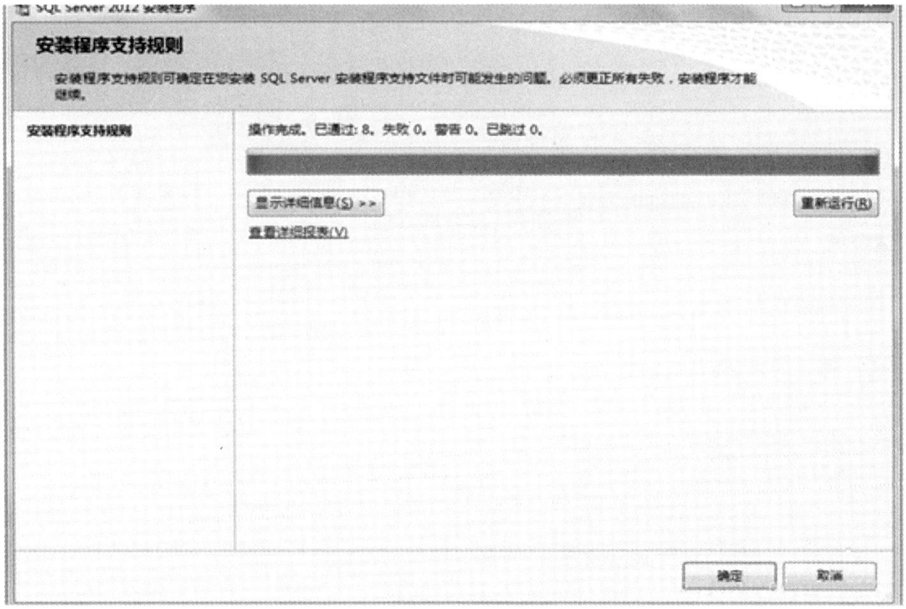

图 3-8　安装 SQL Server 2012 结束

第 4 步，选择指定可用版本。如图 3-9 所示，选择“Evaluation”，然后单击“下一步”按钮。

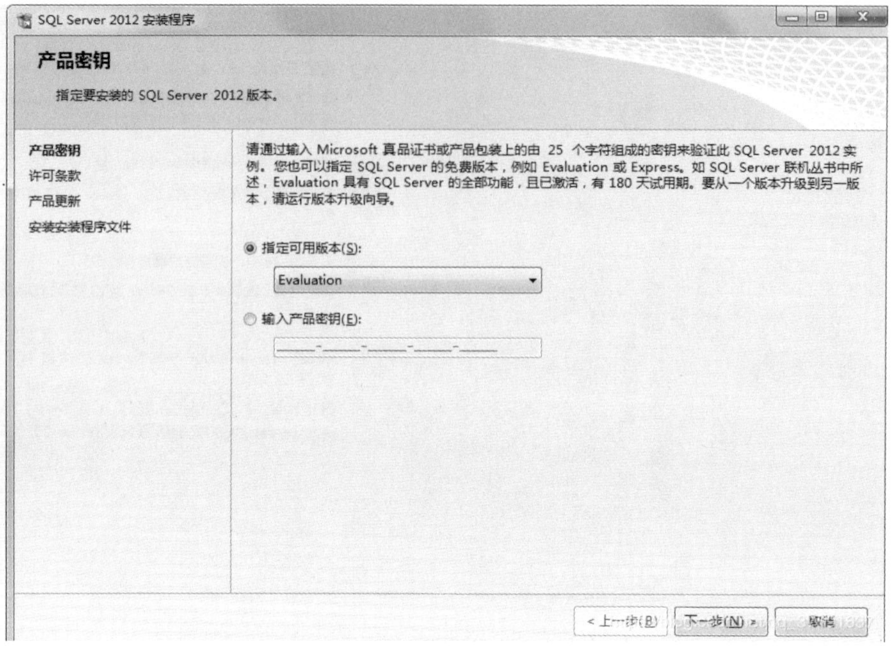

图 3-9　选择指定可用版本

即使出错，也单击“下一步”按钮（如图 3-10 所示）。

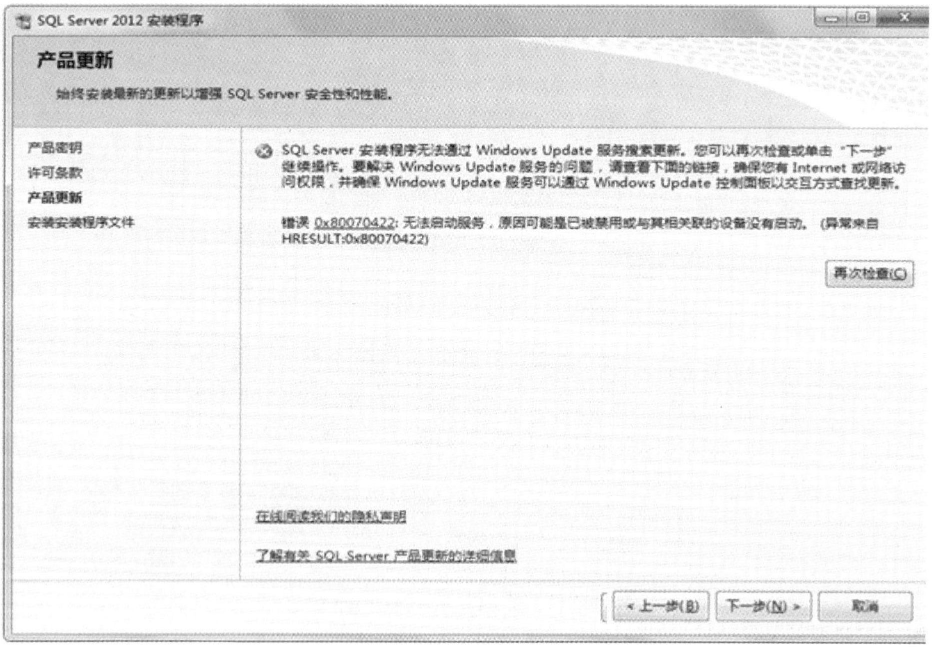

图 3-10　出错处理

第 5 步，安装程序支持规则（如图 3-11 所示）。

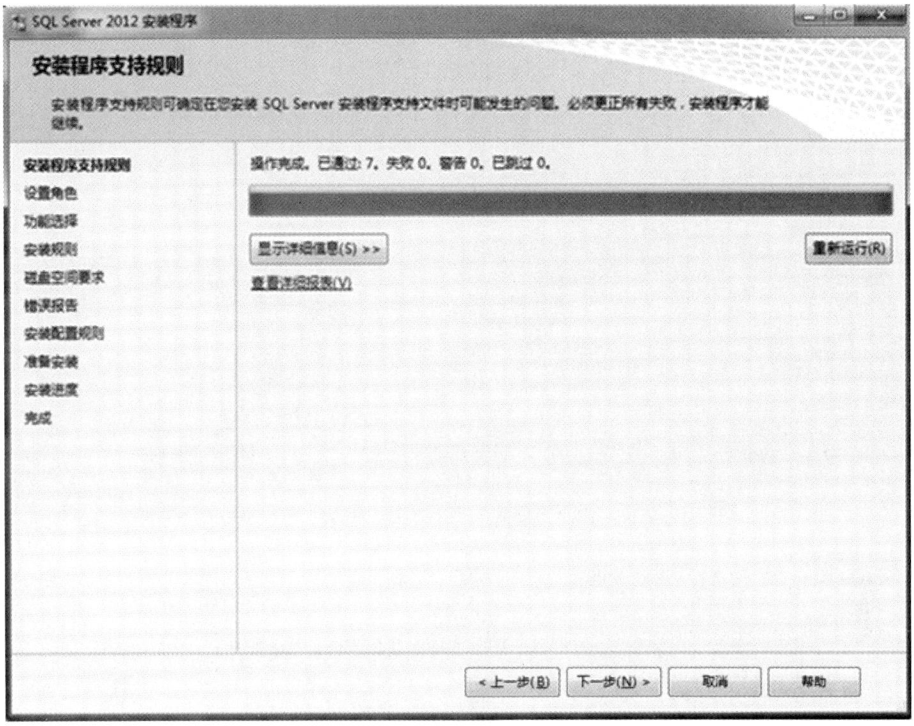

图 3-11 安装程序支持规则

第 6 步，选择待安装的 SQL Server 功能选项，在如图 3-12 所示的界面中选择“设置角色→SQL Server 功能安装”命令。

图 3-12 设置角色

在如图 3-13 所示的功能选择界面中，可选择想安装的 SQL Server 各功能选项，建议全选。注意：两个共享功能位置不能一样，不然会报错。

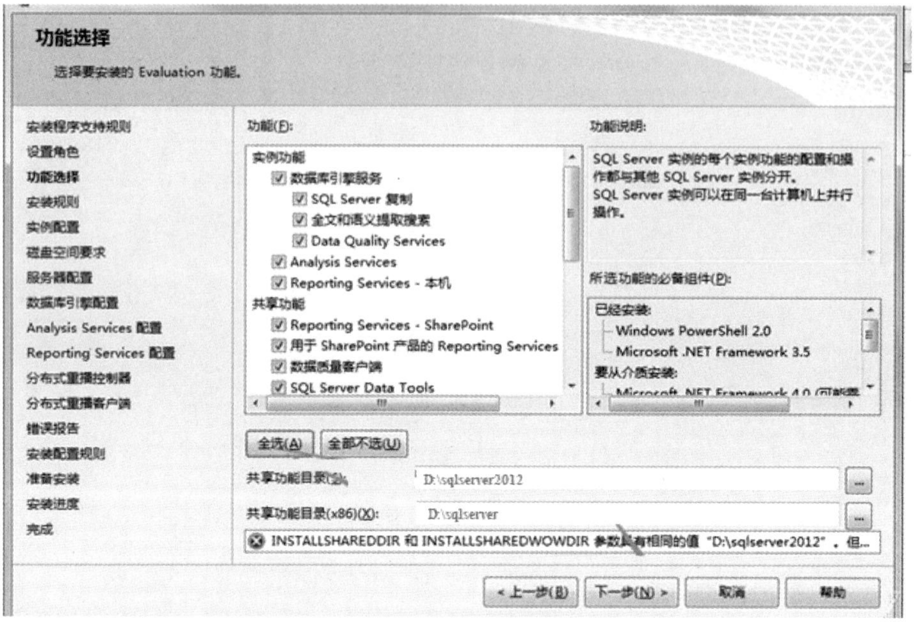

图 3-13　选择功能

第 7 步，安装规则（如图 3-14 所示）。

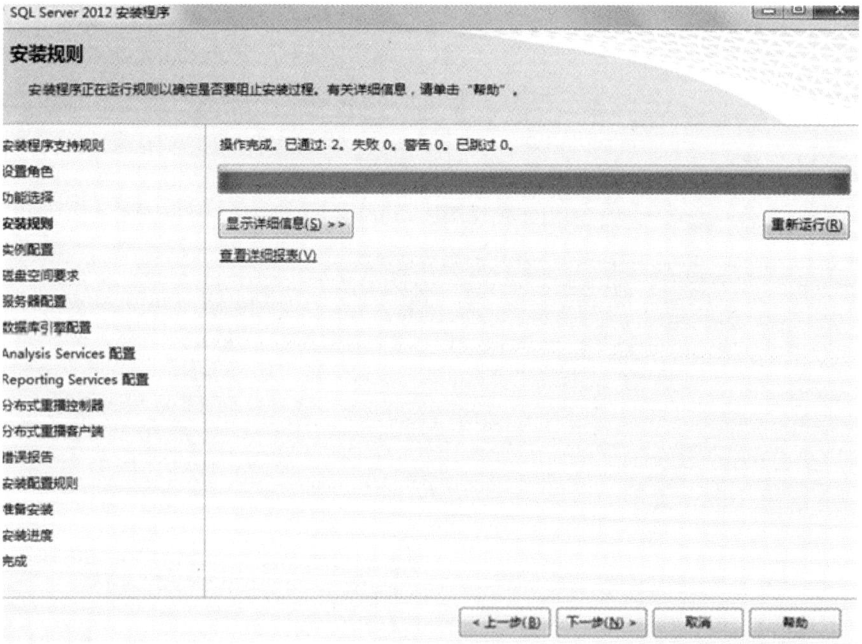

图 3-14　安装规则

第 8 步，进行默认实例的配置，可以更改实例的根目录路径（如图 3-15 所示），单击“下一步”按钮后，可查看当前磁盘空间是否满足默认实例的安装需求（如图 3-16 所示）。

图 3-15　进行默认实例的配置

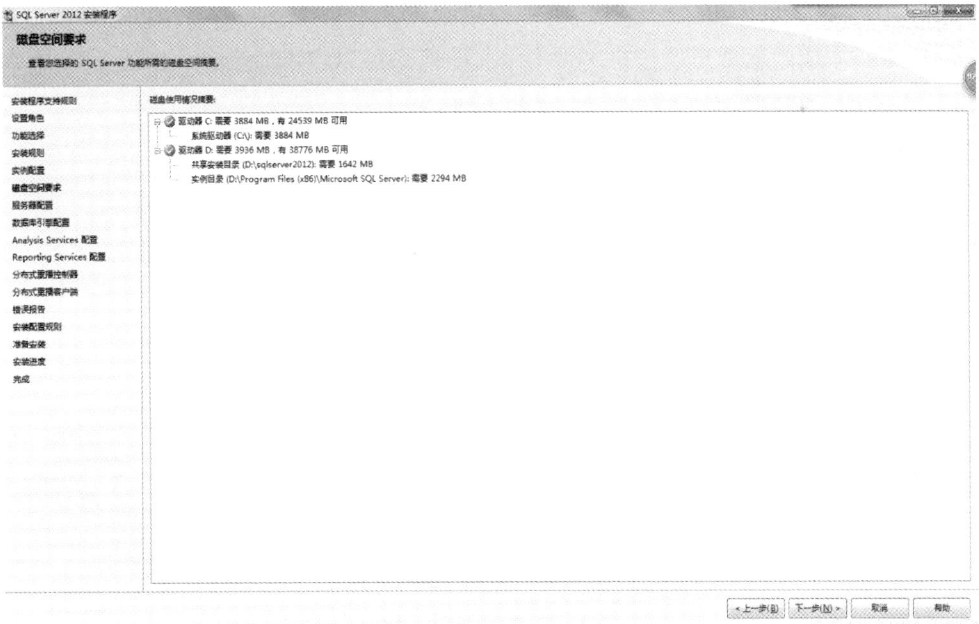

图 3-16　磁盘要求提示

第 9 步，进行服务器配置。在本步中不做选择，直接单击“下一步”按钮（如图 3-17 所示）。

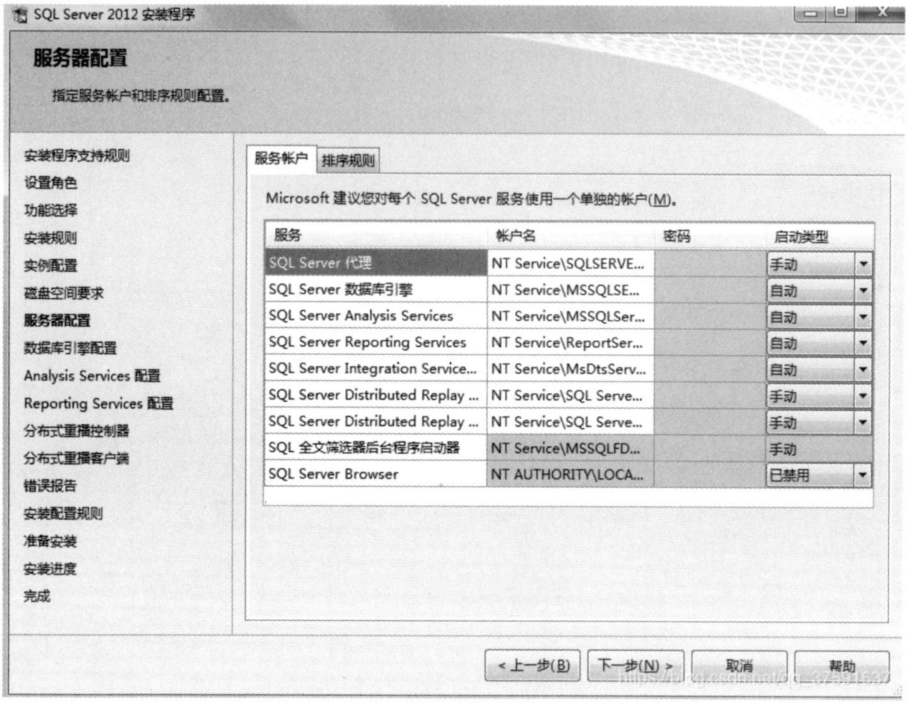

图 3-17　进行服务器配置

第 10 步，进行数据库引擎配置，选择混合模式，设置 SQL Server 系统管理员的密码并确认密码，单击“添加当前用户”按钮，可将当前操作系统用户添加进去（如图 3-18 所示）。

图 3-18　用户认证模式选择①

① 图片中“帐户”应为“账户”，为保持截图真实性，不对图片中错字进行修改。

第 11 步，分析服务（Analysis Services）配置，单击“添加当前用户”按钮即可（如图 3-19 所示）。

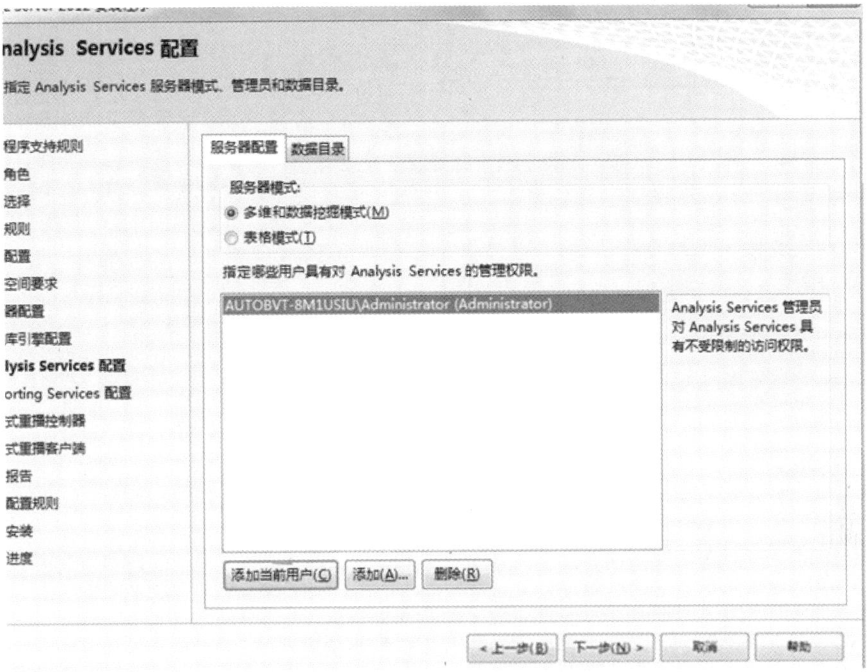

图 3-19 Analysis Services 配置

第 12 步，Reporting Services 配置，使用默认设置，不用修改（如图 3-20 所示），直接单击“下一步”按钮。

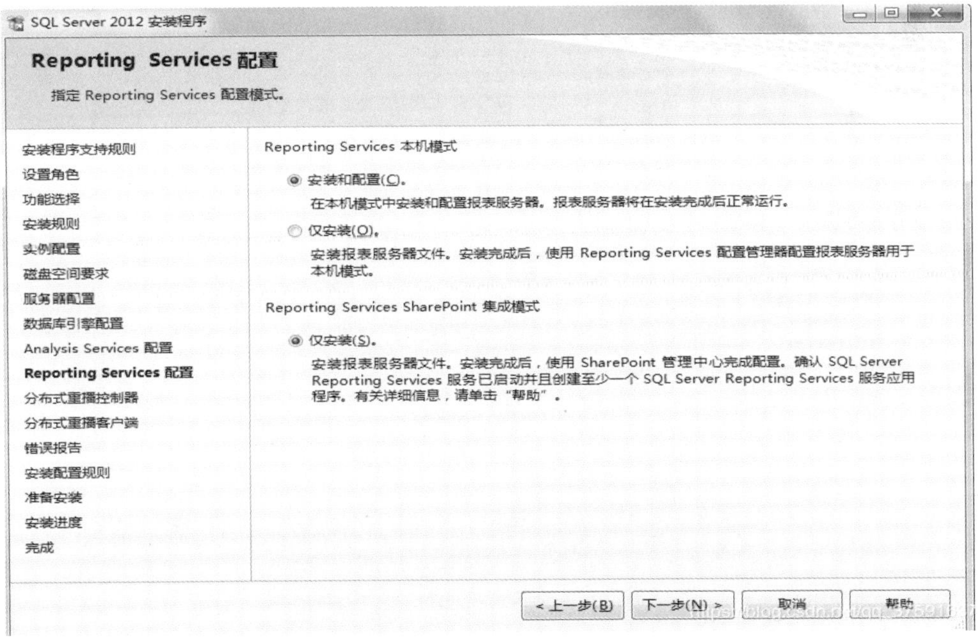

图 3-20 Reporting Services 配置

第 13 步，分布式重播控制器配置。单击“添加当前用户”按钮（如图 3-21 所示），然后单击“下一步”按钮。

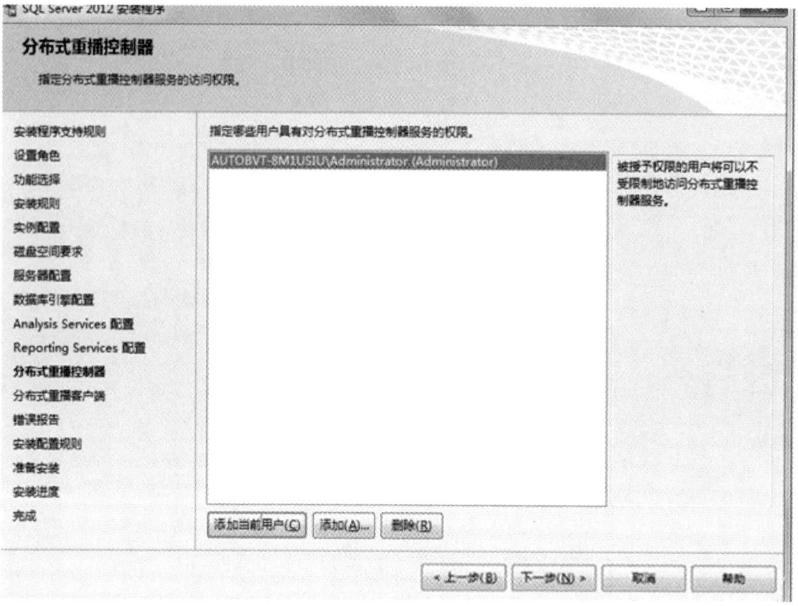

图 3-21 分布式重播控制器配置

第 14 步，分布式重播客户端配置。填写控制器名称，然后单击“下一步”按钮（如图 3-22 所示）。

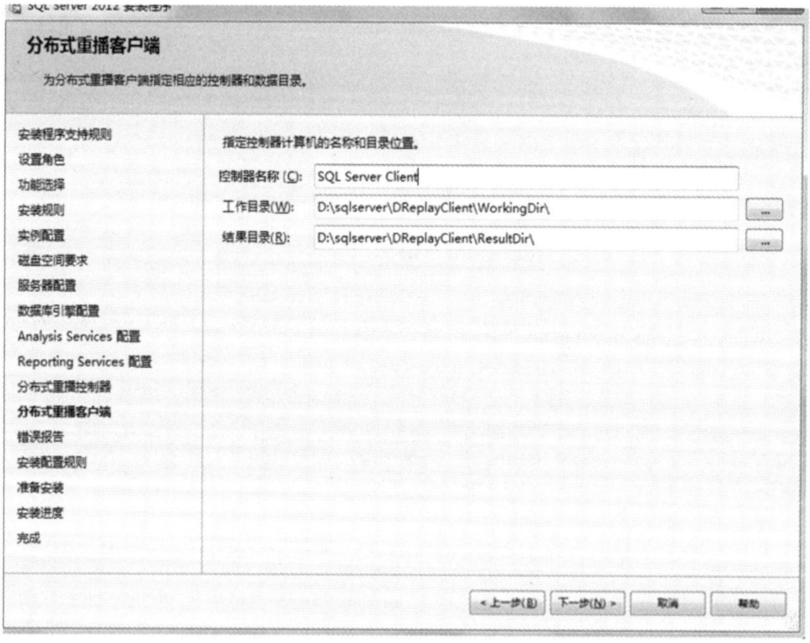

图 3-22 分布式重播客户端配置

第 15 步，查看错误报告。错误报告中列出了安装和配置过程中出现的错误，单击“下一步”按钮即可（如图 3-23 所示）。

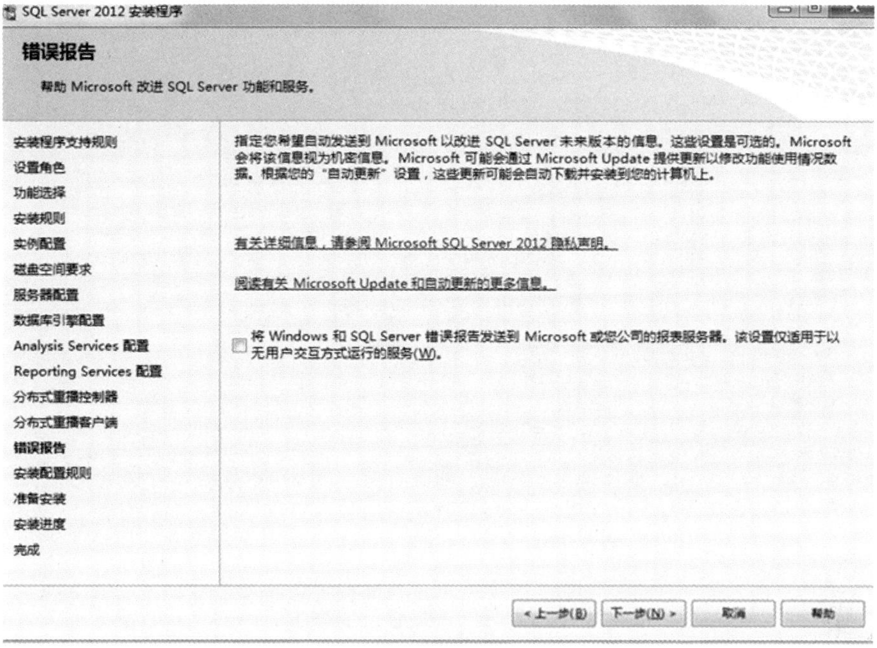

图 3-23　查看错误报告

第 16 步，在此步骤中安装配置规则（如图 3-24 所示），不需用户选择，完成后单击“下一步”按钮。

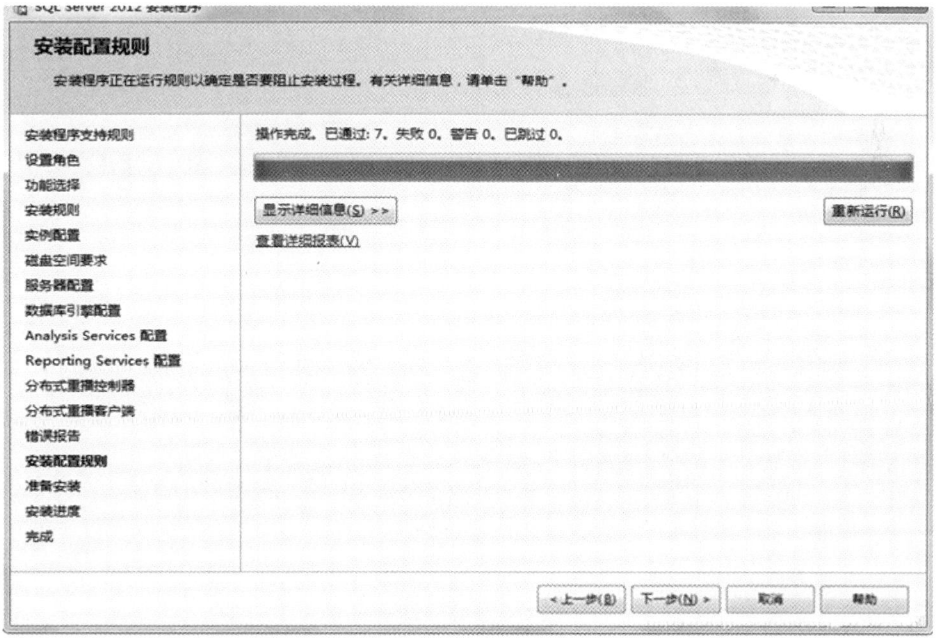

图 3-24　安装配置规则

第 17 步，准备开始运行安装过程，单击“安装”按钮（如图 3-25 所示），SQL Server 安装程序开始根据前述配置进行自动化安装。

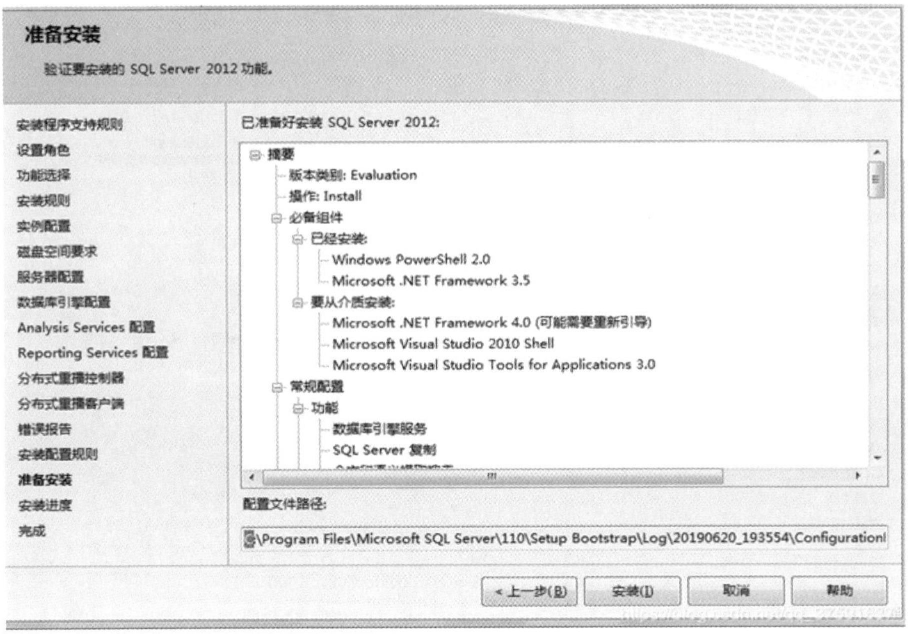

图 3-25 准备开始运行安装过程

第 18 步，安装完成（如图 3-26 所示）。

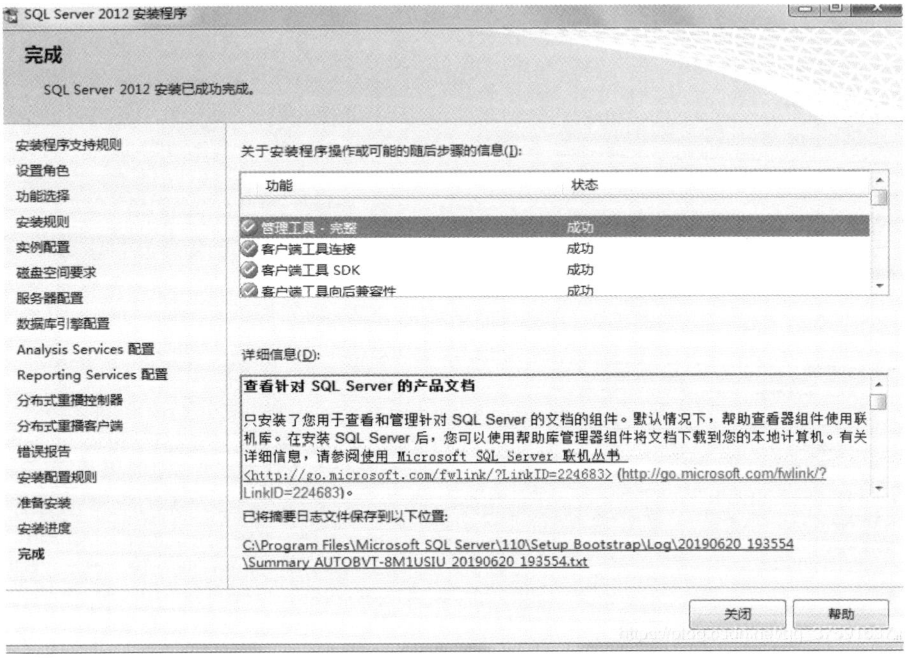

图 3-26 安装完成

按以上步骤操作，即可在计算机上安装完成基本的 SQL Server 2012 Evaluation 免费版，包括 SQL Server 2012 客户机和服务器。

由于 SQL Server 客户机和服务器同在一台计算机上（物理上），因此称为 SQL Server 本地客户端或客户机（SQL Server Native Client）。

3.3　SQL Server 的数据类型

数据类型指定数据对象可保存的数据的类型，SQL Server 支持多种数据类型，包括字符类型、数值类型、日期类型等。数据类型相当于一个容器，容器的大小决定了装的东西的多少，将数据分为不同的类型可以节省磁盘空间和资源。

SQL Server 能自动限制每个数据类型的取值范围。例如，某数据表定义了一个类型为整数的数据列，如果向该表插入数据时该列插入的值的大小在 smallint 或者 tinyint 范围之内，SQL Server 会自动将类型转换为 smallint 或者 tinyint，这样一来，在存储数据时，占用的存储空间只有 int 的 1/2 或者 1/4。

SQL Server 数据库管理系统中内置的数据类型共有 9 大类，计 25 种。

SQL Server 会自动限制每个系统数据类型的取值范围，当插入数据库中的值超过了数据允许的范围时，SQL Server 就会报错。

3.3.1 整数

整数数据类型是常用的数据类型之一，主要用于存储整数值，可以直接进行数据运算而不必使用函数转换，包括以下几种类型。

1. bigint

每个 bigint 型数据占据 8 个字节中的存储空间，其中一个二进制位表示符号位，其他 63 个二进制位表示长度和大小，可以表示-2 的 63 次方至 2 的 63 次方减 1 范围内的所有整数。

2. int

int 或者 integer，每个 int 型数据占据 4 个字节中的存储空间，其中一个二进制位表示符号位，其他 31 个二进制位表示长度和大小，可以表示-2 的 31 次方至 2 的 31 次方减 1 范围内的所有整数。

3. smallint

每个 smallint 类型的数据占用了 2 个字节的存储空间，其中一个二进制位表示整数值的正负号，其他 15 个二进制位表示长度和大小，可以表示-2 的 15 次方至 2 的 15 次方减 1 范围内的所有整数。

4. tinyint

每个 tinyint 类型的数据占用 1 个字节的存储空间，可以表示 0~255 范围内的所有整数。

3.3.2　浮点数

浮点数数据类型用于存储十进制小数，可表示浮点数值数据的大致数值，浮点数为近似值。SQL Server 中对浮点数采用只入不舍的方式进行存储，即当且仅当要舍入的数是一个非零数时，对其保留数字部分的最低有效位上加 1，并进行必要的进位。浮点数类型包括以下几种。

1. real

每个 real 类型的数据占用 4 个字节的存储空间，存储正或负的十进制数值，存储范围从-3.40E+38 至 3.40E+38。

2. float

float 表示从-1.79E+308 至 1.79E+308 的浮动精度整数。float 数据类型可以写成 float(n)的形式，n 为 1~53 之间的整数值，用于指定 float 数据的精度。当 n 取 1~24 时，实际上定义了一个 real 类型的数据，系统用 4 个字节存储，当 n 取 25~53 时，系统认为其是 float 类型，用 8 个字节存储。

3. decimal(p,s)和 numeric(p,s)

decimal(p,s)和 numeric(p,s)为带固定精度和小数位数的数值数据类型。numeric 在功能上等价于 decimal。它们都可以提小数所需要的存储空间，用户可以用 2～17 个字节来存储数据。

p（精度）指定了最多可以存储十进制数字的总位数，包括小数点左边和右边的位数，该精度必须是从 1 到最大精度 38 之间的值，默认精度为 18。

s（小数位数）指定小数点右边可以存储的十进制数字的最大位数，小数位数必须是从 0 到 *p* 之间的值，仅在指定精度后才可以指定小数的位数，默认小数位数是 0，因此，0<=s<=p。

最大存储大小基于精度而变化。例如，decimal（10，5）表示共有 10 位数，其中整数 5 位，小数 5 位。

3.3.3 日期和时间

1. date

date 存储用字符串表示的日期数据，占用 3 个字节的存储空间，可以表示 0001-01-01~9999-12-31（公元元年 1 月 1 日到公元 9999 年 12 月 31 日）间的任意日期值，数据格式为“YYYY-MM-DD”，其中：

YYYY 为表示年份的四位数字，范围为 0001~9999；MM 为表示指定年份中月份的两位数字，范围为 01~12；DD 为表示指定月份中某一天的两位数字，范围为 01~31（最高值取决于具体月份）。

2. time

time 以字符串形式记录一天的某个时间，占用 5 个字节的存储空间，取值范围为 00：00：00.0000000~23:59:59.9999999，数据格式为“hh:mm:ss[.nnnnnnn]”，其中：

hh 为表示小时的两位数字，范围为 0~23；mm 为表示分钟的两位数字，范围为 0~59；ss 为表示秒的两位数字，范围为 0~59；[.nnnnnnn]是 0~7 位数字，范围为 0~9999999，表示秒的小数部分。

3. datetime

用于存储时间和日期数据，占用 8 个字节的存储空间，取值范围从 1753 年 1 月 1 日到 9999 年 12 月 31 日，默认值为 1900-01-01 00：00：00，当插入数据或在其他地方使用时，需用单引号或双引号括起来。可以使用“/”“-”和“.”作为分隔符。

4. datetime2

datetime2 是 datetime 的扩展类型，其数据范围更大，并具有可选的用户定义的精度，默认格式为：YYYY-MM-DD hh:mm:ss[.fractional seconds]，取值范围是 0001-01-01~9999-12-31（公元元年 1 月 1 日到公元 9999 年 12 月 31 日）。

5. smalldatetime

smalldatetime 类型与 datetime 类型相似，占用 4 个字节的存储空间，其取值范围是从 1900 年 1 月 1 日到 2079 年 6 月 6 日。当对日期时间精度要求较小时，可以使用 smalldatetime 类型。

6. datetimeoffset

datetimeoffset 用于定义一个采用 24 小时制与日期相组合并可识别时区的时间，占用 10 个字节大小的固定存储空间，默认格式是：“YYYY-MM-DD hh:mm:ss[.nnnnnnn][{+|-}hh:mm]”，其中：

hh 为两位数，范围是-14~14；mm 为两位数，范围为 00~59；

这里 hh 是时区偏移量，该类型数据中保存的是世界标准时间（UTC）值。例如，要存储北京时间 2019 年 10 月 20 日 12 点整，存储时该值将是 2019-10-20 12:00:00+08:00，因为北京处于东八区，比 UTC 早 8 个小时。

3.3.4　字符和字符串

1. char(n)

当用 char 数据类型存储数据时，每个字符和符号占用一个字节存储空间，n 表示所有字符所占的存储空间，n 的取值为 1~8000。若不指定 n 的值，则系统默认 n 的值为 1；若输入数据的字符串长度小于 n，则系统自动在其后添加空格来填满设定好的空间；若输入的数据过长，则会截掉其超出部分。

2. varchar(n | max)

n 为存储字符的最大长度，其取值范围是 1~8000，可根据实际存储的字符数改变存储空间，max 表示最大存储为 2 的 31 次方减 1 个字节，存储大小是输入数据的实际长度加 2 个字节。例如，某数据列的数据类型定义为 varchcar（20），则该列的数据最多只能存储 20 个字符，不够 20 个字符的按实际存储。

3. nchar(n)

nchar(n)为 n 个字符固定长度的 Unicode 编码字符数据，n 值必须在 1~4000 之间，如果没有指定 n 的值，则默认长度为 1。此数据类型采用 Unicode 字符集，因此每一个字符占用 2 个字节存储单元，可将全世界文字囊括在内（除部分生僻字外）。

4. nvarchar(n|max)

nvarchar 与 varchar 类似，存储可变长度 Unicode 字符数据。n 值必须在 1~4000 之间，如果没有指定 n，默认长度为 1。存储大小是输入字符个数的两倍加 2 个字节，max 指最大存储为 2 的 31 次方减 1 个字节。

3.3.5 文本和图形

1. text

text 用于存储文本数据，当服务器代码页使用双字节字符（如 Unicode）时，最大长度为 2 的 31 次方减 1（2147 483 647）个字节。

2. ntext

ntext 与 text 的作用相同，为长度可变的非 Unicode 数据，最大长度为 2 的 30 次方减 1（1073 741 283）个字符，占用存储空间大小是所输入字符个数的两倍（以字节为单位）。

3. image

image 为长度可变的二进制数据，范围为 0~2 的 31 次方减 1 个字节，可用于存储照片、目录图片或者图画，最大存储容量是 2147 483 647 个字节，由系统根据数据的长度自动分配空间，存储该字段的数据一般不能使用 insert 语句直接输入。

3.3.6 货币

1. money

money 用于存储货币值，整数部分包含 19 个数字，小数部分包含 4 个数字，因此精度是 19，取值范围为正负 922 337 213 685 477.580 8 之间，占用 8 个字节的存储空间。

2. smallmoney

smallmoney 与 money 相似，取值范围在-214 748.346 8 至 214 748.346 8 之间，占用 4 个字节的存储空间，输入数据时在前面加上一个货币符号，如人民币为￥，美元为$，详细的货币符号可参考相关手册。

3.3.7 位数据类型

bit 称为位数据类型，只取 0 或 1 为值，长度 1 字节，bit 类型经常存储逻辑值，用于判断 true(1)或 false(0)，输入非 0 值时系统将其自动替换为 1。

3.3.8 二进制

1. binary(n)

binary(n)表示长度为 n 个字节的固定长度二进制数据，其中 n 在 1~8000 之间，占用 n 个字节存储空间。在输入 binary 值时，必须在前面带 0x。例如，使用 0xAA5 代表 AA5，如果输入数据长度大于定义的长度，超出的部分会被截断。

2. varbinary(n)

varbinary(n|max)表示可变长度二进制数据。其中 n 在 1~8000 之间，存储大小为所输入数据的实际长度加 2 个字节。

在定义的范围内，不论输入的时间长度是多少，binary 类型的数据都占用相同的存储空间，即定义时指定长度的空间，而对于 varbinary 类型的数据，在存储时按实际值的长度使用存储空间。

3.3.9　其他数据类型

除以上数据类型外，SQL Server 中还包括以下数据类型。

1. rowversion

每个数据都有一个计数器，当对数据库中包含 rowversion 列的表执行插入或更新操作时，该计数器数值就会增加。

rowversion 类型是公开数据库中自动生成的唯一二进制数字的数据类型，它的值只是递增的数字，不保留日期或时间，通常用于给表中各行数据加时间戳，占用 8 个字节存储空间，

一个表只能有一个 rowversion 类型的数据列，每次修改或者插入包含 rowversion 列的行时，就会在 rowversion 列中插入经过增量的行值。

2. timestamp

timestamp 为时间戳数据类型，timestamp 的数据类型为 rowversion 数据类型的同义词，提供数据库范围内的唯一值，反映数据修改的唯一顺序，是一个单调上升的计数器，此列的值被自动更新。在 create table 或 alter table 语句中不必为 timestamp 数据类型指定列名。

例如，create table testable（id int primary key, timestamp），此时 SQL Server 数据库引擎将生成 timestamp 列名，但 rowversion 不具备这样的行为，在使用 rowversion 时，必须指定列名。

3. uniqueidentifier

uniqueidentifier 为 16 字节的 GUID（Globally Unique Identifier，全球唯一标识符），是 SQL Server 根据网络适配器地址和主机 CPU 时钟产生的唯一号码，其中，每位都是 0~9 或 A~F 范围内的十六进制数字。例如，6F9619FF-8B86-D011-B42D-00C04FC964FF，此类型的数值可以通过 newid()函数获得，在全世界各地的计算机由该函数产生的数值不会相同。

4. cursor

cursor 为游标数据类型，该类型类似与数据表，其保存的数据中包含行和列值，但是没有索引，游标用来建立一个数据的数据集，每次处理一行数据。

5. sql_variant

sql_variant 用于存储除文本、图形数据和 timestamp 数据外的其他任何合法的 SQL Server 数据，可以方便 SQL Server 的开发工作。

6. table

table 用于存储对表或视图处理后的结果集，这种数据类型使得变量可以存储一个表，从而使函数或过程返回查询结果更加方便、快捷。

7. xml

xml 为存储 xml 数据的数据类型，可以在列中或者 xml 类型的变量中存储 xml 类型的字符串，存储的 xml 数据大小不能超过 2GB。

3.4 SQL Server 的运算符和表达式

3.4.1 运算符

运算符是一些用来执行特定运算的符号，能够用于执行算术运算、字符串连接、赋值，以及在字段、常量和变量之间进行比较。在 SQL Server 2012 中，运算符主要有以下 6 大类：算术运算符、赋值运算符、位运算符、比较运算符、逻辑运算符及连接运算符。

1. 算术运算符

算术运算符包括加（+）、减（-）、乘（*）、除（/）、取余数（%）和幂运算（^）六类运算。参与运算的数据是数值类型的数据，其运算结果也是数值类型的数据。加（+）、减（-）运算符也可以用于对日期型数据进行计算，还可以对数值型字符数据与数值类型数据进行运算。

例如，11%5 运算结果为 1。

2. 赋值运算符

T-SQL 的赋值运算符为等于号（=），其意义是将赋值运算符右边表达式的值指派给左边的对象。

例如，CustomerID=5，表示将 5 赋值给变量 CustomerID。

3. 位运算符

位运算符在两个表达式之间执行位操作，这两个表达式的类型可为整型或与整型兼容的数据类型。主要分为位与（&）、位或（|）、位求反（~）、位异或（^）四种运算。

位与：当左右两个位值均为 1 时，结果才为 1；否则为 0。

位或：左右两个位值不同时，结果为 1；左右两个位值相同时，结果为 0。

位求反：将左右侧的位置置反（即将 0 转 1，将 1 置 0）。

位异或：左右两个位值不同时，结果为 1；左右两个位值相同时，结果为 0。

例如，~110101 运算结果为 001010。

0&1 运算结果为 0。

4. 比较运算符

比较运算符用于测试两个相同类型表达式的顺序、大小、相同与否，数值大小的比较、日期数据前后比较等，结果是一个逻辑值。满足比较运算符所表达的关系，则返回 TRUE（成立），否则返回 FALSE（不成立）。常用比较运算符有等于（=）、不等于（!=或<>）、大于（>）、小于（<）、大于等于（>=或!<）、小于等于（<=或!>）。

例如，Quantity<20　表示 Quantity 小于 20；

Birthday<> '1970-10-10'　表示 Birthday 不是 1970-10-10。

5. 逻辑运算符

逻辑运算符通常用于条件之间的连接，返回值是布尔型（逻辑）值，主要有与（AND）、或（OR）、非（NOT）。

与：连接的两个条件表达式都为 TRUE，表达式结果才为 TRUE，否则为 FALSE。

或：连接的两个条件表达式中有一个为 TRUE，则表达式结果就为 TRUE。

非：否定条件。

例如，A >90 OR B >100　表示 A 大于 90 或 B 大于 100 满足任意一个即为 TRUE，否则为 FALSE；

A > 90 AND B >100　表示只有 A 大于 90，同时 B 大于 100 时为 TRUE，否则为 FALSE。

6. 连接运算符

字符串连接运算符为加号（+），可将加号左右两个字符串进行串联，得到合并的字符串。参与字符串连接运算的数据只能是字符数据类型——char、varchar、nchar、nvarchar、text、ntext，其运算结果也是字符数据类型。

例如，'她的名字是' + 'Jane'，运算结果为'她的名字是 Jane'。

当一个复杂的表达式有多个运算符时，运算符优先级决定执行运算的先后顺序。在 SQL Server 中运算符优先级如表 3-2 所示，运算符的执行顺序按从上而下排列，相同优先级的运算符按表达式从左向右的顺序执行。

表 3-2　SQL Server 的运算符优先级

优先级	运算符类别	运算符
1	括号	()
2	一元运算符	+（正号）、-（负号）、~（非）
3	算数运算符	*（乘）、/（除）、%（求余）
4	算术运算符与连接运算符	+（加）、-（减）、+（字符串连接）
5	比较运算符	=、<>、!=、>、<、>=、<=、!>、!<
6	位运算符	&、|、^
7	逻辑运算符	NOT
8	逻辑运算符	AND
9	逻辑运算符	OR
10	赋值运算符	=

3.4.2 表达式

在 SQL 中，表达式是按照一定的原则，用运算符将常量、变量、列名、函数等对象连接而成的一个有意义的式子。这些表达式就像公式，可以在查询语句中的任何位置使用，还可以使用它们在数据库中查询特定的数据集。

SELECT 语句的基本语法如下：

```
SELECT 列名 1，列名 2，… FROM 表名 WHERE 表达式;
```

根据表达式返回值的数据类型，可将表达式分为字符型表达式、数值型表达式、日期时间表达式等。

1. 字符型表达式

字符型表达式基于匹配单个值来获取数据。

例如，查询员工表（T_Employee）中薪资（Salary）为 3500 的员工。

```
use ExpressTest;
select Name,BirthDate,NativeProvince,Salary from T_Employee where Salary=3500;
```

执行上面查询语句，得到如图 3-27 所示的结果。

结果 消息

	Name	BirthDate	NativeProvince	Salary
1	刘智	1995-06-21 12:00:00	山东	3500
2	霍永祥	1993-11-07 00:00:00	山西	3500

图 3-27　查询字符型表达式运行结果

2. 数值型表达式

数值型表达式用于任何查询中执行数学运算。数值型表达式有几个内置函数，如 avg()、sum()、count()等，可以执行所谓的针对表或特定表列的聚合数据计算。

例如，查询员工表（T_Employee）中所有员工的数量。

```
use ExpressTest;
select count(*) as '员工总数' from T_Employee;
```

执行上面查询语句，得到如图 3-28 所示的结果。

结果 消息

	员工总数
1	7

图 3-28　查询数值型表达式运行结果

3. 日期时间表达式

日期时间表达式返回当前系统日期和时间值，有两种表达方式，如下例所示。

例如，查询当前系统日期与时间。

```
① SELECT CURRENT_TIMESTAMP;
② SELECT  GETDATE();
```

执行上面查询语句，分别得到如图 3-29 所示结果。

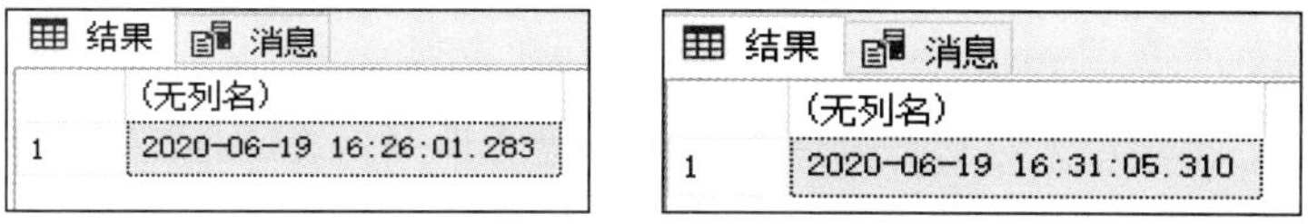

图 3-29　查询日期时间表达式运行结果

3.5　数据定义

数据定义语言（Data Definition Language，DD）是 SQL 语言集中负责数据结构定义与数据库对象定义的语言，由 CREATE、ALTER 与 DROP 三条语句组成，最早由美国国防部创建的资料系统语言委员会（Conference on Data Systems Languages，CODASYL）定义，现在已作为一个子集被纳入 SQL 指令集中。当前大多数的 DBMS 都支持对数据库对象的 DDL 操作。SQL 的数据定义功能能够定义数据库的三级模式结构：外模式、全局模式和内模式的结构。

3.5.1　CREATE 语句

CREATE 语句负责数据库对象的建立，凡是数据库、数据表、数据库索引、存储过程、用户自定义函数、触发器等对象，都可以使用 CREATE 语句来建立。因为各式数据库对象不同，CREATE 语句有很多的参数。

1. 建立数据库语句（CREATE DATABASE ）

1）基本语句格式

```
CREATE DATABASE <数据库名称>
ON
{[PRIMARY] ( NAME = <逻辑文件名>,
FILENAME = <物理文件名>
[ , SIZE = <数据文件初始大小>]
[ , MAXSIZE = {<最大数据文件尺寸> | UNLIMITED}]
[ , FILEGROWTH = <文件增长幅度>])
} [ , …n]
LOG ON
{[PRIMARY] ( NAME = <逻辑文件名> ,
FILENAME = <物理文件名>
[ , SIZE = <日志文件初始大小>]
[ , MAXSIZE = <最大日志文件尺寸> | UNLIMITED }]
```

```
[ , FILEGROWTH = <日志文件增长幅度> ])
}[ , …n]
```

2）参数说明

（1）数据库名称：新建的数据库名称，为字母、数字的组合，长度不限。

（2）ON：指定用来存储数据库数据部分的磁盘文件（数据文件）。

（3）PRIMARY：在主文件组中指定文件。

（4）LOG ON：指定用来存储数据库日志的磁盘文件（日志文件）。

（5）NAME：指定文件的逻辑名称。

（6）FILENAME：指定物理文件全名，包含路径和文件名，且指定的路径必须已经存在。

（7）SIZE：指定文件的初始大小，可以以兆字节（MB）或千字节（KB）为单位。

（8）MAXSIZE：指定文件可增大到的最大尺寸。

（9）UNLIMITED：指定文件将增长到整个磁盘。

（10）FILEGROWTH：指定文件的自动增量。

3）示例

```
CREATE DATABASE BillingSys       -- 数据库名称
ON PRIMARY                       -- 在主文件组中建立主要数据文件
( NAME=BillingSys,               -- 主要数据逻辑文件名
  FILENAME = 'F:\BillingSystem\Data\BillingSys.mdf', -- 逻辑文件名的物理文件路径
  SIZE = 5,                        -- 初始大小 5MB
  FILEGROWTH = 1                 -- 增长量为 1MB
)
LOG ON                             -- 建立日志文件
( NAME = BillingSys_log,           -- 日志文件名
  FILENAME = 'F:\BillingSystem\Data_Log\BillingSys_log.ldf', -- 日志文件名的路径
  SIZE=1,                        -- 初始大小 1MB
  MAXSIZE=20,                    -- 最大容量为 20MB
  FILEGROWTH=10%       -- 增长速度为 10%
)
```

2. 建立数据表语句（CREATE TABLE ）

1）基本语句格式

```
CREATE TABLE <表名>
(<列名> <数据类型>[列级完整性约束条件]
[,<列名> <数据类型>[列级完整性约束条件]…]
[,<表级完整性约束条件>])
```

2）常用完整性约束

（1）主键约束： PRIMARY KEY

（2）参照完整性约束：FOREIGN KEY … REFERENCES

（3）唯一性约束：UNIQUE
（4）非空值约束：NOT NULL
（5）取值约束：CHECK
3）示例

```
CREATE TABLE SC (
    Sno     CHAR(10)   NOT NULL,
    Cno     CHAR(6)    NOT NULL,
    Grade   TINYINT,
 PRIMARY KEY ( SNO,CNO ),
 FOREIGN KEY ( sno )  REFERENCES Student(sno),
 FOREIGN KEY ( cno )  REFERENCES Course(cno)
 )
```

3. 其他用法

（1）CREATE INDEX：建立数据表索引。
（2）CREATE PROCEDURE：创建存储过程。
（3）CREATE FUNCTION：创建用户函数。
（4）CREATE VIEW：创建数据视图。
（5）CREATE TRIGGER：创建触发器。

3.5.2　ALTER 语句

ALTER 语句是负责修改数据库对象的指令，相较于 CREATE 语句需要定义完整的数据对象参数，ALTER 语句可依照要修改的内容来决定使用的参数。

1. 修改数据库

1）基本语句格式

```
ALTER DATABASE  <数据库名>
{ ADD FILE  <数据文件名> [,…, n] [ TO FILEGROUP  文件组名 ]
| ADD LOG FILE  <日志文件名> [,…, n ]
| REMOVE FILE <逻辑文件名>
| MODIFY FILE <数据文件名>
| ADD FILEGROUP <文件组名>
| REMOVE FILEGROUP <文件组名>
| MODIFY FILEGROUP <文件组名> {<文件组属性> | NAME=<新文件组名>}
}
```

2）参数说明
（1）ADD FILE：向指定的数据库文件组添加新的数据文件。
（2）ADD LOG FILE：向数据库添加事务日志文件。

（3）REMOVE FILE：从 SQL Server 的实例中删除逻辑文件说明，并删除物理文件。注意：只有文件为空时才能被删除。

（4）MODIFY FILE：修改某一文件的属性。

（5）ADD FILEGROUP：向数据库添加文件组。

（6）REMOVE FILEGROUP：从 SQL Server 的实例中删除文件组。

（7）MODIFY FILEGROUP：修改某一文件组的属性。

3）示例

```
ALTER DATABASE BillingSys
ADD FILE
(  NAME=BS_data1,
   FILENAME ='F:\BillingSystem\Data\BS_data1.ndf',
   SIZE = 5,
  MAXSIZE=100,
  FILEGROWTH = 5 ),
(   NAME=BS_data2,
    FILENAME = ' F:\BillingSystem\Data\BS_data2.ndf ',
    SIZE = 6,
    MAXSIZE=10,
    FILEGROWTH = 1 )
GO
```

2. 修改数据表

对于已经创建好的表，当使用一段时间后，就需要进行一些结构上的修改，即表的修改操作。该操作的解决方案是先将表删除，然后再按照新的表定义重建表。但是这种解决方案有问题，即如果表中已经存在大量数据，那么重建表后还需要做许多额外工作，如数据的重载等。为了解决上述问题，可通过“ALTER TABLE”语句实现修改表结构。

1）基本语句格式

```
ALTER TABLE<表名>
[ADD <新列名> <数据类型>[完整性约束]]
[ALTER COLUMN <列名> <数据类型>]
[DROP <完整性约束名>]
```

（1）修改表名。

在数据库中，可以通过表名来区分不同的表，因为表名在数据库中是唯一的，不能重复。数据库管理系统中修改表名可以通过 SQL 语句 ALTER TABLE 来实现，其语法形式如下:

```
ALTER TABLE old table_ name RENAME [TO] new_ table_ name
```

在上述语句中，old _table_ name 参数表示所要修改的表的名字，new_ table_ name 参数为修改后的新名字。所要操作的表对象必须在数据库中已经存在。

（2）增加字段。

对于表，可以看成是由列和行来构成的，其中“列”经常被称为字段。根据创建表的语法可以发现，字段是由字段名和数据类型进行定义的。

- 在表的最后一个位置增加字段。

在数据库管理系统中增加字段可通过 SQL 语句 ALTER TABLE 来实现，其语法形式如下:

```
ALTER TABLE table _ name
ADD 属性名 属性类型
```

在上述语句中，参数 table _name 表示所要修改的表的名字，“属性名”参数为所要增加字段的名称，“属性类型”为所要增加字段能存储的数据类型。如果该语句能执行成功，字段将增加到所有字段的最后一个位置。

- 在表的第一个位置增加字段。

通过 SQL 语句 ALTER TABLE 来增加字段时，如果不想让所增加的字段在所有字段的最后一个位置，可以通过 FIRST 关键字使所增加的字段在表中所有字段的第一个位置，具体的 SQL 语句语法形式如下：

```
ALTER TABLE table_ name
ADD 属性名 属性类型 FIRST;
```

在上述语句中，多了一个关键字 FIRST，表示所增加的字段在所有字段之前，即在表中第一个位置。

- 在表的指定字段之后增加字段。

通过 SQL 语句 ALTER TABLE 来增加字段时，除可以在表的第一个位置或最后一个位置增加字段外，还可以通过关键字 AFTER 在指定的字段之后添加字段，具体的 SQL 语句语法形式如下：

```
ALTER TABLE table_name
ADD 属性名 属性类型
AFTER  属性名
```

在上述语句中，多了一个关键字 AFTER，表示所增加的字段在该关键字所指定字段之后。

（3）删除字段。

对于表，既然可以在修改表时进行字段的增加操作，那么也可以在修改表时进行字段的删除操作。所谓删除字段是指删除已经在表中定义好的某个字段。即在创建好的表格中，发现某个字段需要删除，可通过 SQL 语句 ALTER TABLE 来实现，其语法形式如下:

```
ALTER TABLE table_name
DROP 属性名
```

上述语句中 table_ name 参数表示所要修改的表的名字，“属性名”参数表示所要删除的字段名。

（4）修改字段。

根据创建表的语法可以发现，字段是由字段名和数据类型来进行定义的，如果要修改字段，除可以修改字段名外，还可以修改字段所能存储的数据类型。由于一个表中会拥有许多字段，因此还可以修改字段的顺序。

- 修改字段的数据类型。

在数据库管理系统中修改字段类型可通过 SQL 语句 ALTER TABLE 来实现，其语法形式如下：

```
ALTER TABLE table_ name
MODIFY 属性名 数据类型
```

上述语句中 table_ name 参数表示所要修改的表的名字，“属性名”参数为所要修改的字段名，“数据类型”为修改后的数据类型。

- 修改字段的名字。

在数据库管理系统中修改字段名可通过 SQL 语句 ALTER TABLE 来实现，其语法形式如下：

```
ALTER TABLE table_ name
CHANGE 旧属性名 新属性名 旧数据类型
```

上述语句中 table_ name 参数表示所要修改的表的名字，“旧属性名”参数表示所要修改的字段名，“新属性名”参数表示所要修改成的字段名。

- 同时修改字段的名字和属性。

通过关键字 MODIFY 可以修改字段的数据类型，通过关键字 CHANGE 可以修改字段名，那么有没有一个关键字能够同时修改字段名和数据类型呢？在数据库管理系统中同时修改字段名和数据类型，可通过 SQL 语句 ALTER TABLE 来实现，其语法形式如下：

```
ALTER TABLE table_name
CHANGE 旧属性名 新属性名 新数据类型
```

上述语句中“新属性名”参数表示所要修改成的字段名，“新数据类型”为所要修改成的数据类型。

- 修改字段顺序。

在数据库管理系统中修改字段顺序可通过 SQL 语句 ALTER TABLE 来实现，其语法形式如下：

```
ALTER TABLE table_name
    MODIFY 属性名 1 数据类型 FIRST | AFTER 属性名 2
```

上述语句中 table_ name 参数表示所要修改的表的名字，“属性名 1”参数表示所要调整顺序的字段名，“FIRST”参数表示将字段调整到表的第一个位置，“AFTER 属性名 2”参数表示将字段调整到属性名 2 字段位置之后。

注意：属性名 1 和属性名 2 必须是表中已经存在的字段名。

2）示例

例 1：在数据表 doc_exa 中加入一个新的字段，名称为 column_b，数据型别为 varchar(20)，允许 NULL 值。

```
ALTER TABLE doc_exa ADD column_b VARCHAR(20) NULL;
```

例 2：在数据表 doc_exb 中移除 column_b 字段。

```
ALTER TABLE doc_exb DROP COLUMN column_b;
```

3.5.3 DROP 语句

DROP 语句是删除数据库对象的指令，只需要指定要删除的数据库对象名称即可。

1. 删除数据库

语句格式：

```
DROP DATABASE <数据库名>
```

其中，数据库名是要删除的数据库名称，如 DROP DATABASE BillingSys。

2. 删除基本表

删除表内数据及表的定义，语句格式如下：

```
DROP  TABLE  <表名> [, …]
```

例如，DROP TABLE Student。

注意：删除表时注意表和表之间的约束，建立有外键关系的表，必须先删除外键表，然后才能删除主表，否则会报错。

3.6 数据查询

数据库存在的最大意义是数据在库中被有机地组织在一起，可以得到比文件系统高得多的查询效率，数据查询就是从数据库中获取用户所需数据的过程，是 SQL 中最主要、最核心的功能。数据查询语言用来对已经存在于数据库中的数据按照特定的组合、条件表达式或者次序进行检索，数据查询语言（DQL）的基本结构是由 SELECT、FROM、WHERE 等子句组成的查询块。

3.6.1 SELECT 查询语句语法

1. 基本语句格式

```
SELECT    <列名>
FROM      <表名>
[WHERE    <查询条件表达式>]
[ORDER BY <排序的列名>[ASC 或 DESC]]
```

查询将产生一个虚拟表，这些数据是从数据库中现有表中过滤出来的，类似表的一个结构体，称为“结果记录集”(Result Set)

2. 示例

从 Authors 表中查找所有数据行的 AuthorName、Email、Age 三个字段的值，查询结果根据 AuthorID 字段值的倒序排列。

```
SELECT      AuthorName, Email, Age
FROM         Authors
WHERE       City='北京'
ORDER BY  AuthorID DESC
```

3.6.2 基础查询说明

1. 查询数据表中部分列

例如，查询 Authors 数据表中所有数据行的 Name、Age、Sex、City 四个字段的内容。

```
SELECT AuthorName, Age, Sex, City
FROM  Authors
```

2. 通配

使用“*”查找所有列。
例如，从货运单主表（D_ShipList_Main）中查找所有数据行。

```
SELECT * FROM Authors
```

3. 过滤数据行

WHERE 子句可以根据过滤条件过滤部分数据行。
举例如下：

```
SELECT  AuthorName, Age, Sex, City
FROM  Authors
WHERE  City='北京'
```

4. 字段名转换

AS 子句可将查询的字段名称转换为别名。举例如下：

```
SELECT AuthorName AS '作者姓名',  Email AS  '电子邮件',  Age AS  '年龄'
FROM  Authors
```

5. 查询结果合并

可使用“+”连接多个字段，合并成一列。举例如下：

```
SELECT AuthorName + ' ' + City as '作者和居住城市'
FROM  Authors
```

6. 限定查询结果集的行数

可使用 Top 关键字查询表中限定行数，只列出结果集中前若干行。举例如下：

```
SELECT TOP 5 *  FROM  Authors
```

7. 在查询结果中使用常量列

例如，为查询结果集添加“满意度”数据列，并且每行数据在该列的值均为 80。

```
SELECT AuthorName as 作者姓名, 80 as '满意度'
FROM Authors
```

8. 屏蔽重复数据

DISTINCT 关键字用于屏蔽重复数据。举例如下：

```
SELECT Distinct City FROM Authors
```

9. 查询空值数据

可使用 IS　NULL 查询某列值为空的数据行。举例如下：

```
SELECT AuthorName, Birthday, City
FROM   Authors
WHERE Birthday is null
```

同样，也可以用 IS NOT NULL 查询某列值不为空的数据行。举例如下：

```
SELECT AuthorName, Birthday, City
FROM   Authors
WHERE Birthday IS NOT NULL AND Birthday<>''
```

10. 查询结果合并

UNION/UNION ALL 操作符可将两个以上查询语句产生的查询结果进行纵向合并。举例如下：

```
SELECT CustomerName as 姓名, City as 居住城市 FROM Customers
UNION
SELECT AuthorName as 姓名, AuthorCity as 居住城市 FROM  Authors
```

注意：UNION 内部的 SELECT 语句必须拥有相同数量的列，列也必须拥有相似的数据类型，同时每条 SELECT 语句中的列的顺序必须相同。

3.6.3　模糊查询

有时在查询数据时，要求字段中的内容并不一定与待查询字符串完全匹配，只要字段中含有这些内容即可，这时可以在 WHERE 语句中采用 LIKE、IN、BETWEEN 语句进行模糊查询。

1. LIKE 语句

LIKE 语句用于限定待查询列的内容与某一字符格式相似。

1）基本语法格式

```
WHERE <列名> [NOT] LIKE <字符表达式>
```

2）示例

```
SELECT BookCode, BookName, UnitPrice, Description
FROM Books
WHERE BookCode LIKE ' [5,8,0]K% '
A. a89K123
B. 55K1234
C. K1K9992
D. m0K
```

3）通配符

通配符也称为通配运算符，该类运算符经常与 LIKE 关键字配合使用，表示一个模糊的范围，用于限定查询中的文本过滤条件。常用的通配符如表 3-3 所示。

表 3-3 常用的通配符

通配符	说 明	示 例
%	包含 0 个或多个字符的任意字	LIKE '%cpu%'将查找在任意位置包含单词 cpu 的所有字符串
_（下画线）	任何单个字符	LIKE'_en'将查找以 en 结尾的所有三个字母的字符串
[]	属于由[ ] 字符串所确定匹配范围的任意单个字符。如[ABC]代表'A' 'B' 'C'三个字符中任意一个，[A-F]代表从'A'到'F'六个字符中的任意一个	LIKE'[C-P]ars'将查找以 ars 结尾并且以介于 C 与 P 之间的任何单个字符开始的字符串
[^]	不属于由[ ] 中字符串所确定范围的任意单个字符	LIKE 'de[^1]% '将查找以 de 开始并且其后的字母不为 1 的所有字符串

举例如下：

```
Email Like '%@%.com'
```

表示将查找中间含有@或以@开头的并且以.com 结尾的 Email，如 abc@163.com、@345.com、abcd@.com 等。

```
Customer Like '张_'
```

表示将查找以“张”开头，且后面只有一个字符的 Customer，如'张三'等。

```
name LIKE '[C-P]arsen'
```

表示将查找以 arsen 结尾且以介于 C 与 P 之间的任何单个字符开始的 name（如 Carsen、Marsen 等）。

```
name LIKE 'car[^afg]'
```

表示将查找以 car 开始且其后的字母不为 a、f 或 g 的所有 name（如 care、carn 等）。

2. IN 语句

IN 语句用于限定待查询列的内容在一个离散数据集合内。

1）基本语句格式

```
WHERE  <列名>  IN  <(常量列表)>
```

其中，<常量列表>中各常量值用逗号隔开。

2）示例

```
SELECT AuthorName, City
FROM Authors
WHERE City IN ('北京','上海','西安','成都')
```

3. BETWEEN 语句

BETWEEN 语句用于限定待查询列的内容在某值域范围内。

1）基本语句格式

```
WHERE  <列名>  [NOT]  BETWEEN  <起始表达式> AND  <结束表达式>
```

注意：<起始表达式>和<结束表达式>的顺序不能颠倒。

2）示例

```
SELECT GoodsBillCode, SendGoodsCustomer, SendGoodsDate, ReceiveGoodsCustomer,
FactDealDate
FROM D_ShipListMain
WHERE CarriageFee BETWEEN 100 and 200
SELECT  * FROM D_ShipListMain
WHERE  SendDate BETWEEN ‘2018-01-01' and ‘2018-1-31'
```

3.6.4　多表联合查询

多表联合查询，也称为连接查询，是关系型数据库最主要的查询，通过连接运算符可以实现从多个表中联合进行数据查询。

例如，在如表 3-4 所示的数据表(Books)中，想查询图书的书号(BooksID)、书名(BookName 列）及作者，就需要联合表 3-5 所示的数据表（Authors）一并查询。

表 3-4　Books 表数据记录

BookID	BookName	作者编号	出版商编号
100001	数据结构	13	1
100002	金融超限战	3	3
100003	大数据基础	5	1
100004	大学英语	4	2
100005	运筹学	2	1
100006	C 语言	1	3
100007	博弈论基础	11	1
100008	物流信息系统开发技术	12	2

表 3-5　Authors 表数据记录

AuthorID	AuthorName
1	谭浩强
3	郎咸平
4	汪明东
5	李志飞
13	蒋涛
20	李丽

常用的连接查询有四种：内连接、左外连接、右外连接、完全连接。

1. 内连接

内连接语法格式如下：

```
SELECT <列名列表> FROM 表1  INNER  JOIN  表2
ON 表1.列名  条件运算符  表2.列名
[WHERE 条件]
[ORDER BY  排序列]
```

在“ON 表 1.列名　条件运算符　表 2.列名”中，条件运算符常用的是=、<>，表 1.列名和表 2.列名，分别是两个表的公共列。内连接查询出的是两个表公共列共有的记录。

针对上例，内连接语句查询如下：

```
SELECT b.BookCode as '图书编号', b.BookName as '图书名称', a.AuthorName as '作者姓名' FROM Books b  INNER JOIN  Authors a  ON b.AuthorID = a.AuthorID
```

查询结果如表 3-6 所示。

表 3-6　内连接查询结果

图书编号	图书名称	作者姓名
100001	数据结构	蒋涛
100002	金融超限战	郎咸平
100003	大数据基础	李志飞
100004	大学英语	汪明东
100006	C 语言	谭浩强

该内连接查询也可写作如下形式，将得到同样的结果。

```
SELECT b.BookCode as 图书编号, b.BookName as 图书名称, a.AuthorName as 作者姓名
FROM Authors a , Books b  WHERE  b.AuthorID = a.AuthorID
```

对于多表（超过两张数据表）内连接，语法格式如下：

```
SELECT <列名>
```

```
FROM 表1  INNER  JOIN  表2
ON 表1.列名  条件运算符  表2.列名
INNER JOIN  表3
ON 表1.列名  条件运算符  表3.列名
……
[WHERE 条件]
[ORDER BY  排序列]
```

举例如下：

```
SELECT b.BookCode as 图书编号,  c.PublisherName as 出版商名,
       b.BookName as 图书名称,a.AuthorName as 作者姓名,
       d.SellerName as 销售商名称
FROM  Books b INNER JOIN  Authors a  ON b.AuthorID=a.AuthorID
INNER JOIN Publisher c  ON b.PublisherID=c.PublisherID
INNER JOIN Seller d  ON b.SellerID=d.SellerID
```

2. 左外连接

语法格式如下：

```
SELECT <列名列表> FROM 左表  LEFT [OUTER] JOIN  右表
ON 左表.列名  条件运算符  右表.列名
[WHERE 条件]
[ORDER BY  排序列]
```

左外连接是以左表为主表，去关联右表（从表），结果集中包含主表所有数据行，如果主表的某行在从表中没有匹配行时，则从表的选择列为 NULL 值。

例如，使用左外连接查询 Books 与 Authors 表中的数据：

```
SELECT b.BookCode as '图书编号', b.BookName as '图书名称', a.AuthorName as '作者姓名' FROM Books b LEFT JOIN  Authors a  ON b.AuthorID = a.AuthorID
```

查询结果如表 3-7 所示。

表 3-7　左外连接查询结果

图书编号	图书名称	作者姓名
100001	数据结构	蒋涛
100002	金融超限战	郎咸平
100003	大数据基础	李志飞
100004	大学英语	汪明东
100005	运筹学	NULL
100006	C 语言	谭浩强
100007	博弈论基础	NULL
100008	物流信息系统开发技术	NULL

3. 右外连接

语法格式如下：

```
SELECT <列名列表> FROM 左表  RIGHT [OUTER] JOIN  右表
ON 左表.列名  条件运算符  右表.列名
[WHERE 条件]
[ORDER BY  排序列]
```

右外连接是以右表为主表，去关联左表（从表），结果集中包含主表所有数据行，如果主表的某行在从表中没有匹配行时，则从表的选择列为 NULL 值。

例如，使用右外连接查询 Books 与 Authors 表中的数据：

```
SELECT b.BookCode as '图书编号', b.BookName as '图书名称', a.AuthorName as '作者姓名' FROM Books b RIGHT JOIN  Authors a  ON b.AuthorID = a.AuthorID
```

查询结果如表 3-8 所示：

表 3-8　右外连接查询结果

图书编号	图书名称	作者姓名
100001	数据结构	蒋涛
100002	金融超限战	郎咸平
100003	大数据基础	李志飞
100004	大学英语	汪明东
100006	C 语言	谭浩强
NULL	NULL	李丽

4. 完全连接

语法格式如下：

```
SELECT <列名列表> FROM 左表  FULL [OUTER] JOIN  右表
ON 左表.列名  条件运算符  右表.列名
[WHERE 条件]
[ORDER BY  排序列]
```

完全连接左表和右表中所有行，当某行数据在另一个表中没有匹配行时，则另一个表的选择列值为 NULL。

例如，使用完全连接查询 Books 与 Authors 表中的数据：

```
SELECT b.BookCode as '图书编号', b.BookName as '图书名称', a.AuthorName as '作者姓名' FROM Books b RIGHT JOIN  Authors a  ON b.AuthorID = a.AuthorID
```

查询结果如表 3-9 所示。

表 3-9　完全连接查询结果

图书编号	图书名称	作者姓名
100001	数据结构	蒋涛
100002	金融超限战	郎咸平
100003	大数据基础	李志飞
100004	大学英语	汪明东
100005	运筹学	NULL
100006	C 语言	谭浩强
100007	博弈论基础	NULL
100008	物流信息系统开发技术	NULL
NULL	NULL	李丽

3.6.5　子查询

1. 子查询的基本概念

子查询是一个嵌套在 SELECT、INSERT、UPDATE 或 DELETE 语句或其他子查询中的查询，当由 WHERE 子句指定的搜索条件指向另一张表时，就需要使用子查询或嵌套查询，任何允许使用表达式的地方都可以使用子查询。当一个查询是另一个查询的条件时，称之为子查询，外面的查询被称为父查询，圆括号嵌入的查询被称为子查询。

查看多表的数据可以使用表连接（join　on...），表连接都可用子查询替换，但有的子查询不能用表连接替换，子查询比较灵活、方便、形式多样，适合于作为查询的筛选条件。

SQL Server 执行时，先执行子查询部分，求出子查询部分的值，再执行整个父查询，返回最后的结果。

子查询语法格式如下：

```
WHERE 查询表达式 [not] in（子查询）
WHERE 查询表达式 比较运算符 [any|all] （子查询）
WHERE [not] exists （子查询）
```

子查询可以嵌套在主查询中所有位置，包括 SELECT、FROM、WHERE、GROUP BY、HAVING、ORDER BY。

例如，查询合同运费大于 2019 年合同平均运费的所有货运单信息。

```
SELECT * FROM D_ShipList_Main WHERE CarrageFee>(select avg(CarrageFee) from
D_ShipList_Main where year(SendGoodsDate)='2019')
```

例如，从 Nums 表中查询 nValue 字段的值，但要求该值必须在 Orders 表的 OrderID 字段值的最大值与最小值之间。

```
SELECT nValue FROM Nums
WHERE nValue BETWEEN (SELECT MIN(OrderID) FROM Orders)
```

```
AND (SELECT MAX(OrderID) FROM Orders)
```

例如，从订单表（D_Orders）中查询客户姓名为“张三”的2019年所有订单。

```
SELECT * FROM D_Orders
Where CustomerID=( select CustomerID from T_Customers where CustomerName='
张三')
```

2. 使用子查询进行批量比较测试

使用子查询进行批量比较测试时，除使用各种比较运算符外，还需要用到两个逻辑运算符——ANY、ALL。

ANY：通过比较运算符将一个表达式的值与子查询返回的一列值中的每一个值进行比较。只要有一次比较的结果为TRUE，则ANY测试返回TRUE。

ALL：通过比较运算符将一个表达式的值与子查询返回的一列值中的每一个值进行比较。只要有一次比较的结果为FALSE，则ALL测试返回FALSE。

例如，从T_Customer表中查询发运过的比从山东到北京的运费高的货物的客户编号和姓名。

```
SELECT a.customerCode, a.Customer
FROM T_Customer a, D_ShipList_Main b
WHERE CarriageFee>=ALL
(SELECT CarriageFee FROM D_ShipList_Main
WHERE SendGoodAddr like '山东%'  AND ReceiveGoodsAddr like '北京%')
AND b.SendGoodsCustomerPKID = a.CustomerCode
```

例如，检索所有图书中价格最高的图书信息。

```
SELECT * FROM books
WHERE bookPrice>=ALL (SELECT DISTINCT bookPrice FROM books)
```

3. 使用子查询进行集成员测试

通过逻辑运算符IN或NOT IN将一个表达式的值与子查询返回的一列值进行比较。使用IN运算符时，如果该表达式的值与此列中的任何一个值相等，则集成员测试返回TRUE，否则返回FALSE；使用NOT IN的测试结果则正好取反。

4. 使用子查询进行存在性测试

通过逻辑运算符EXISTS或NOT EXISTS，检查子查询返回的结果集是否包含有记录。使用EXISTS运算符时，如果子查询的结果集中包含一条或多条记录，则存在性测试返回TRUE，否则返回FALSE；使用NOT EXISTS的测试结果与使用EXISTS的测试结果相反。

3.7 数据操纵

SQL的数据操纵类命令可实现对数据的新增、修改、删除操作。例如，对表中数据的插入、删除和修改。

3.7.1 使用 INSERT 新增数据

在 SQL 语句中，最常用的向数据表中添加数据记录的方法是使用 INSERT 语句，与 SELECT 语句相比，INSERT 语句的语法和形式更为单一。

1. INSERT 语句的基本语法

INSERT 的语法格式如下：

```
INSERT  [INTO]  <表名>  [(列名)]  VALUES  <值列表>
```

其中，“[]”代表可选的；“<>”代表必需的，如果有多个列，则各列名和各列的值之间都需要用逗号隔开。

举例如下：

```
INSERT INTO Authors (AuthorName, Sex, Age, Email, TelPhone, City)
   VALUES ('吴玉鹏',1,47,'wyp@sohu.com','01090876529','北京')
```

注意：

（1）值列表的个数必须与列名数目保持一致；

（2）值列表中值的数据类型、精度要与对应的列类型保持一致；

（3）可以不指定列名，但值列表中值的顺序应该与表中字段顺序保持一致；

（4）不应为标识列字段指定值，因为它是系统控制自动增长的；

（5）值列表中的数据项，应符合对应列的检查约束要求。

2. 省略列清单的 INSERT 语句

INSERT 语句中的列清单允许省略，使用这种方式有一个前提条件，即必须使用这些列在表中定义的顺序来提供所有列的值。

例如，通过 INSERT 语句增加一行记录到 Student 数据库的 Course 表中。

```
INSERT INTO Course
VALUES('3', '信息系统', '1', 4)
```

3. 省略列值清单的 INSERT 语句

可以用 SELECT 语句查询出的结果代替 INSERT 语句中的 VALUES 子句，从而实现插入多行数据的操作，语法如下：

```
INSERT table_name SELECT column_name[,… n] FROM table_name WHERE
search_conditions
```

4. 列值的缺省值

可以使用 DEFAULT（缺省）关键字来代替某列待插入的数值。举例如下：

```
INSERT INTO Authors (AuthorName, Sex, Age, Email, TelPhone, City)
VALUES ('吴玉鹏', 1, 247, 'wyp@sohu.com', '01090876529', DEFAULT)
```

5. 使用 INSERT INTO SELECT FROM 语句插多行数据

INSERT INTO SELECT FROM 的语句格式如下：

```
INSERT INTO <目标表>  [列名]
SELECT <列名> FROM <源表>
```

例如，要将 Authors 表中所有作者信息保存到 AuthorsInfo 表中。

```
INSERT INTO AuthorsInfo (Name_A,intAge,EmailAddress,CityBelong)
SELECT AuthorName,Age,Email,City
FROM Authors
```

注意：（1）<目标表>必须事先存在，如果不存在，执行时会出现错误；（2）查询出的字段数目、数据类型、字段顺序应当与插入列保持一致。

6. 使用 SELECT INTO FROM 语句插入多行数据

SELECT INTO FROM 语句的语法格式如下：

```
SELECT <列名>
INTO <新表>  FROM <源表>
```

例如，要将 Authors 表中“作者姓名”“年龄”“电子邮件”“所在城市”数据存储到一个新表中。

```
SELECT AuthorName,Age,Email,City
INTO NewAuthorsName
FROM Authors
```

注意：<新表>不能事先存在，在执行该语句时系统会自动创建，若已存在则将会报错。

7. 使用 UNION 语句插入多行数据

UNION 语句的语法格式如下：

```
INSERT [INTO] <表名> [列名]
SELECT <值列表> UNION
SELECT <值列表> UNION
SELECT <值列表>
```

例如，向 Authors 表中一次插入多位作者信息。

```
INSERT INTO Authors (AuthorName, Sex, Age, Email, TelPhone)
SELECT '张笑林',1,30,'zxl@163.com','02067839876' UNION
SELECT '李辉',0,52,'lh@126.com','02167345987' UNION
SELECT '洪海波',1,40,'hhb@163.com','031189654329'
```

注意：[列名]可以省略，如果省略，那么<值列表>的数据个数、顺序、数据类型必须与表中的字段个数、顺序、数据类型保持完全一致。

3.7.2 使用 UPDATE 语句修改数据

使用 UPDATE 语句，通过指定要修改的列和想赋予的新值，可以修改表中的一列或多列的值，在语句中需要用 WHERE 子句限定待修改数据行的检索匹配条件。

1. UPDATE 语句的基本语法

UPDATE 语句的语法格式如下：

```
UPDATE  <表名>  SET  <列名=值>  [WHERE <更新条件>]
```

举例如下：

```
UPDATE D_ShipList_Main
SET DiscountRate =DiscountRate*0.95, InsuranceFee=InsuranceFee-5 ,
WHERE (packageType =1 AND Audit=2)
          or (CarrageFee>100)
```

2. 使用 UPDATE 语句需注意的问题

（1）在 UPDATE 语句中，<列名=值>为必选项，用于更新表中某列数据，在 SET 后面可以出现多个，需用逗号隔开。

（2）WHERE 关键字是可选的，用来限定条件，如果 UPDATE 语句不限定条件，表中所有数据行的相应字段值都将被更新。

（3）可以更新表中的主键列数据，但应保证更新后的主键列数据不会出现重复，否则将会更新失败。

（4）可以更新表中外键列数据，但应保证新数据在主键表中事先存在。

（5）使用 UPDATE 语句，虽然可以同时更新多个要修改的数据列，但一次只能更新一张表。

3.7.3 使用 Delete 语句删除数据

可以通过使用 DELETE 语句从数据表中删除数据。

1. DELETE 语句的基本语法

DELETE 的语法格式如下：

```
DELETE  FROM  <表名>  [WHERE <删除条件>]
DELETE FROM Books WHERE BookCode='981267'
```

注意：使用 DELETE 语句删除数据时，如果所操作的数据表是一张外键表，并且所删除的数据行中作为外键的字段值已被主键表所引用，则将删除失败并报错。

2. 用 TRUNCATE TABLE 语句清空表格

TRUNCATE TABLE 语句可以删除数据表中所有的数据和表中索引所占据的空间，只保留表结构定义，该操作比 DELETE 语句执行速度快，因为 TRUNCATE TABLE 语句是不记录日志的操作。语法格式如下：

```
TRUNCATE TABLE <表名>
```

例如，删除表格 Course 中的数据。

```
TRUNCATE TABLE Course
```

注意：由于 TRUNCATE TABLE 操作不进行日志的记录，所以删除数据后无法恢复，同 DROP TABLE 一样，只有数据库的拥有者可以执行 TRUNCATE TABLE 命令，而且权力无法转让。

3. TRUNCATE TABLE 语句和 DELETE 语句的区别

- DELETE 语句删除的数据可以通过日志文件进行恢复；TRUNCATE TABLE 语句执行删除命令后，数据将不能进行恢复。
- 使用 DELETE 语句进行删除时，标识列取值保留原使用记录中的最大值；用 TRUNCATE TABLE 语句进行删除时，标识列取值将恢复到最初设置的种子值。
- 使用 DELETE 语句删除数据时是逐条删除的；使用 TRUNCATE TABLE 语句删除数据时，是以数据页（Page）形式执行删除的。

3.8 数据访问控制

数据库中数据的安全至关重要，DBMS 必须能够防止未获权限的访问，防止恶意破坏或修改数据。在 DBMS 中除采取存储结构等物理方面的措施外，主要通过用户验证机制和权限授予机制来保障数据的安全。用户通过用户名和密码进行用户验证，通过即可进入系统，系统根据事先对该用户的授权记录控制该用户的数据访问权限。SQL 提供数据控制语言（DCL）相关命令，可以对数据库进行统一的安全访问管理。

3.8.1 DBMS 的数据访问控制机制

DBMS 通过以下 3 种手段来实现数据访问控制。

1. 授权定义

具有授权资格的用户，如数据库管理员（Database Administrators，DBA）或建表户（Database Owner，DBO），通过数据控制语言（Data Control Language，DCL）将授权决定告知 DBMS。

2. 存权处理

数据库管理系统把授权的结果编译后存入 DBMS 元数据字典中，元数据字典是由 DBMS 自动生成和维护的一组表，记录着用户标识、用户数据表、数据视图、各数据表的字段描述及系统的授权情况。

3. 查权操作

当用户提出操作请求时，DBMS 首先要在元数据字典中查找该用户的数据操作权限，当用户拥有该操作权时才能执行其操作，否则系统将拒绝其操作。

3.8.2　权限与角色

1. 权限

在 SQL 系统中，安全机制一共有两种：一是视图机制，当用户通过视图访问数据库时，此视图外的数据不能再访问，视图机制提供了一定的安全性；二是权限机制，是实际中主要使用的安全机制。给用户授予不同类型的权限是权限机制的思想所在，在必要时，授权可以被收回，使用户能够进行的数据库操作以及所操作的数据被限定在指定范围内，禁止用户超越权限对数据库进行非法的操作，从而使得数据库的安全性得到保证。

在数据库中，权限可分为系统权限与对象权限。系统权限是指数据库用户能够对数据库系统进行某种特定操作的权力，它可由数据库管理员授予其他用户，如一个基本表的创建。对象权限是指数据库用户在指定的数据库对象上执行某种操作的权力，对象权限由创建基本表、视图等数据库对象的用户授予其他用户，如查询、添加、修改、删除等操作。

2. 角色

角色是多种权限的集合，可以把角色授予用户或其他角色。当要为某一用户同时授予或收回多项权限时，可以把这些权限定义为一个角色，对此角色进行相关操作。这样可以有效避免许多重复性的授权和收权工作，数据库用户的权限管理工作在一定程度上得以简化。

3.8.3　数据控制语言

SQL 中的数据控制语言（Data Control Language，DCL）是一些用来设置或者更改数据库用户或角色权限的语句，这些语句包括 GRANT、DENY、REVOKE 等。在默认状态下，只有 sysadmin、dbcreator、db_owner 或 db_securityadmin 等角色的成员才有权力执行数据控制语言。

1. 授权语句（GRANT）

授权分对系统授权（称为系统特权）和对对象授权（称为对象特权）两种方式。系统特权是允许用户在数据库内部实施管理行为的特权，主要包括创建或删除用户、删除或修改数据库对象等。对象特权类似于执行数据库操纵语言所需要的权限，指用户对数据库中的表、视图、存储过程等对象的操作权限。

1）系统特权与角色的授予

使用 SQL 的 GRANT 语句为用户授予系统特权，其语法格式为：

```
GRANT<系统特权>|<角色>[,<系统特权>|<角色>]...
TO<NPZ>|<角色>|PUBLIC[,<用户名>|<角色>]...
[WITH ADMIN OPTION]
```

其语义是：将指定的系统特权授予指定的用户或角色。其中，数据库中的全部用户是由

PUBLIC 代表的，WITH ADMIN OPTION 为可选项，指定后则允许被授权的用户将指定的系统特权或角色再授予其他用户或角色。

2）对象特权与角色的授予

数据库管理员拥有系统特权，而作为数据库的普通用户，只对自己创建的基本表、视图等数据库对象拥有对象特权。如果要共享其他的数据库对象，那么必须授予普通用户一定的对象特权。

类似于系统特权的授予方法，SQL 使用 GRANT 语句为用户授予对象特权，语法格式为：

```
GRANT ALL|<对象特权>[(列名[,列名]…)][,对象特权]…
ON<对象名>
TO<用户名>|<角色>|PUBLIC[,<用户名>|<角色>]...
[WITH GRANT OPTION]
```

其语义是：将指定的操作对象的对象特权授予指定的用户或角色。其中，所有的对象特权是由 ALL 代表的，列名用于指定要授权的数据库对象的一列或多列，如果列名未指定的话，被授权的用户将在数据库对象的所有列上均拥有指定的特权。实际上，只有当授予 INSERT 和 UPDATE 权限时才需要指定列名；ON 子句用于指定要授权的数据库对象名，可以是基本表名、视图名等；WITH GRANT OPTION 为可选项，指定后则允许被授权的用户将权限再授予其他用户或角色。

2. 收权语句（REVOKE）

数据库管理员是 DBA、数据库拥有者（建库者）DBO 或数据库对象拥有者 DBOO（数据库对象主要是基本表），可以通过 REVOKE 语句将其他用户的数据操作权收回。

1）系统特权与角色的收回

数据库管理员可以使用 SQL 的 REVOKE 语句收回系统特权，其语法格式为：

```
REVOKE<系统权限>|<角色>[,<系统权限>|<角色>]...
FROM<用户名>|<角色>|PUBLIC[,<用户名>|<角色>]...
```

2）对象特权与角色的收回

所有授予出去的特权在一定的情况下都可以由数据库管理员和授权者收回，收回对象特权仍然使用 REVOKE 语句，其语法格式为：

```
REVOKE<对象权限>|<角色>[,<对象权限>|<角色>]...
FROM<用户名>|<角色>|PUBLIC[,<用户名>|<角色>]...
```

3. 将数据库对象设置为拒绝访问

设置数据库对象拒绝访问的一般格式为：

```
DENY ALL[PRIVILIGES]|<权限组>[ON<对象名>]TO<用户组>|PUBLIC;
```

其中，ON 子句用于说明对象特权的对象名，对象名指的是表名、视图名、视图和表的列名或者过程名。

3.9　数据库常用函数

SQL Server 2012 为用户提供了大量的功能函数以供编程使用，大致可分为以下 9 大类。

3.9.1　日期函数

1．GETDATE()

以 DATETIME 的缺省格式返回系统当前的日期和时间。

2．DAY(date_expression)

返回 date_expression 中的日期值。

3．MONTH(date_expression)

返回 date_expression 中的月份值。

4．YEAR(date_expression)

返回 date_expression 中的年份值。

5．DATEADD()

DATEADD(<datepart>， <number>,<date>)返回指定日期 date 加上指定的额外日期间隔 number 产生的新日期。

6．DATEDIFF()

DATEDIFF(<datepart>,<date1>,<date2>)返回两个指定日期在 datepart 方面的不同之处，即 date2 超过 date1 的差距值，其结果值是一个带有正负号的整数值。

7．DATENAME()

DATENAME(<datepart>,<date>)以字符串的形式返回日期的指定部分。此部分由 datepart 来指定。

8．DATEPART()

DATEPART(<datepart>,<date>)以整数值的形式返回日期的指定部分。此部分由 datepart 来指定。

DATEPART(dd，date)等同于 DAY(date)；
DATEPART(mm，date)等同于 MONTH(date)；
DATEPART(yy，date)等同于 YEAR(date)。

9．FORMAT()

FORMAT()函数可以方便和灵活地控制数值、日期和时间类型的显示格式，语法如下：

```
FORMAT ( value, format [, culture ] )
```

通常情况下，FORMAT()函数主要用于格式化显示 date/time 类型和数值类型，参数 format 用于指定显示的格式，使用以下占位符来表示日期/时间的格式：

- yyyy、MM、dd 表示年、月、日；
- hh:mm:ss fffffff 表示时、分、秒、毫秒；
- 使用“/”“-”等作为连接各个部分（Part）的分割符号。

culture 参数是可选的，用于指定显示的语言，该函数返回值的数据类型是 NVARCHAR；如果格式转换失败，该函数返回 NULL。

3.9.2 聚合函数

1. SUM()

语法：

```
SELECT SUM(Column_Name) FROM Table_Name
```

求和函数，用于返回指定数值列的总数（总额）。

2. COUNT()

语法：

```
SELECT COUNT(Column_Name) FROM Table_Name
```

计数函数，用于返回指定列的值的数目（NULL 不计入）。

3. MAX() / MIN()

语法：

```
SELECT MAX(Column_Name) FROM Table_Name
```

最大/最小值函数，用于计算表中记录的最大值或最小值。

4. AVG()

语法：

```
SELECT AVG(Column_Name) FROM Table_Name
```

均值函数，用于返回数值列的平均值（NULL 值不包括在计算中）。

5. STDEV()函数

语法：

```
SELECT STDEV(表达式) FROM Table_Name
```

标准差函数，用于返回表达式中所有值的统计标准差值（NULL 值不包括在计算中）。

6. STDEVP()

语法：

```
SELECT STDEVP(表达式) FROM Table_Name
```

总体标准差函数，用于返回表达式中所有值的统计标准差值（NULL 值不包括在计算中）。

7. VAR()函数

语法：

```
SELECT VAR(表达式) FROM Table_Name
```

方差函数，用于返回表达式中所有值的统计方差值（NULL 值不包括在计算中）。

8. VARP()函数

语法：

```
SELECT VARP(表达式) FROM Table_Name
```

总体方差函数，用于返回给定表达式中所有值的总体统计方差。

3.9.3　数学函数

SQL Server 中提供了丰富的数学函数，可以方便地对数值型数据进行各种运算处理，主要的有绝对值函数、三角函数（正弦函数、余弦函数、正切函数、余切函数等）、对数函数、随机函数等。在错误产生时，数学函数将返回空值 NULL。SQL Server 中常用的数学函数如表 3-10 所示，更多的数学函数可以查询相关手册。

表 3-10　SQL Server 中常用的数学函数

函数名	功能描述	举例
ABS(x)	返回表达式绝对值	SELECT ABS(-90) 返回：90
ROUND(x,y)	按指定的精度进行四舍五入	SELECT ROUND(56.629, 2) 返回：56.630
SQRT(x)	返回指定表达式的平方根	SELECT SQRT(9) 返回：3
FLOOR(x)	返回小于或等于指定数值表达式的最大整数	SELECT FLOOR(23.9) 返回: 23
RAND()和 RAND(x)	RAND(x)返回一个随机浮点值 v，范围在 0~1 之间（即 0<=v<=1.0），若指定一个整数参数 x，则它被用作种子值，使用相同的种子数将产生重复序列	SELECT RAND() 返回：0.765
CEILING(x)	返回大于或等于指定数值表达式的最小整数	SELECT CEILING(23.9) 返回：24

续表

函数名	功能描述	举例
POWER(x,y)	返回 x 的 y 次方的结果值	SELECT POWER(2,5) 返回：32
EXP(x)	返回 e 的 x 方的结果值	SECLECT EXP(3) 返回：20.0855

3.9.4 数据类型转换函数

在一般情况下，SQL Server 会自动完成数据类型的转换。例如，可以直接将字符数据类型或表达式与 DATATIME 数据类型或表达式比较，当表达式中用了 INTEGER、SMALLINT 或 TINYINT 时，SQL Server 可将 INTEGER 数据类型或表达式转换为 SMALLINT 数据类型或表达式，这称为隐式转换。如果不能确定 SQL Server 是否能完成隐式转换或者使用了不能隐式转换的其他数据类型，就需要使用数据类型转换函数做显式转换，显式转换函数有以下两个。

1. CONVERT()

语法：

```
CONVERT(<data_type>[length].<expression>[,style])])
```

（1）data_type 为 SQL Server 系统定义的数据类型，用户自定义的数据类型不能在此使用。

（2）length 用于指定数据的长度，缺省值为 30。

（3）把 CHAR 或 VARCHAR 数据类型转换为诸如 INT 或 SAMLLINT 这样的 INTEGER 数据类型，结果必须是带正号或负号的数值。

（4）将 TEXT 数据类型转换为 CHAR 或 VARCHAR 数据类型，最多可转换 8000 个字符，即 CHAR 或 VARCHAR 数据类型的最大长度。

（5）将 IMAGE 数据类型转换为 BINARY 或 VARBINARY 数据类型，最多可转换 8000 个字符。

（6）把整数值转换为 MONEY 或 SMALLMONEY 数据类型，按定义的国家的货币单位来处理，如人民币、美元、英镑等。

（7）BIT 数据类型的转换把非零值转换为 1，并仍以 BIT 数据类型存储。

（8）试图转换到不同长度的数据类型，会截断转换值并在转换值后显示“+”，以标识发生了这种截断。

（9）用 CONVERT()函数的 style 选项能以不同的格式显示日期和时间。style 是将 DATATIME 和 SMALLDATETIME 数据类型转换为字符串时所选用的由 SQL Server 系统提供的转换样式编号，不同的样式编号有不同的输出格式。

2. CAST()

语法：

```
CAST (<expression> AS <data_ type>[ length ])
```

例如，SELECT CAST('12.5' AS int) 将完成字符串“12.5”向整数的转换，返回整数值 12。

3.9.5　字符转换函数

1. ASCII()

语法：

```
ASCII ( input_string )
```

该函数返回 input_string 最左端字符的 ASCII 码值。input_string 可以是文字字符、字符串表达式或数据列名。在 ASCII ()函数中，纯数字的字符串可不用‘’括起来，但含其他字符的字符串必须用‘’括起来使用，否则会出错。

2. CHAR()

语法：

```
CHAR (int_exp )
```

将 int_exp 所代表的 ASCII 码转换为字符。如果没有输入 0~ 255 之间的 ASCII 码值，CHAR ()返回 NULL。

3. LOWER()和 UPPER()

语法：

```
LOWER(character_expression)
UPPER(character_expression)
```

LOWER()将 character_expression 所表达的字符串全部转为小写，UPPER()将字符串全部转为大写。

4. STR()

语法：

```
STR (<float_ expression>[, length[, <decimal>]])
```

将数值型数据转换为字符型数据。length 指定返回的字符串的长度，decimal 指定返回的小数位数。如果没有指定长度，缺省的 length 值为 10，decimal 缺省值为 0。

当 length 或者 decimal 为负值时，返回 NULL；

当 length 小于小数点左边（包括符号位）的位数时，返回 length 个*；

先服从 length，再取 decimal ；

当返回的字符串位数小于 length 时，左边补足空格。

5. 示例

执行下面的 SQL 代码：

```
declare@cvarchar(100),@d varchar(100)
set@c='ABC'
set@d='def'
selectASCII('S')as ASCII      --求 ASCII 码值
select char(99)as char        --通过 ASCII 码求字符
select LOWER(@c)as lower      --换成小写
select upper(@d)as upper      --换成大写
select str(123.45,5,4)as str  --把数值型数据转换为字符型数据。STR（[,length[,]]）
```

3.9.6 去空格函数

1. LTRIM()

语法：

```
LTRIM(String_expression)
```

把字符串头部的空格去掉。

2. RTRIM()

语法：

```
RTRIM(String_expression)
```

把字符串尾部的空格去掉。

3. 实例

执行下面 SQL 代码：

```
Select  '3k'
Select  LTRIM('3k')  as  LTRIM        --把字符串头部的空格去掉
Select  '9C'
Select  RTRIM('9C')  as  RTRIM        --把字符串尾部的空格去掉
```

3.9.7 取子串函数

1. left()

语法：

```
LEFT (<character_expression>, <integer_expression>)
```

返回 character_ expression 左起 integer_ expression 个字符。

2. RIGHT()

语法：

```
RIGHT (<character_ expression>, <integer_ expression>)
```

返回 character_ expression 右起 integer_ expression 个字符。

3. SUBSTRING()

语法：

```
SUBSTRING (<expression>, <staring_ position>, length)
```

返回从字符串左边第 starting_ position 个字符起 length 个字符的部分。

4. 实例

执行下面 SQL 代码：

```
Select  substring( 'abcde' , 2, 3)
select  left ( 'abcde' , 4)
select  right ( 'abcde', 3)
```

3.9.8 字符比较函数

1. CHARINDEX()

语法：

```
CHARINDEX (<'substring_ expression'>, <expression>)
```

返回字符串中某个指定的子串出现的开始位置。

其中 substring_ expression 是所要查找的字符表达式，expression 可为字符串也可为列名表达式。如果没有发现子串，则返回 0 值。此函数不能用于 TEXT 和 IMAGE 数据类型。

2. PATINDEX()

语法：

```
PATINDEX (<*%subtring_ expression%'>, <column_ name>)
```

返回字符串中某个指定的子串出现的开始位置。其中 subtring_ expression 前后必须有百分号“%”，否则返回值为 0。与 CHARINDEX 函数不同的是，PATINDEX 函数的子串中可以使用通配符，且此函数可用于 CHAR、VARCHAR 和 TEXT 数据类型。

3.9.9 字符操作函数

1. QUOTENAME()

语法：

```
QUOTENAME (< character_ expression'>[, quote_ character)
```

返回被特定字符括起来的字符串，其中 quote_ character 标明括字符串所用的字符，缺省值为“[]”。

2. REPLICATE()

语法：

```
REPLICATE (character_ expression integer_ expression)
```

返回一个重复 character_ expression 指定次数的字符串，如果 integer_ expression 值为负值，则返回 NULL。

3. REVERSE()

语法：

```
REVERSE (<character_ expression>)
```

将指定的字符串的字符排列顺序颠倒，其中 character_ expression 可以是字符串、常数或一个列的值。

4. REPLACE()

语法：

```
REPLACE (<string_ expression1>, <string_ expression2>, <string_ expression3>)
```

返回被替换了指定子串的字符串，用 string_ expression3 替换在 string_ expression1 中所出现的所有子串 string_expression2。

5. SPACE()

语法：

```
SPACE (<integer_ expression>)
```

返回一个有指定长度的空白字符串，如果 integer_ expression 值为负值，则返回 NULL。

6. STUFF()

语法：

```
STUFF (<character_ expression1>, <start_ position>, <length>, <character_
expression2>)
```

用另一子串替换字符串中指定位置、长度的子串，如果起始位置为负或长度值为负，或者起始位置大于 character_ expression1 的长度，则返回 NULL 值；如果 length 长度大于 character_ expression1 中 start_ position 以右的长度，则 character_ expression1 只保留首字符。

7. 实例

执行下面 SQL 代码：

```
--CHARINDEX 函数返回字符或者字符串在另一个字符串中的起始位置。
```

```
SELECT charindex('bd','cabdif', 0)
--返回字符串中某个指定的子串出现的开始位置
--返回被替换了指定子串的字符串。
SELECT PATINDEX('AB$', 'ABCD')
SELECT REPLACE ('abcdefg', 'de', '123')  --让'a'重复出现 6 次
SELECT REPLICATE('a',6) as REPLICATE      --用另一子串替换字符串指定位置、长度的子串
SELECT stuff('abcdef',1,2,'ghi') as stuff    --将指定的字符串的字符排列顺序颠倒
SELECT reverse('1234567')as REVERSE
```

第 4 章　T-SQL 编程

SQL 是一种数据库专用的计算机语言，不管是 Oracle、MS SQL、Access、MySQL 或其他公司的数据库，都可以使用 SQL 语言来访问和修改数据库的内容。

本章主要介绍了以下内容：第一，介绍了 T-SQL 编程所需的基本语法元素，在对常量和变量、运算符、表达式、流程控制语句、注释等知识介绍的基础上，说明如何通过 T-SQL 编程实现对数据库数据的管理；第二，在明确事务概念的基础上，对事务的特性、类型及事务处理语句进行详细说明；第三，为以多种角度观察数据库中的数据，引入了视图的概念，就如何创建视图、管理视图进行了详细说明；第四，在阐述存储过程相关知识的基础上，对如何创建和执行存储过程、管理存储过程进行了详细说明；第五，为对数据库进行更加简便的查询和修改，引入了用户自定义函数，就用户自定义函数的类型、创建、执行、管理进行了详细说明；第六，在明确游标概念的基础上，对游标的使用步骤进行了详细说明，并对如何使用游标、表变量等方法遍历数据进行实例说明；第七，针对快递管理信息系统中的数据库，进行 T-SQL 编程。

重点和难点：

- 存储过程编写
- 数据库事务的概念与编写
- 创建用户自定义函数
- 用游标遍历处理数据

4.1　T-SQL 编程基础

Transact-SQL 语言（简称 T-SQL），是由微软公司开发的一种 SQL 语言，提供了标准化查询语言（SQL）的 DDL、DCL 和 DML 功能，加上扩展的函数、系统存储过程以及程序设计结构（如 IF 和 WHILE），应用程序与 SQL Server 数据库引擎沟通更为方便灵活，还可以实现对数据库管理的功能，T-SQL 已成为 SQL Server 的核心。

在 Microsoft SQL Server 2012 系统中，T-SQL 可以创建、维护、保护数据对象中的数据，所以 T-SQL 是一种完整的数据库语言，根据 T-SQL 的执行功能特点，可以将 T-SQL 分为以下 3 种基本类型。

（1）数据定义语言（Data Definition Language，DDL），除可以用来建立数据库与数据库相关对象之外，还可以修改及删除数据库对象。例如，数据库、表及视图等对象。

（2）数据操纵语言（Data Manipulation Language，DML），包括数据查询和数据更新两种数据操作语句。其中，数据查询指对数据库中的数据进行查询、统计、分组、排序、检索操作，数据更新指对数据进行插入、删除、修改等数据维护操作。

（3）数据控制语言（Data Control Language，DCL），数据控制指对数据的操作权限控制，用来设置用户对数据库对象的访问权限，以保证数据库的安全性。

T-SQL 是一系列操作数据库与数据库对象的命令语句，所以需要基本语法元素，主要包括常量和变量、运算符、表达式、流程控制语句、注释等。

4.1.1　T-SQL 的语法格式约定

T-SQL 被称为语言，意味着它具有与所有编程语言类似的语法约定，T-SQL 语法格式约定如表 4-1 所示。

表 4-1　T-SQL 语法格式约定

语法约定	用 途 说 明
大写字母	T-SQL 关键字
斜体	用户提供的 T-SQL 语法的参数
粗体	数据库名、表名、列名、索引名、存储过程、实用工具、数据类型名及必须按所显示的原样键入的文本
_（下画线）	指示当语句中省略了包含带下画线的值的子句时应用的默认值
|（竖线）	分隔括号或花括号中的语法项，只能选择其中一项
[ ]	可选语法项。不要键入方括号
{ }	必选语法项。不要键入花括号
[,...n]	指示前面的项可以重复 n 次。每一项由逗号分隔
[...n]	指示前面的项可以重复 n 次。每一项由空格分隔
[;]	可选的 T-SQL 语句终止符。不要键入方括号
<标签> ::=	语法块的名称。用于对在语句中的多个位置使用的过长语法段或语法单元进行分组和标记。可使用的语法块的每个位置由括在花括号内的标签指示：<标签>

4.1.2　常量和变量

1. 常量

常量也称为字面值或标量值，是表示一个特定数据值的符号。常量的值在程序运行过程中是不会改变的。常量的使用格式取决于它所表示的值的数据类型。根据常量值的不同类型，可分为字符串常量、二进制常量、整型常量、实数常量、日期和时间常量、货币常量、唯一标识常量。

1）字符串常量

字符串常量分为 ASCII 字符串常量和 Unicode 字符串常量。

ASCII 字符串常量是用单引号引起来，并由 ASCII 字符构成的字符串常量。空字符串（''）用中间没有任何字符的两个单引号表示。例如：

```
'Windows'    'SQL Server'
```

Unicode 字符串常量的格式与普通字符串相似，但它前面有一个 N 标识符。N 前缀必须是大写字母。例如：

```
N'Windows'    N'SQL Server'    N''
```

如果字符串包含一个嵌入的单引号，可以使用两个单引号表示嵌入的单引号。对于嵌入在双引号中的字符串则没有必要这样做，例如：

```
'He say:''Hi!'''    N'He say:"Hi!'"
```

2）二进制常量

二进制常量具有前缀 0x，后面是十六进制数字字符串，不使用单引号，例如：

```
0x11F    0x95AE    0x1234ABC5678DEF
```

3）整型常量

整型常量不用引号引起来，用不包含小数点的十进制数字字符串来表示，整型常量必须全部为数字，不能包含小数，例如：

```
9    100    +13859652    -39284862
```

4）实数常量

实数常量是包含小数点的十进制数字字符串，分为定点表示和浮点表示。例如：

```
定点表示：15.35    5.0    +8493743.2391    -8294032.5429
浮点表示：316.4E3    0.12E-2    +384E+6    -48392E-3
```

5）日期和时间常量

日期和时间常量使用特定格式的字符日期值来表示，并被单引号引起来。SQL Server 可以识别多种格式的日期和时间。例如：

```
数字日期格式：'2019-3-12'    '2019/06/14'    '12.05.2019'    '19/10/21'
字母日期格式：'April 15,2019'    'October 20,2019'
未分隔的字符串日期格式：'990710'    '20191121'
时间格式：'10:20:43'    '04:34 PM'
日期时间格式：'2019-06-18 10:31:24'    '2020-3-12 12:04:39.320'
```

6）货币常量

货币常量以前缀为可选的小数点和可选的货币符号“$”的数字字符串来表示。例如：

```
$1892.46    -$5389
```

7）唯一标识常量

唯一标识（Unique Identifier）常量是表示全局唯一标识符（GUID）的字符串，可以使用字符或二进制字符串格式指定。例如：

```
'7A19DB-8B86-D011-B42D-03CFF'  0xdc29034f84930b00ce93f
```

2. 变量

变量是被赋予一定的值的语言元素，对应内存中的一个存储空间，用于临时存放数据。变量的值在程序运行过程中可以随时改变。

T-SQL 中有两种形式的变量：局部变量、全局变量。

1）局部变量

局部变量是用户在程序中定义的变量，变量名必须以@开头，其作用范围仅限制在程序内部。局部变量的使用一般包括声明局部变量、为局部变量赋值和输出变量值三方面的内容。

（1）声明局部变量。

声明局部变量的语法：

```
DECLARE  @变量名称  变量类型 [,@变量名称 变量类型 ...]
```

例如：

```
DECLARE @CustomerName varchar(50)
DECLARE @CustomerType int,@Birthday datetime
```

（2）为局部变量赋值。

在使用 DECLARE 命令声明并创建局部变量之后，会将其初始值设为 NULL，如果想要设定局部变量的值，必须使用 SELECT 命令或者 SET 命令。其语法形式为：

```
SET  @局部变量 = 变量值  或 SELECT  @局部变量 = 变量值
```

注意：SET 仅支持对一个变量赋值，SELECT 支持同时给多个变量赋值。

例如：

```
/*可以这样赋值*/
SET @CustomerName = '张三'
SET @CustomerType = 2
SELECT @Birthday = '1988-09-13'
/*也可以这样赋值*/
SET @CustomerName = '张三'
SELECT @CustomerType = 2, @Birthday = '1988-09-13'
```

（3）输出变量值。

输出变量值的语法形式：

```
PRINT @局部变量                在消息框中输出变量的值
SELECT @局部变量              --在结果框中输出变量的值
SELECT @局部变量 as 列名      --在结果框中输出变量的值，并为其指定列名
```

例如：

```
PRINT @CustomerName
SELECT @CustomerName as '客户姓名'
```

2）全局变量

全局变量是 SQL Server 系统内部使用的变量，其作用范围并不仅仅局限于某一程序，而是任何程序均可以随时调用。全局变量通常存储一些 SQL Server 的配置设定值和统计数据。用户可以在程序中用全局变量来测试系统的设定值或者是 T-SQL 命令执行后的状态值。

全局变量可以分为以下两类：

- 与连接有关的全局变量，如@@rowcount；
- 与系统内部信息有关的全局变量，如@@version。

在使用全局变量时应该注意以下几点：

- 全局变量不是由用户的程序定义的，是在服务器级定义的；
- 用户只能使用预先定义的全局变量；
- 引用全局变量时，必须以标记符“@@”开头；
- 局部变量的名称不能与全局变量的名称相同，否则会在应用程序中出现不可预测的结果。

常见的全局变量如表 4-2 所示。

表 4-2 常见的全局变量

变　量	含　义
@@ERROR	返回最后执行的 T-SQL 语句的错误代码（integer）（0 表示没错误；1 表示有错误）
@@CONNECTIONS	返回自上次启动 SQL 以来连接或试图连接的次数
@@CPU_BUSY	返回自上次启动 SQL 以来 CPU 的工作时间，单位为毫秒
@@VERSION	返回 SQL 服务器安装的日期、版本和处理器类型
@@SERVERNAME	返回运行 SQL 服务器名称
@@SERVICENAME	返回当前 SQL Server 实例的 Windows 服务名
@@TRANCOUNT	返回当前连接的活动事务数
@@LANGUAGE	返回当前使用的语言名

4.1.3 控制流程语句

与所有的计算机编程语言一样，T-SQL 也提供了用于编程的代码的语法结构，可用来进行顺序、选择、循环等程序设计。在 SQL Server 2012 中提供了一些控制流程语句，也称为控制流语言。

T-SQL 中控制流程语句的类型主要有条件语句、循环语句、多分支语句及其他语句。

1. 语句块

在实际的程序设计过程中，为了可以一次执行一组 SQL 语句，就需要使用 BEGIN…END 语句来将多条语句封闭起来。BEGIN 和 END 用来定义语句块时，必须成对出现。它将多个 SQL 语句括起来，相当于一个语句单元。

其语法格式如下：

```
BEGIN
        <命令行或程序块>
END
```

注意：BEGIN…END 语句块允许嵌套。

2. 条件语句

IF…ELSE 语句对条件表达式进行判断，如果满足条件，则在 IF 及其条件之后执行 SQL

语句，此时条件表达式返回 TRUE；可选的 ELSE 引入另一个 SQL 语句，当不满足 IF 条件时，就执行该语句，此时条件表达式返回 FALSE。

其语法格式如下：

```
IF  <条件表达式>
        <命令行或程序块>
[ELSE [条件表达式]
        <命令行或程序块>]
```

注意：(1) 如果 IF 子句或 ELSE 子句中的语句多于 1，那么必须用 BEGIN…END 语句组成一个语句块；(2) ELSE 子句可以省略；(3) IF 语句可以嵌套，即在 IF 子句或 ELSE 子句中可以嵌入 IF 语句。

例如，判断某客户（客户类型为 1，客户编号为 Cus00004）的客户等级。

参考代码：

```
DECLARE @CustomerCode varchar(20),@CustomerType int
SET @CustomerType =1
SET @CustomerCode ='Cus00004'
IF @CustomerType = 1
       PRINT @CustomerCode+'是一级客户。'
ELSE if @CustomerType = 2
    PRINT @CustomerCode+'是二级客户。'
       ELSE IF @CustomerType = 3
        PRINT @CustomerCode+'是三级客户。'
        ELSE IF @CustomerType = 4
           PRINT @CustomerType+'是四级客户。'
         ELSE
         PRINT @CustomerType+'是普通客户。'
```

3. 循环语句

WHILE 语句用于设置重复执行 SQL 语句或语句块的条件。只要指定的条件为 TRUE，就重复执行语句或语句块。可以使用 BREAK 和 CONTINUE 关键字在循环内部控制 WHILE 循环中语句的执行。BREAK 将导致无条件退出 WHILE 循环，执行 END（循环结束标记）后面的任何语句。CONTINUE 使程序跳过 CONTINUE 语句后面的语句，重新开始执行 WHILE 循环。

其语法格式为：

```
WHILE <条件表达式>
BEGIN
    <命令行或程序块>
     [BREAK]
     [CONTINUE]
     [命令行或程序块]
```

```
END
[后续命令行或程序块]
```

例如，计算 1+2+3+⋯+100 的和。

参考代码如下：

```
DECLARE @i tinyint, @sum smallint
SET @sum = 0
SET @i = 1
WHILE (@i <= 100 )
BEGIN
    SET @sum = @sum + @i
    SET @i =  @i + 1
END
print @sum
```

4. 多分支语句

CASE 语句可以计算多个条件表达式，并将其中一个符合条件的结果表达式返回。CASE 表达式和其他表达式一样，有值返回，所以，在能够使用表达式的地方都可以使用 CASE 表达式，也可以利用 CASE 表达式进行某种运算。

CASE 语句按照使用形式的不同，可以分为搜索 CASE 语句和简单 CASE 语句。

1）搜索 CASE 语句

在搜索表达式中，CASE 关键字后面不跟任何表达式，在各 WHEN 关键字后面跟的都是逻辑表达式，其语法格式如下：

```
CASE
    WHEN 逻辑表达式 1  THEN 结果表达式 1
    WHEN 逻辑表达式 2  THEN 结果表达式 2
    …
     [ ELSE 结果表达式 n+1  ]
END
```

搜索 CASE 语句的执行过程如下：

- 按从上到下的顺序为每个 WHEN 子句中的逻辑表达式求值，返回第一个取值为 TRUE 的逻辑表达式所对应的结果表达式的值；
- 否则，检查是否存在 ELSE 子句，若存在 ELSE 子句，则返回 ELSE 子句后的结果表达式的值；
- 否则，返回一个 NULL 值。

例如：对于订购数量（Order Nums）在 100 以上的订单，采取折扣，视订单数量不同，折扣率（Discount Rate）也不同。

参考代码如下：

```
UPDATE D_Orders SET Discount Rate =
(CASE
      WHEN Order Nums >400 then 0.5
      WHEN Order Nums >300 then 0.6
      WHEN Order Nums >200 then 0.7
      ELSE 0.8
    END
)
```

2）简单 CASE 语句

简单 CASE 语句是比较常用的一种方式，相当于是大部分编程语言中的 SWITCH CASE 的用法，通过 CASE 后的测试表达式，去匹配 WHEN 后的简单表达式，适合在简单表达式比较固定的情况下使用，特点是比较简洁易用。

其语法格式如下：

```
CASE 测试表达式
   WHEN 简单表达式 1 THEN 结果表达式 1
   WHEN 简单表达式 2 THEN 结果表达式 2
   …
    [ ELSE 结果表达式 n +1 ]
END
```

其中，测试表达式可以是一个变量名、字段名、函数或子查询，简单表达式中不能包含比较运算符，且其数据类型必须与测试表达式的数据类型相同，或者可以隐式转换为测试表达式的数据类型。

简单 CASE 语句的执行过程如下：

- 计算测试表达式，然后按从上到下的顺序对每个 WHEN 子句的简单表达式进行计算。
- 如果某个简单表达式的值与测试表达式的值匹配，则返回与第一个取值为 TRUE 的 WHEN 相对应的结果表达式的值。
- 如果所有的简单表达式的值都不与测试表达式的值匹配，则当指定 ELSE 子句时，返回 ELSE 子句中指定的表达式的值；如果没有指定，则返回 NULL。

例如：使用简单 CASE 语句，查找客户编号为 Cus00004 的客户，并根据客户类型确定客户等级。（要求用 CASE…END）

参考代码如下：

```
USE ExpressTest
GO
DECLARE @Level char(10)
SELECT @Level =
CASE CustomerType
   WHEN  1 then '一级客户'
   WHEN  2 then '二级客户'
   WHEN  3 then '三级客户'
```

```
    WHEN  4 then '四级客户'
    WHEN  5 then '五级客户'
END
from T_Customer where CustomerCode='Cus00004'
SELECT @Level
```

5. 其他语句

1）RETURN 语句

RETURN 语句实现无条件退出执行的批处理命令、存储过程或触发器。

2）GO 语句

GO 语句通常用来标识一个批处理或 T-SQL 脚本的结束，并通知 SQL Server 开始执行位于 GO 语句前的这组 T-SQL 语句集。GO 语句必须单独占据一行，不可与其他 T-SQL 语句写在同一行中；且 GO 语句不允许出现在存储过程中。

3）RAISERROR 语句

RAISERROR 语句常用于将错误信息显示在屏幕上，同时也可以记录到事务日志中。

RAISERROR 语句的语法格式如下：

```
RAISERROR( { <错误号>|<错误信息>,<错误级别>,<错误状态信息> } )
```

4）GOTO 语句

GOTO 语句是无条件转移语句，可以使程序直接跳到指定的标有标识符的位置继续执行，而位于 GOTO 语句和标识符之间的程序将不会被执行。

GOTO 语句和标识符可以用在语句块、批处理和存储过程中，标识符可以为数字与字符的组合，但必须以冒号结尾。如“a1:”。在 GOTO 语句行，标识符后面不用“:”。

GOTO 语句的语法格式如下：

```
GOTO 标号
```

4.1.4 注释

注释是在程序设计中经常要使用的一种文本字符串，是在程序代码中不执行的部分，是对程序的说明或暂时禁用正在进行诊断的 T-SQL 语句或语句块，恰当使用注释可以提高程序的可读性，使代码更易于为维护。

SQL Server 支持以下两种方式的注释。

1. 行注释

行注释通常用“--”表示，以两个减号开始直到本行结束的全部内容是注释部分。可以单独一行，也可以跟在 SQL 语句之后，允许嵌套使用。

2. 块注释

块注释通常用“/*……*/”表示，以“/*”作为注释文字的开头，“*/”作为注释文字的结尾，其间无论多少行内容，都被作为注释部分。块注释可以从一行开头开始，也可以跟在 SQL 语句之后，注释内容允许有“/*”字符组合，但是不允许有“*/”的组合。

4.1.5 T-SQL 编程示例

例 4-1 参照附录 A 所示的数据库表结构，编程实现计算 2018 年山东发往外地的货运单平均运价，要求打印出货运单数量、总运价、平均运价、最高运价、最低运价。

代码如下：

```
DECLARE @Province NVARCHAR(10)
DECLARE @Year  NVARCHAR(4)
DECLARE @GoodBillCount INT
SET @PROVINCE='山东'
SET @Year='2018'

--货运单数量
SELECT @GoodBillCount=COUNT(*) FROM dbo.D_ShipList_Main
WHERE CHARINDEX(@Province,SendGoodsAddr,1)>0
     AND CHARINDEX(@Province,ReceiveGoodsAddr,1)=0
     AND YEAR(SendGoodsDate)=@Year
PRINT '2018年山东发往外地的货运单数量为：'+CONVERT(VARCHAR,@GoodBillCount)+'件；'

--总运价
DECLARE @TotalFee NUMERIC(8,2)
SELECT @TotalFee=SUM(CarriageFee) FROM dbo.D_ShipList_Main
WHERE CHARINDEX(@Province,SendGoodsAddr,1)>0
     AND CHARINDEX(@Province,ReceiveGoodsAddr,1)=0
     AND YEAR(SendGoodsDate)=@Year
PRINT '2018年山东发往外地的货运单总运价为：'+CONVERT(VARCHAR,@TotalFee)+' 元；'

--平均运价
DECLARE @AverageFee NUMERIC(8,2)
SELECT @AverageFee=avg(CarriageFee) FROM dbo.D_ShipList_Main
WHERE CHARINDEX(@Province,SendGoodsAddr,1)>0
     AND CHARINDEX(@Province,ReceiveGoodsAddr,1)=0
     AND YEAR(SendGoodsDate)=@Year
PRINT '2018年山东发往外地的货运单平均运价为：'+CONVERT(VARCHAR,@AverageFee)+' 元；'

--最高运价
DECLARE @MaxFee NUMERIC(8,2)
SELECT @MaxFee=MAX(CarriageFee) FROM dbo.D_ShipList_Main
WHERE  CHARINDEX(@Province,SendGoodsAddr,1)>0  AND  CHARINDEX(@Province,
ReceiveGoodsAddr,1)=0
    AND YEAR(SendGoodsDate)=@Year
```

```
PRINT '2018年山东发往外地的货运单最高运价为：'+CONVERT(VARCHAR,@MaxFee)+' 元；'

--最低运价
DECLARE @MinFee NUMERIC(8,2)
SELECT @MinFee=Min(CarriageFee) FROM dbo.D_ShipList_Main
WHERE  CHARINDEX(@Province,SendGoodsAddr,1)>0  AND  CHARINDEX(@Province,
ReceiveGoodsAddr,1)=0
 AND YEAR(SendGoodsDate)=@Year
PRINT '2018年山东发往外地的货运单最低运价为：'+CONVERT(VARCHAR,@MinFee)+' 元；'
```

例 4-2 使用 WHILE 循环语句按以下要求修改折扣率。

当前所有货运单平均单价如果高于 4.5 元，则按货物重量进行折扣率递减；如果包裹重量大于 20kg，折扣率每次递减 0.1；重量在 10～20kg，折扣率每次递减 0.08；重量在 0～10kg，折扣率每次递减 0.06，并且所有运单的折扣率不得低于 0.5，直到平均单价低于 4.5 元，或者运行 10 次。

代码如下：

```
--求当前单价
SELECT GoodsBillCode,PackageWeight,DiscountRate1,CarriageFee from dbo.D_
ShipList_ Main

DECLARE @avgUnitPrice REAL
SELECT  @avgUnitPrice=Round(SUM(CarriageFee*DiscountRate1-ReduceFund)  /
SUM(PackageWeight), 1) FROM D_ShipList_Main
PRINT '当前所有运单的平均价格是：'+STR(@avgUnitPrice,5,1)

declare @intCount int
select   @avgUnitPrice   =   SUM(CarriageFee*DiscountRate1-ReduceFund)/
SUM(PackageWeight) from D_ShipList_Main
PRINT '未进行折扣调整前，平均价格是' +STR(@avgUnitPrice,6,1)+ ' 元'
set @intCount=0

while (@avgUnitPrice >=4.0 and @intCount<10)
  begin
     update dbo.D_ShipList_Main set DiscountRate1 = DiscountRate1-0.1
        where PackageWeight>=100
     update dbo.D_ShipList_Main set DiscountRate1 = DiscountRate1-0.08
        where PackageWeight<100 and PackageWeight >=50
     update dbo.D_ShipList_Main set DiscountRate1 = DiscountRate1-0.06
        where PackageWeight<50 and PackageWeight >=0
     UPDATE dbo.D_ShipList_Main SET DiscountRate1=0.5 WHERE discountRate1<0.5
     select @avgUnitPrice = Round(SUM(CarriageFee*DiscountRate1-ReduceFund)
```

```
/ SUM(PackageWeight),1) from dbo.D_ShipList_Main
          set @intCount=@intCount+1
        PRINT  '循环第'+str(@intCount,1)+'次  '+'当前平均价格是：' +STR
(@avgUnitPrice,6,1) +'元'
        end

    PRINT '循环了'+ STR(@intCount,2) +'次，当前平均价格是：' +STR(@avgUnitPrice,6,1) +'元'
```

4.2 事务

4.2.1 事务的由来

使用 DELETE 命令或 UPDATE 命令对数据库进行更新时，一次只能操作一个表，这会带来数据库的数据不一致的问题。例如，快递公司取消一个货运单，需要在货运单主表（D_ShipList_Main）里删除该货运单，同时货运单详表（D_ShipList_Detail）中与该货运单对应的信息也应删除，因此两个表都要修改，这种修改只能通过两条 DELETE 语句进行。假设货运单 PKID（PKID）为 1，在 D_ShipList_Detail 表中货运单 PKID 为 GoodsBillPKID。

第一条 DELETE 语句修改 D_ShipList_Main 表：

```
Delete from D_ShipList_Main where PKID=1
```

第二条 DELETE 语句修改 D_ShipList_Detail 表：

```
Delete from D_ShipList_Detail where GoodsBillPKID=1
```

在执行第一条 DELETE 语句后，数据库中的数据已处于不一致的状态，因为此时在 D_ShipList_Main 表中已经没有 PKID=1 的货运单信息，但 D_ShipList_Detail 表中仍保存着关于 PKID=1 的货运单信息。只有执行了第二条 DELETE 语句后数据库中的数据才处于一致状态。但是，如果执行了第一条 DELETE 语句后，计算机突然出现故障，无法继续执行第二条 DELETE 语句，则数据库中的数据将处于永远不一致的状态，因此，必须保证这两条 DELETE 语句同时执行。为解决类似的问题数据库系统通常都引入了事务（Transaction）的概念。

4.2.2 事务的概念

事务是一种机制，是一个操作序列，包含了一组数据库操作命令，所有的命令作为一个整体一起向系统提交或撤销操作请求，即要么都执行，要么都不执行。因此，事务是一个不可分割的工作逻辑单元，类似于操作系统中的原语，在数据库系统上执行并发操作时，事务是作为最小的控制单元来使用的。

通常在程序中用 BEGIN TRANSACTION 命令来标识一个事务的开始，用 COMMIT TRANSACTION 命令标识一个事务的结束，这两个命令之间的所有语句被视为一体，只有执行到 COMMIT TRANSACTION 命令时，事务中对数据库的更新操作才算确认。和 BEGIN…END 命令类似，这两个命令也可以进行嵌套，即事务可以嵌套执行。

4.2.3 事务的特性

事务的处理必须具备以下四个属性，简称 ACID 属性，即原子性（A）、一致性（C）、隔离性（I）和持久性（D）。

1. 原子性（Atomicity）

事务是一个完整的操作。事务的各步操作是不可分的（原子的）；对于其数据修改，要么都执行，要么都不执行。

2. 一致性（Consistency）

当事务完成时，数据必须处于一致状态。

3. 隔离性（Isolation）

对数据进行修改的所有并发事务是彼此隔离的，这表明事务必须是独立的，不应以任何方式依赖或影响其他事务。

4 持久性（Durability）

事务完成后，对数据库的修改被永久保存，事务日志能够保持事务的永久性。

4.2.4 事务的类型

按事务的启动和执行方式，可将事务分为 3 类，分别是显式事务、自动提交事务和隐性事务。

1. 显式事务

显示事务需要显示地定义事务的启动和结束，通过 BEGIN TRANSACTION、COMMIT TRANSACTION、ROLLBACK TRANSACTION、SAVE TRANSACTION 等 T-SQL 语句来完成。

- 启动事务：BEGIN TRANSACTION。
- 结束事务：COMMIT TRANSACTION。
- 回滚事务：ROLLBACK TRANSACTION。
- 在事务中设置保存点：SAVE TRANSACTION。保存点是事务中的一个位置，提供了回滚部分事务的能力。

在 SQL Server 中有一些操作是不能用于事务中的，详细操作及其对应的 SQL 语句如表 4-3 所示。

2. 自动提交事务

自动提交模式是 SQL Server 的默认事务管理模式。每个 T-SQL 语句在完成时，都被提交或回滚。如果一个语句成功完成，则提交该语句；如果遇到错误，则回滚该语句。

表 4-3　SQL Server 不能用于事务的操作汇总表

操　作	SQL 语句
创建数据库	CREATE DATABASE
修改数据库	ALTER DATABASE
删除数据库	DROP DATABASE
恢复数据库	RESTORE DATABASE
加载数据库	LOAD DATABASE
备份日志文件	BACKUP LOG
恢复日志文件	RESTORE LOG
更新统计数据	UPDATE STATISTICS
授权操作	GRANT
复制事务日志	DUMP TRANSACTION
磁盘初始化	DISK INIT
更新使用 sp_configure 系统存储过程更改的配置选项的当前配置值	RECONFIGURE

如果 SQL Server 没有使用 BEGIN TRANSACTION 语句启动显式事务，或者隐性事务模式未打开，那么将以自动提交模式进行操作。当提交或回滚显式事务或者关闭隐性事务模式时，SQL Server 将返回到自动提交模式。

3. 隐性事务

当连接以隐性事务模式进行操作时，SQL Server 将在提交或回滚当前事务后自动启动新事务。无须描述事务的开始，只需提交或回滚每个事务。隐性事务模式形成连续的事务链。

隐性事务模式设置为打开之后，当 SQL Server 首次执行某些 T-SQL 语句时，都会自动启动一个事务，而不需要使用 BEGIN TRANSACTION 语句。启动新事务的 T-SQL 语句如下。

ALTER TABLE	INSERT	OPEN	CREATE
DELETE	REVOKE	DROP	SELECT
TRUNCATE TABLE	FETCH	GRANT	UPDATE

在发出 COMMIT 或 ROLLBACK 语句之前，该事务一直保持有效。在第一个事务被提交或回滚之后，下次当连接执行这些语句的任何语句时，SQL Server 都将自动启动一个新事务。

隐性事务模式可以通过使用 SET 语句来打开或者关闭，其语法格式为：

```
SET IMPLICIT_TRANSACTIONS { ON | OFF }。
```

隐性事务模式打开时，用户必须在该事务结束时显式提交或回滚。隐性事务模式将保持有效，直到执行 SET IMPLICIT_TRANSACTIONS OFF 语句使连接返回到自动提交模式。

4.2.5　事务的处理

1. 开始事务处理语句

BEGIN TRANSACTION 语句定义事务的开始，其语法格式为：

```
BEGIN TRAN[SACTION] [transaction_name | @tran_name_variable ][WITH MARK['description']]
```

其中，参数 transaction_name 指定事务的名称，必须遵循标识符规则，字符数不超过 32 个字符。@tran_name_variable 表示用户定义的、含有效事务名称的变量。变量智能声明为 CHAR、VARCHAR、NCHAR、NVARCHAR 类型。WITH MARK 用于在事务日志中植入一个标记，description 是描述该标记的字符串。

BEGIN TRANSACTION 语句的执行使全局变量@@TRANCOUNT 的值加 1（@@TRANCOUNT 用来计算当前连接中现有事务的数目）。

2. 结束事务处理语句

COMMIT TRANSACTION 语句标志一个事务的结束，同时也是提交语句，它使自从事务开始以来所执行的所有数据修改成为数据库的永久部分。其语法格式为：

```
COMMIT [TRAN[SACTION] [transaction_name | @tran_name_variable]]
```

其中，参数 transaction_name 和@tran_name_variable 分别表示事务名称和事务变量名。COMMIT TRANSACTION 语句的执行使全局变量@@TRANCOUNT 的值减 1。

标志一个事务的结束也可以使用 COMMIT WORK 语句，其语法格式为：

```
COMMIT[WORK]
```

它与 COMMIT TRANSACTION 语句的差别在于，COMMIT WORK 语句不带参数。

例如，启动一个事务向 T_Employee 表中插入一个记录。

```
use ExpressTest
GO
BEGIN TRANSACTION
   INSERT into T_Employee(Name,BirthDate,NativeProvince,NativeCity,EntryDate,PositionType,Salary)values('张三','1989-03-10 00:00:00','山东','青岛','2019-5-21 00:00:00',3,3600)
COMMIT TRAN
select * from T_Employee
GO
```

3. 事务回滚语句

ROLLBACK 语句是事务回滚语句，它使事务回滚到起点或指定的保存点处，即数据库状态回到该事务中的语句一条也未执行的状态，标志着一个事务的结束。其语法格式为：

```
ROLLBACK [TRAN[SACTION] [transaction_name | @tran_name_variable | savepoint_name | @savepoint_variable] ]
```

其中，参数 transaction_name 和@tran_name_variable 分别表示事务名和事务变量名，savepoint_name 和@savepoint_variable 分别表示保存点名和保存点变量名。

例如：启动一个事务在 T_Employee 表中删除一个记录，然后回滚该事务。

```
use ExpressTest
GO
BEGIN TRANSACTION
DELETE T_Employee where Name='张三'
ROLLBACK          --由于回滚事务，因此 T_Employee 表中没有删除“张三”这条记录
select * from T_Employee
GO
```

4. 保存事务语句

保存点提供了一种机制，用于只回滚部分事务，更新和回滚操作代价很大，因此只有在遇到错误的可能性很小，而且预先检查更新的有效性的代价相对很高的情况下，使用保存点才会非常有效。在不可能发生错误的情况下，保存点很有用，在很少出现错误的情况下使用保存点回滚部分事务，比让每个事务在更新之前测试更新的有效性更为有效。设置保存点的语法为：

```
SAVE TRANSACTION savePoint_name 或@savePoint_name
```

其中，savePoint_name 表示用户定义的保存点名，@savePoint_name 表示用户定义变量的保存点名。执行 ROLLBACK TRANSACTION savePoint_name 语句后，事务可以回滚到 savePoint_name 所标识的事务保存点，而不是回滚到事务的起点。

例如：在向 T_Employee 表中插入记录的事务内设置保存点。

```
use ExpressTest
GO
BEGIN TRANSACTION MYTRAN
    INERT INTO T_Employee(Name,BirthDate,NativeProvince,NativeCity, EntryDate,
PositionType,Salary)values('张三','1989-03-10 00:00:00','山东','青岛', '2019-5-21
00:00:00',3,3600)
SAVE TRANSACTION  s1        --设置事务保存点 s1
    INSERT   INTO   T_Employee(Name,BirthDate,NativeProvince,NativeCity,
EntryDate, PositionType,Salary)values('李四','1994-11-10 00:00:00','山东','济南',
'2019-6-23 00:00:00',3,3500)
rollback transaction s1   --事务回滚到保存点 s1
COMMIT TRANSACTION
select * from T_Employee   --将张三插入 T_Employee 表中，而没有将李四插入 T_Employee 表中
GO
```

4.3 视图

4.3.1 视图简介

1. 视图的概念

视图是数据库中的一种对象，是 DBMS 提供给用户以多种角度观察数据库中的数据的一

种重要机制。

视图是从一个或几个基本表（或视图）导出的表，它与基本表不同，是一个虚表。数据库只存放视图的定义，而不存放视图对应的数据，这些数据仍存放在原来的基本表中，所以基本表的数据发生变化，从视图中查询出的数据也就随之改变了。从这个意义上讲，视图就像是一个窗口，透过它可以看到数据库中自己感兴趣的数据及其变化。

对视图的操作与对基本表的操作一样，可以对其进行创建、修改、删除，也可以从视图中查询数据，但如果视图来源于多个基本表，则不能通过视图修改、新增和删除数据记录。

视图可以包括基本表的行和列的子集、两个或多个基本表的联合、两个或多个基本表的连接、基本表的统计汇总、另一个视图的子集、视图和基本表的混合。

2. 视图的特点

- 视图中的数据只是基本表数据的映射，供用户浏览查询，不属于视图本身。
- 基本表被修改或删除后，由于字段缺失或改名的原因，视图可能会出现错误，这时应重新创建视图。
- 视图的数量没有限制，但是命名不能与其他视图及表重复，具有唯一性。
- 视图可以被嵌套，一个视图中可以嵌套另一个视图。
- 视图中不能有索引、相关联的触发器和默认值，SQL Server 不允许在创建视图的查询语句中使用 ORDER BY 进行排序。

3. 视图的作用

1）隐藏数据库的复杂性

视图对应 DBMS 三层模式的外模式，它能够在一定程度上提供数据的逻辑独立性。视图机制可以是用户将注意力集中在关心的数据上，使用户眼中的数据库结构简单、清晰，并且可以简化用户的数据查询操作。

2）控制用户提取数据

- 通过将某些不需要的、敏感的或是不适当的数据控制在视图之外，可以为用户定制其个人所使用的表。
- 用户可以访问某些数据，进行查询和修改，但是表或数据库的其余部分是不可见的，也不能进行访问，保证了数据的安全性。

3）简化数据库用户管理

通过 GRANT（授权）、DENY（拒权）命令授予各种用户在视图上的操作权限，同时拒绝其在数据表上的操作权限，使用户只能查询和修改他们所能见到的数据，从而实现对底层基本表设计结构的保护。

4）改进性能

通过在视图中存储复杂查询的运算结果，并为其他查询提供这些摘要性的结果，使数据库的性能得到提高。

4. 视图的类型

视图的类型可以分为三类，分别是标准视图（普通视图）、索引视图、分区视图。

1）标准视图

标准视图存储的是 SELECT 查询语句。这类视图主要是组合一个或多个表中的数据，将重点放在特定数据及简化数据操作上。

2）索引视图

索引视图是被具体化了的视图。第一次使用索引视图时，SQL Server 会把索引视图的结果存储在数据库中，可以显著地提高某些查询的性能。索引视图比较适用于聚合多行的查询，但不太适用于经常变更的基本表。

3）分区视图

分区视图利用分区的概念，在一台或多台服务器间水平连接一组成员表中的分区数据，这样，数据看起来如同来自一个表。连接同一个 SQL Server 实例中的成员表的视图是一个本地分区视图。

4.3.2　创建视图

SQL Server 提供了以下两种创建视图的方法。

1．用 SQL Server 管理器创建视图

用 SQL Server 管理器创建视图，是一个比较简便的方式，下面将介绍创建视图的详细步骤。

（1）启动 SQL Server Management Studio 登录到指定的服务器，打开要创建视图的数据库文件夹，右击视图图标，在弹出的菜单中选择“新建视图”命令，如图 4-1 所示。

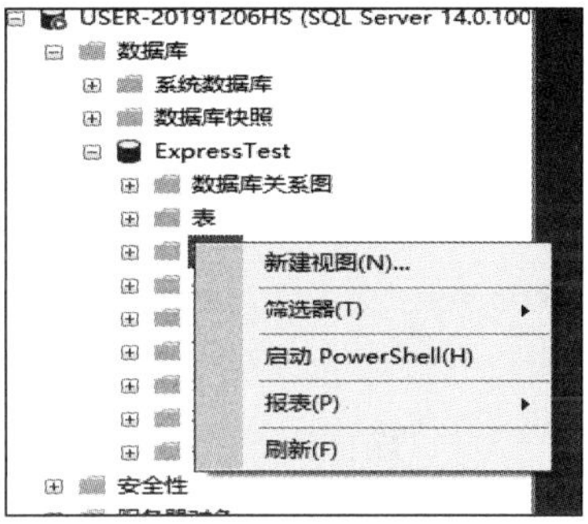

图 4-1　创建视图步骤图 1

（2）在弹出的“新建视图”界面，添加表，选择“T_Employee”表，出现“T_Employee”表中全部字段，如图 4-2 所示。

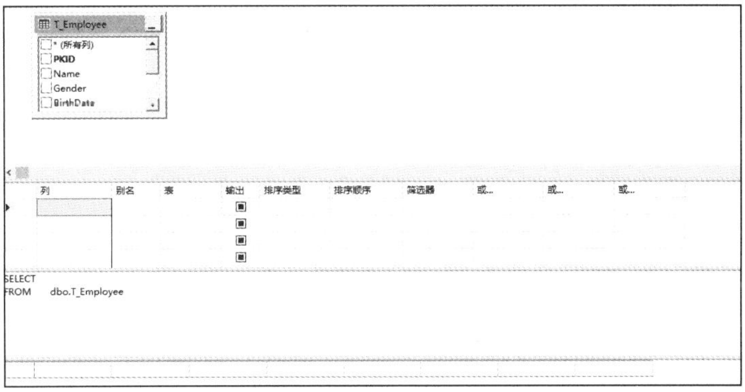

图 4-2　创建视图步骤图 2

（3）勾选相应的字段，分别修改别名，如图 4-3 所示。

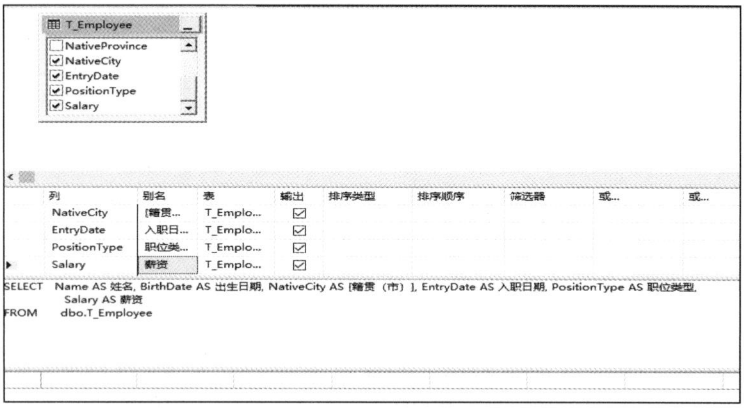

图 4-3 创建视图步骤图 3

图 4-3 中的代码为：

```
SELECT  Name AS 姓名, BirthDate AS 出生日期, NativeCity AS [籍贯（市）], EntryDate
AS 入职日期, PositionType AS 职位类型, Salary AS 薪资  FROM  dbo.T_Employee
```

（4）点击保存按钮，修改视图名称为“V_Employee”，得到视图。

（5）打开视图，得到如图 4-4 所示的数据，视图创建完成。

	姓名	出生日期	籍贯（市）	入职日期	职位类型	薪资
1	高晓强	2000-01-05 00:00:00	德州	2015-09-12 00:00:00	3	4000
2	刘智	1995-06-21 12:00:00	烟台	2016-02-15 09:31:00	3	3500
3	霍永祥	1993-11-07 00:00:00	大同	2016-02-15 09:46:00	3	3500
4	李太杰	1996-09-12 00:00:00	驻马店	2016-06-22 00:00:00	3	3700
5	郑民生	1994-05-29 00:00:00	新乡	2017-09-03 00:00:00	3	3800
6	赵同和	1995-01-30 00:00:00	十堰	2017-10-10 00:00:00	3	3800
7	钱穆	1987-07-20 00:00:00	东营	2018-04-25 00:00:00	3	3800
8	张三	1989-03-10 00:00:00	青岛	2019-05-21 00:00:00	3	3600

图 4-4 查询视图 V_Employee

2. 用 T-SQL 语句创建视图

用 T-SQL 语句中的 CREATE VIEW 命令创建视图，语法格式为：

```
CREATE VIEW 视图名[(列名[,…n])]  [WITH ENCRYPTION]  AS  select 语句  [ WITH
CHECK OPTION ]
```

注意事项：

- AS 后面只能有一条 SELECT 语句；
- 子查询中通常不包含 order by 子句、distinct 短语、into 关键字，不能引用临时表或表变量；
- WITH ENCRYPTION：对 sys.syscomments 表中包含 CREATE VIEW 语句文本的条目进行加密；
- WITH CHECK OPTION：强制针对视图执行的所有数据修改语句都必须符合在子查询中设置的条件，通过视图修改行时，WITH CHECK OPTION 可确保提交修改后，仍可通过视图看到数据，如果在子查询中的任何位置使用 TOP，则不能指定 WITH CHECK OPTION。

- 组成视图的属性列名要么全部指定，要么全部省略，不能指定一部分列名。
- 如果省略了列名，则默认该视图的属性列由创建视图的子查询中 SELECT 语句的目标属性列组成。
- 在遇到以下情况时，要么明确指定组成视图的所有属性列名，要么为 SELECT 子句中的列指定列别名：（1）某个目标列不是基本表中的列，而是由基本表中的列计算出来的，包括聚合函数和算术表达式；（2）多表连接时选出了几个同名的列作为视图的字段；（3）需要在视图中为某个列启用新的名字。

例 4-3 建立一个快递员基本信息的视图。

参考代码如下：

```
use ExpressTest
GO
IF  EXISTS(SELECT * from sysobjects where name='V_Employee')
DROP VIEW V_Employee
GO
CREATE VIEW V_Employee AS
(
    SELECT  Name AS 姓名, BirthDate AS 出生日期
            ,NativeCity AS [籍贯（市）], EntryDate AS 入职日期
            ,PositionType AS 职位类型, Salary AS 薪资
      FROM  T_Employee
)
```

例 4-4 创建一个内容为“2019 年从山东发往外省的货运单信息视图”。

参考代码如下：

```
use ExpressTest
IF EXISTS (SELECT * from sysobjects where name='V_ShanDongToOtherProvince2018')
      DROP VIEW V_ShanDongToOtherProvince2018
GO
CREATE VIEW V_ShanDongToOtherProvince2018
AS
SELECT  a.GoodsBillCode AS '货运单号'
      ,a.SendGoodsCustomerNo AS '发件客户代码'
      ,b.CustomerName AS '发件人姓名'
      ,a.SendGoodsDate AS '发件日期'
      ,a.FactDealDate AS '收件日期'
      ,a.SendGoodsAddr AS '发件地址'
      ,a.ReceiveGoodsAddr AS '收件地址'
      ,a.PackageWeight AS '包裹重量'
```

```
        ,a.CarriageFee AS '标准运费'
        ,a.CarriageFee*DiscountRate-ReduceFund+InsuranceFee AS '实际运费'
    FROM D_ShipList_Main a ,T_Customer b
    WHERE  YEAR(A.SendGoodsDate)='2019'
           AND ( a.SendGoodsAddr LIKE '%山东省%' AND a.ReceiveGoodsAddr NOT LIKE
'%山东省%' )
           AND a.SendGoodsCustomerNO=b.CustomerCode
```

4.3.3 视图的管理

1. 修改视图

1）利用 SQL Server 管理器修改视图

选中需要修改的视图，单击鼠标右键，在弹出的菜单里选择“设计”命令，即可对视图进行修改。

2）使用 ALTER VIEW 语句修改视图

使用 ALTER VIEW 语句修改视图的格式为：

```
ALTER VIEW<视图名>[(列名[,…n])]  AS  <子查询>
```

2. 删除视图

1）利用 SQL Server 管理器删除视图

选中需要删除的视图，单击鼠标右键，在弹出的菜单里选择“删除”命令，即可删除视图。

2）使用 DROP VIEW 语句删除视图

使用 DROP VIEW 语句删除视图的格式为:

```
DROP VIEW  <视图名>
```

3. 重命名视图

1）利用 SQL Server 管理器重命名视图

选中需要重命名的视图，单击鼠标右键，在弹出的菜单里选择“重命名”命令，即可重命名视图。

2）使用 SP_RENAME 修改视图的名称，语法形式如下：

```
SP_RENAME Old_ViewName, New_ViewName
```

4. 查看视图信息

每当创建一个新的视图后，在系统说明的系统表中就定义了该视图的存储，因此，可以使用系统存储过程 SP_HELP 显示视图特征，使用 SP_HELPTEXT 显示视图在系统表中的定义，使用 SP_DEPENDS 显示该视图所依赖的对象，它们的语法格式分别如下：

```
SP_HELP 数据库对象名称
SP_HELPTEXT 视图（触发器、存储过程）
SP_DEPENDS 数据库对象名称
```

4.3.4　视图的使用

使用视图修改数据时，需要注意以下几点：

- 如果视图来源于多个基本表，则不允许通过视图进行数据记录的插入、修改、删除。
- 如果在定义视图的语句中使用了聚合函数或 GROUP BY、HAVING 子句，则不允许通过视图进行数据记录的插入、修改和删除。
- 如果在定义视图的语句中使用了 DISTINCT 选项，则不允许通过视图进行数据记录的插入、修改和删除。
- 如果在视图定义语句中使用了 WITH CHECK OPTION 选项，则在视图上插入、修改的数据必须符合定义视图的 SELECT 语句的 WHERE 后所设定的条件。

4.4　存储过程

4.4.1　存储过程概述

1．存储过程的概念

使用 T-SQL 语句进行编程有两种方法：

- 一种是把 T-SQL 语句全部写在应用程序中，并存储在本地；
- 另一种是把部分 T-SQL 语句编写的程序作为存储过程存储在 SQL Server 中，只在本地的应用程序调用存储过程。大多数程序员偏向使用后者。

存储过程（Stored Procedure）是一组编译好的、存储在服务器上的、能完成特定功能的 T-SQL 语句集合，是数据库中的一个重要对象。存储过程驻留在数据库中，可以被应用程序调用，也可以被另一个存储过程调用。

2．存储过程的组成

存储过程由参数、编程语句和返回值组成。

- 可以通过输入参数向存储过程传递参数值，可以通过输出参数向存储过程的调用者传递多个输出值。
- 存储过程中的编程语句可以是 T-SQL 的控制语句、表达式、访问数据库的语句，也可以调用其他的存储过程。
- 存储过程只能有一个返回值，通常用于表示调用存储过程是成功还是失败。

3．使用存储过程的优点

- 存储过程只需编译一次，以后即可多次执行，因此可以提高应用程序的性能。
- 存储过程一经被创建，可以在程序中被多次调用。
- 修改存储过程不会影响应用程序源代码，因此极大地提高了程序的重用性、可维护性、共享性和可移植性。
- 在分布式架构中，存储过程存储在服务器中，只将运行结果传输给远程应用程序，能够减少网络流量。

- 存储过程可被作为一种安全机制来充分利用。

4. 存储过程的分类

SQL Server 不仅提供了用户自定义存储过程的功能，而且也提供了许多可以作为工具使用的系统存储过程。存储过程主要有系统存储过程、扩展存储过程、用户自定义存储过程三种。

1）系统存储过程

SQL Server 提供了许多预定义的存储过程，这些存储过程存储在 Master 数据库中（以 sp_ 为前缀），提供了有效的查询系统表的方法，以及许多系统管理功能。使用系统存储过程时，系统首先在当前数据库中寻找，如果没有找到，那么再到 Master 数据库中查找并执行。

常用的系统存储过程如表 4-4 所示。

表 4-4 常用的系统存储过程

系统存储过程	语 法 格 式	说　　明
sp_help	sp_help [[@objname =] name]	用于查看对象信息
sp_helpdb	sp_helpdb [[@dbname=] '数据库名']	用于查询数据库的信息
sp_helpconstraint	sp_helpconstraint '表名'	查看某个表的约束
sp_helpindex	sp_helpindex '表名'	查看某个表的索引
sp_databases	sp_databases	用于显示所有数据库的信息，如数据库名和数据大小
sp_renamedb	sp_renamedb old_name, new_name	更改数据库的名称
sp_rename	sp_rename old_name, new_name	用于在当前数据库中更改用户创建的对象名称，如数据表、字段、索引等
sp_tables	sp_tables [@table_type="'类型'"]	返回当前数据库中数据表和视图
sp_columns	sp_columns '表名'	返回某个数据表或视图的列信息
sp_password	sp_password [[@old=] 'old_password' ,]{ [@new =] 'new_password' }[, [@loginame =] 'login']	添加或修改登录账户的密码

2）扩展存储过程

SQL Server 中另一类的存储过程是扩展存储过程，它们是以 C 语言等编写的外部程序，以动态链接库（Dll）形式存储在服务器上，SQL Server 可以动态装载并执行它们。编写好扩展存储过程后，固定服务器角色（Sysadamin）成员即可在 SQL Server 服务器上注册该扩展存储过程，并将它们的执行权限授权其他用户。扩展存储过程只能添加到 Master 数据库中，通常以“xp_”为前缀。

扩展存储过程的工作方式：

（1）当客户端执行扩展存储过程时，采用表格格式数据流（TDS）或简单对象访问协议（SOAP）格式将请求从客户端应用程序传输到 SQL Server。

（2）SQL Server 搜索与扩展存储过程关联的 DLL，并加载此 DLL。

（3）SQL Server 调用请求的扩展存储过程（在 DLL 内部作为函数实现）。

（4）扩展存储过程通过扩展存储过程 API 传递结果集，并将参数返回给服务器。

3）用户自定义存储过程

用户自定义存储过程是指用户在 SQL server 中通过采用 SQL 语句创建的存储过程，或者使用向导创建的存储过程。通常，对用户自定义存储过程的命名以“usp_”为前缀。用户可以创建以下 3 种存储过程：

- 不带参数的存储过程；
- 带参数的存储过程；
- 带输出参数的存储过程。

4.4.2 存储过程的创建和执行

1. 存储过程的创建与执行方法

SQL Server 提供了以下两种创建存储过程的方法。

1）使用 SSMS 创建存储过程

- 依次选择“数据库”→“ExpressTest”→“可编程性”→“存储过程”节点，单击鼠标右键，在弹出的菜单中选择“新建”→“存储过程”命令，出现存储过程的编程模板，如图 4-5 所示。
- 修改存储过程的编程模板，插入需要的 T-SQL 代码。

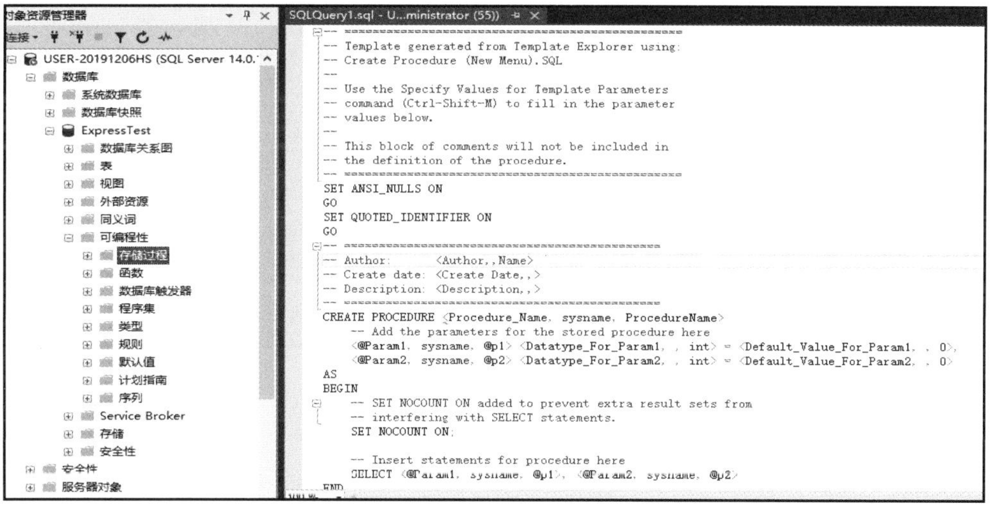

图 4-5　通过 SSMS 创建存储过程

2）通过 T-SQL 语句中的 CREATE PROC[EDURE]命令创建存储过程

- 创建存储过程的语法格式为：

```
CREATE PROC[EDURE] 存储过程名
    [@参数名  数据类型 [=default] [output]]
    [,…,n] [with Encryption]
    AS   SQL 语句
```

其中，存储过程可以带参数、输出参数，也可以不带参数，即参数可以省略，[with Encryption]表示对存储过程加密。

- 执行存储过程的语法格式为：

```
[ EXEC[UTE]] 存储过程名 [[@参数名=]参数值 |@变量名 [output]|[default] [, … n] ]
```

其中，参数名可以省略，此时参数值的顺序必须与存储过程中定义的输入参数的顺序一致，而当存储过程的代码中带有“@参数名”时，“@参数名=参数值”的顺序和存储过程定义的输入参数的顺序可以不一致。

2. 创建无参数的存储过程

创建无参数的存储过程，语法格式为：

```
CREATE  PROCEDURE  存储过程名
AS  SQL 语句
```

例如，创建一个存储过程，查询 2018 年的货运总费用。
参考代码如下：

```
use ExpressTest
GO
IF EXISTS(SELECT * from sysobjects where name='usp_TCarriageFee')
  drop procedure usp_TCarriageFee
GO
Create PROCEDURE usp_TCarriageFee
AS
BEGIN
  DECLARE @sumCarriageFee numeric(8,2)
  SELECT @sumCarriageFee=SUM(CarriageFee) FROM D_ShipList_Main
  WHERE YEAR(SendGoodsDate)=2018
  PRINT '2018 年的运费总额为:'+ CONVERT(VARCHAR(10),@sumCarriageFee)+'元'
END
GO
--执行存储过程
EXEC usp_TcarriageFee
```

3. 创建带参数的存储过程

创建带参数的存储过程，语法格式为：

```
CREATE  PROCEDURE  存储过程名
@参数 1  数据类型 [=默认值],
    ……
@参数 n  数据类型 [=默认值]
AS  SQL 语句
```

例如：创建一个存储过程，查询某年某个省份（默认值设为 2018 年山东）的货运量。
参考代码如下：

```
use ExpressTest
GO
IF EXISTS(SELECT * from sysobjects where name='usp_TJ')
  drop procedure usp_TJ
GO
CREATE PROCEDURE usp_TJ
(
 @Year INT = 2018 ,@proName varchar(10) = '山东'
)
AS
    BEGIN
 DECLARE @sumWeight DECIMAL(8,2)
 DECLARE @tmpName VARCHAR(20)
 SET @tmpName = @proName + '%'
    SELECT @sumWeight = SUM(PackageWeight) FROM dbo.D_ShipList_Main
 WHERE YEAR(SendGoodsDate) = @Year
    AND SendGoodsAddr LIKE @tmpName
PRINT  CONVERT(VARCHAR(4),@Year)  +  @proName  +  ' 共 运 输 货 物 '+
CONVERT(VARCHAR(10),@sumWeight) + '千克'
    END
```

执行该存储过程：

```
EXEC dbo.usp_TJ 2019,'山东'
```

4. 创建带输出参数的存储过程

创建带参数的存储过程，语法格式为：

```
CREATE  PROCEDURE  存储过程名
@参数 1  数据类型 [=默认值],
……
@参数 n  数据类型 OUTPUT
AS  SQL 语句
```

例如：统计某年平均货运量，将统计结果作为输出参数。
参考代码如下：

```
use ExpressTest
GO
IF EXISTS(SELECT * from sysobjects where name='usp_UJ')
  drop procedure usp_UJ
GO
CREATE PROCEDURE usp_UJ
```

```
(
  @Year INT = 2018,
  @avgWeight DECIMAL(8,2) output
)
AS
BEGIN
 SELECT @avgWeight =AVG(PackageWeight) FROM dbo.D_ShipList_Main
 WHERE YEAR(SendGoodsDate) = @Year
 PRINT CONVERT(VARCHAR(4),@Year) + '共运输货物'+ CONVERT(VARCHAR(10),
@avgWeight) + '千克'
END
```

执行该存储过程：

```
DECLARE @avgWeight DECIMAL(8,2)
EXEC usp_UJ 2018,@avgWeight output
```

5. 存储过程的返回值问题汇总

（1）存储过程按有无返回值和返回值类型共分为以下 3 类。

- 返回记录集的存储过程。其执行结果是一个记录集，如从数据库中检索出符合某一个或几个条件的记录。
- 返回数值的存储过程（也可以称为标量存储过程）。其执行完以后返回一个值，如在数据库中执行一个有返回值的函数或命令。
- 行为存储过程。用来实现数据库的某个功能，而没有返回值，如在数据库中的更新和删除操作。

（2）含有 RETURN 的存储过程的返回值为 RETURN 返回的那个值。

（3）没有 RETURN 的存储过程，不论执行结果有无记录集，其返回值是 0。

（4）带输出参数（Output）的存储过程：若含有 RETURN，则返回 RETURN 返回的那个值；若要 SELECT 输出参数，则出现输出参数的值，与有无 RETURN 无关。

6. 获得存储过程的信息

存储过程作为独立的数据库对象存储在系统表中，如果需要，用户可以查询到相应的存储过程定义，以了解存储过程的功能。

存储过程的定义可以通过当前数据库的 sys.sql_modules 和 sys.objects 系统视图查询得到。

例如：查询当前数据库全部的用户定义存储过程的定义。

参考代码如下：

```
Select definition from sys.sql_modules m join sys.objects o on m.object_id=
o.object_id Where type= 'P'
```

查询结果如图 4-6 所示。

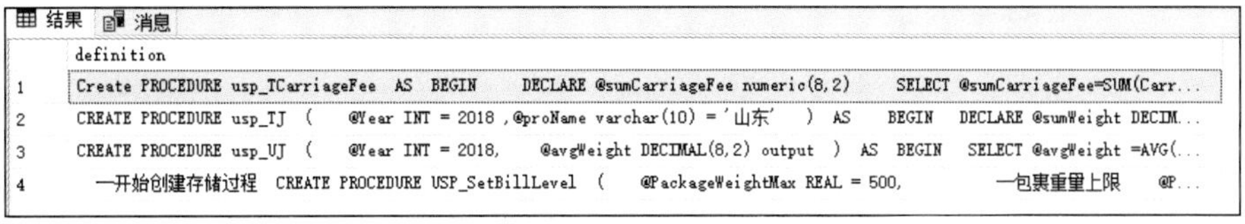

图 4-6　查询用户定义存储过程的定义

4.4.3　管理存储过程

对于存储过程的管理，我们可以利用 SSMS 实现对存储过程的修改、删除等，选择需要管理的存储过程进行，然后单击鼠标右键，在弹出的菜单中选择修改、删除等命令进行操作；也可以使用 ALTER PROCEDURE 语句修改已经存在的存储过程，使用 DROP PROCEDURE 语句删除那些不需要的存储过程，使用 SP_RENAME 重命名存储过程。

1. 使用 ALTER PROCEDURE 语句修改存储过程

使用 ALTER PROCEDURE 语句修改存储过程的语法格式为：

```
ALTER PROC[edure] 存储过程名
    [@参数名  数据类型 [=default] [output]]
    [,…,n] [with Encryption]
    AS   SQL 语句
```

对于存储过程的修改，相当于先删除旧存储过程，然后再建立起一个的新存储过程。在使用 ALTER PROCEDURE 语句时，要注意以下几方面的事项。

- 如果要修改具有任何选项的存储过程，如 WITH ENCRYPTION 选项，必须在 ALTER PROCEDURE 语句中包括该选项，以保留该选项提供的功能。
- ALTER PROCEDURE 语句只能修改一个单一的过程，如果一个存储过程调用其他存储过程，嵌套的存储过程不受影响。
- 在默认状态下，允许该语句的执行者是存储过程最初的创建者、Sysadmin 服务器角色成员、db_owner 与 db_ddladmin 固定的数据库角色成员，用户不能授权执行 ALTER PROCEDURE 语句。

2. 使用 DROP PROCEDURE 语句删除存储过程

使用 DROP PROCEDURE 语句删除存储过程的语法格式为：

```
DROP PROC[EDURE] 存储过程名
```

如果另一个存储过程引用某个已被删除的存储过程，那么 SQL Server 在执行引用进程时显示一条错误信息；但是，如果定义了具有相同名称和参数的新存储过程来替换已被删除的存储过程，那么引用仍能成功执行。

例如：如果存储过程 pro1 引用存储过程 pro2，而 pro2 已被删除，但又创建了另一个名为 pro2 的存储过程，现在 pro1 将引用这一新存储过程，pro1 也不必重新创建。

注意：在删除存储过程之前，先执行 sp_depends 存储过程来确定是否有对象依赖于此存储过程。

3. 使用 SP_RENAME 语句重命名存储过程

使用 SP_RENAME 语句重命名存储过程的语法格式为：

```
EXEC SP_RENAME  '原存储过程名' , '新存储过程名'
```

在使用 SP_RENAME 语句重命名存储过程之后，从 Management Studio 中生成 ALTER 脚本并执行它，以确保存储过程的名称正确更新。一般，不推荐重命名存储过程、视图等对象。

例如：将存储过程'sp_P1'重命名为'sp_P6'。参考代码如下：

```
EXEC SP_RENAME 'sp_P1',' sp_P6'
```

4.5 用户自定义函数

4.5.1 用户自定义函数概述

为了使用户对数据库进行查询和修改时更加方便，SQL Server 在 T-SQL 语言中提供了许多内置函数以供调用，用户也可以自己创建函数来实现一些特殊功能。

SQL Server 支持设计用户自定义函数，来补充和扩展系统支持的内置函数。SQL Server 用户自定义函数是接收参数、执行操作（例如复杂计算），并将操作结果以值的形式返回给调用者的例程。用户自定义函数不能用于执行一系列改变数据库状态的操作，但它可以像系统函数一样在查询或存储过程等程序段中使用。

在创建用户自定义函数时需要注意，函数名在数据库中必须唯一，用户自定义函数可接收零个或多个输入参数，最多可以有 1024 个参数，返回标量值或表。

在 SQL Server 中使用用户自定义函数有以下优点：

- 允许模块化程序设计；
- 执行速度更快；
- 减少网络流量。

在 SQL Server 中根据函数返回值形式的不同将用户自定义函数分为三种类型：标量函数、内联表值函数、多语句表值函数。

4.5.2 创建用户自定义函数

在 SQL Server Management Studio 中，展开具体需要创建 SQL Server 用户自定义函数的数据库（每个用户自定义函数只针对具体的一个数据库有用），然后找到可编程性选项，再展开找到函数选项，在具体的函数选项里面可通过鼠标右键菜单来添加用户自定义函数，如图 4-7 所示。

1. 创建标量函数

标量函数返回一个确定类型的标量值，其返回值类型为除 TEXT、NTEXT、IMAGE、CURSOR、TIMESTAMP 和 TABLE 类型外的其他数据类型。函数的语句定义在 BEGIN…END

语句内。在 RETURNS 子句中定义返回值的数据类型，并且函数的最后一条语句必须为 RETURN 语句。

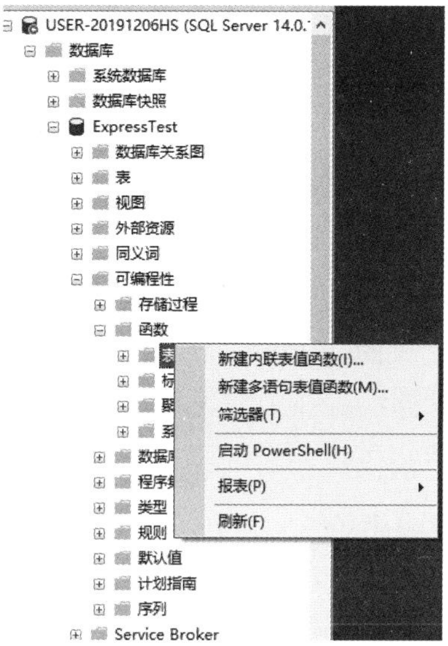

图 4-7　创建用户自定义函数

创建标量函数的语法格式为：

```
Create Function 函数名（参数）
RETURNS 返回值数据类型
[with {Encryption|Schemabinding}]
[AS]
BEGIN
   SQL 语句(必须有 Return 子句)
END
```

其中，若创建标量函数时使用了 Encryption 选项，则此标量函数将被加密；若使用了 Schemabinding 选项，则该标量函数所涉及的数据对象将不能被删除或修改，除非先删除该标量函数或通过修改标量函数创建语句去掉此选项。

例如：在 ExpressTest 库中定义一个标量函数，根据传入的省份名称计算该省的运单费用总和。

参考代码如下：

```
CREATE FUNCTION sumFeeOfProvince(@provinceName varchar(10)=null)
RETURNS decimal
AS
BEGIN
   DECLARE @sumFee decimal(10,2)
   DECLARE @proLikeName varchar(30)
   set @proLikeName = @provinceName + '%'
   SELECT @sumFee =sum(CarriageFee) FROM D_ShipList_Main
```

```
WHERE SendGoodsAddr like @proLikeName
    RETURN @sumFee
END
```

测试代码：

```
SELECT dbo.sumFeeOfProvince('山东')
```

2. 创建内联表值函数

内联表值函数以数据表的形式返回值，该数据表是由一个位于 RETURN 子句中的 SELECT 命令从数据库中筛选出来的。内联表值函数没有由 BEGIN…END 语句括起来的函数体，功能相当于一个参数化的视图。

创建内联表值函数的语法格式为：

```
Create Function 函数名（参数）
RETURNS table
[with {Encryption|Schemabinding}]
AS
RETURN(一条 SQL 语句)
```

例如：在 ExpressTest 库中定义一个内联表值函数，根据传入省份名称、发件年份、发件月份，查询相应的运单信息。

参考代码如下：

```
CREATE FUNCTION searchBillOrders(@proName varchar(10), @yearNum int=2018,
@monthNum int=1)
RETURNS TABLE
AS
RETURN(SELECT * FROM D_ShipList_Main where SendGoodsAddr LIKE @proName+'%'
      AND CONVERT(INT,YEAR(SendGoodsDate)) = @yearNum
      AND CONVERT(INT,MONTH(SendGoodsDate)) = @monthNum)
```

测试代码如下：

```
SELECT * FROM searchBillOrders('山东',2018,3)
SELECT *  FROM D_ShipList_Main
WHERE SendGoodsAddr LIKE '山东%'
      AND CONVERT(INT,YEAR(SendGoodsDate)) = 2018
      AND CONVERT(INT,MONTH(SendGoodsDate)) = 3
```

3. 创建多声明表值函数

多声明表值函数可以看作标量函数和内联表值函数的结合体。它的返回值是一个表，但它和标量型函数一样有一个用 BEGIN…END 语句括起来的函数体，返回值的表中的数据是由函数体中的语句插入的。由此可见，它可以进行多次查询，对数据进行多次筛选与合并，弥补了内联表值函数的不足。

创建多声明表值函数的语法格式为：

```
Create Function 函数名（参数）
RETURNS 表变量名 (表变量量字段定义)
[with {Encryption|Schemabinding}]
AS
BEGIN
   SQL 语句
   Return
END
```

例如：在 ExpressTest 库中创建一个多声明表值函数，根据传入的年份值，查找满足参数要求的所有运单，返回这些运单的运单号、发件日期、收件日期、发件省份、收件省份、包裹重量、基本运费、运单级别。

其中运单级别定义如下：

(1)如果订单运输单价大于等于本函数参数所确定年份的平均运输单价并且总费用大于等于 100 元，则为 A 类运单；

(2) 如果订单运输单价小于本函数参数所确定年份的平均运输单价但总费用大于等于 100 元，则为 B 类运单；

(3) 如果订单运输单价大于等于本函数参数所确定年份的平均运输单价但总费用小于 100 元，则为 C 类运单；

(4) 如果订单运输单价小于本函数参数所确定年份的平均运输单价并且总费用小于 100 元，则为 D 类运单。

参考代码如下：

```
CREATE FUNCTION  dbo.getBillLevelInfo2(@yearNum int = 2018)
RETURNS @MD_billLevelInfo TABLE (
 goodsBillCode varchar(20) not null PRIMARY KEY
 ,sendProvince varchar(10) not NULL
 ,receiveProvince varchar(10) NOT null
 ,sendGoodsDate  smalldatetime not NULL
 ,baseFee decimal(8,2)
 ,packageWeight decimal(6,2)
 ,billLevel varchar(10) not NULL
)
AS
BEGIN
 DECLARE @AvgFeePerKg decimal(6,2)
 DECLARE @billUnitFee varchar(30)
 DECLARE @Fee decimal(8,2)
 DECLARE @level VARCHAR(2)
```

```
    --查询 2018 年平均运输单价，赋给@AvgFeePerKg
    SELECT @AvgFeePerKg=ROUND(SUM(CarriageFee)/SUM(PackageWeight),2)
    from dbo.D_ShipList_Main WHERE YEAR(SendGoodsDate)=2018
    INSERT INTO @MD_billLevelInfo(goodsBillCode,sendProvince,receiveProvince
                      ,sendGoodsDate,baseFee,packageWeight,billLevel)
        SELECT
a.GoodsBillCode,LEFT(a.SendGoodsAddr,3),LEFT(a.ReceiveGoodsAddr,3)
             ,a.SendGoodsDate,a.carriageFee,a.PackageWeight
             ,billLevel=CASE
                  when  ((CarriageFee/PackageWeight-@AvgFeePerKg)  >=  Convert
(decimal(8,2),0)) AND (CarriageFee>=100) then 'A'
                  when  ((CarriageFee/PackageWeight-@AvgFeePerKg)  <  Convert
(decimal(8,2),0)) AND (CarriageFee>=100) then 'B'
                  when  ((CarriageFee/PackageWeight-@AvgFeePerKg)  >=  Convert
(decimal(8,2),0)) AND (CarriageFee<100) then 'C'
                  when  ((CarriageFee/PackageWeight-@AvgFeePerKg)  <  Convert
(decimal(8,2),0)) AND (CarriageFee<100) then 'D'
                  else 'E'
                  end
         FROM dbo.D_ShipList_Main a
    WHERE YEAR(SendGoodsDate)=@yearNum
    RETURN
   END
```

测试代码如下：

```
SELECT * from dbo.getBillLevelInfo2(2018)
```

4.5.3 管理用户自定义函数

1. 查看用户自定义函数

- 使用 sys.sql_modules、object_definition 或 sp_helptext 等工具查看用户自定义函数的定义（用于创建用户定义函数的 T-SQL 语句）；
- 使用 sys.objects、sys.parameters 或 sp_help 等工具查看有关用户自定义函数的信息（如函数的架构、创建时间及其参数）；
- 使用 sys.sql_expression_dependencies、sys.dm_sql_referenced_entities 或 sys.dm_sql_referencing_entities 等工具查看用户自定义函数的依赖关系（指定函数所使用的对象及使用指定函数的对象）。

2. 执行用户自定义函数

可以在查询、其他语句或表达式（如计算列或字符串表达式）中调用用户自定义函数，可以使用 EXECUTE 语句执行标量函数。

1）调用返回标量值的用户自定义函数

在 T-SQL 语句中允许在标量表达式的任何位置调用返回标量值（与标量表达式的数据类型相同）的用户自定义函数。必须使用至少由“架构名.函数名”两部分组成的名称格式来调用标量函数。

例如：调用创建的用户自定义函数 sumFeeOfProvince，返回山东省内运单费用总和。

参考代码如下：

```
SELECT dbo.sumFeeOfProvince('山东') AS 山东省运单费用总和
```

2）执行返回标量值的用户自定义函数

可采用与存储过程相同的方式执行返回标量值的用户自定义函数。当执行返回标量值的用户自定义函数时，指定参数的方式与存储过程指定的方式相同：

- 参数不在括号中；
- 可以指定参数名称；
- 若指定参数名称，则参数值的序列不必与定义的参数序列相同。

例如：执行创建的用户自定义函数 sumFeeOfProvince。

参考代码如下：

```
DECLARE @return_sumFee varchar(10)
EXEC @return_sumFee=sumFeeOfProvince '山东'
SELECT @return_sumFee AS 山东省运单费用总和
```

3）执行返回表数据类型的用户自定义函数

在 SELECT、INSERT、UPDATE 或 DELETE 语句的 FROM 子句中允许出现表达式的位置调用，并返回 table 的用户自定义函数。可以在调用返回表的用户自定义函数后加上可选的表别名。

例如：调用创建的用户自定义函数 getBillLevelInfo2，返回 2018 年的所有运单。

参考代码如下：

```
SELECT * from getBillLevelInfo2(2018)
```

4）调用内联表值函数

调用内联表值函数应该使用 sys 架构限定符，因为该限定符可以防止与具有相同名称的用户自定义函数发生冲突。

例如：调用系统内联表值函数 fn_helpcollations，返回 SQL Server 支持的所有排序规则的列表。

参考代码如下：

```
SELECT * FROM sys.fn_helpcollations();
```

3. 修改用户自定义函数

使用 ALTER FUNCTION 语句可修改现有的用户定义函数，但不更改权限，也不影响任何相关的函数、存储过程和触发器。语法格式为：

```
ALTER FUNCTION 函数名（参数）
```

```
<用户自定义函数>
```

其中，用户自定义函数与 CREATE FUNCTION 语句中函数的定义格式相同，函数类型不能修改，即不能用 ALTER FUNCTION 将标量函数更改为内联表值函数，反之亦然；也不能用 ALTER FUNCTION 将内联表值函数更改为多语句表值函数，反之亦然。

4. 删除用户自定义函数

使用 DROP FUNCTION 语句可删除用户自定义函数，其语法格式为：

```
DROP FUNCTION 函数名（参数）
```

可以选择是否指定架构名称（如 dbo），不能指定服务器名称和数据库名称。

例如：删除创建的用户自定义函数 getBillLevelInfo。

参考代码如下：

```
DROP FUNCTION getBillLevelInfo
```

4.6 游标与数据遍历

4.6.1 游标概述

一个对表进行操作的 SQL 语句通常都可产生或处理一组记录，但是许多应用不能把整个结果集作为一个单元来处理，所以就需要一种机制来保证每次处理结果集中的一行或几行，游标就提供了这种机制。

游标由查询结果集和游标位置（可以理解为指向当前数据行的指针）构成。游标是系统为用户开设的一个数据缓冲区，存放 SQL 语句的结果数据集，每个游标都有一个名字，通过移动游标名代表的指针来访问数据集中的数据。

由 SELECT 语句返回的行集包括所有满足 WHERE 子句中条件的记录，由该语句返回的这一完整的行集被称为结果集。使用游标，可以对由 SELECT 语句所返回的结果集进行逐行处理。

SQL 游标的优点是可以方便从一个结果集中循环遍历数据并进行操作，具体如下所述：

- 游标允许应用程序对查询语句 SELECT 返回的行结果集中每一行进行相同或不同的操作，而不是一次对整个结果集进行同一种操作；
- 它还提供基于游标位置而对表中数据进行删除或更新的能力；
- 游标把作为面向集合的数据库管理系统和面向行的程序设计两者联系起来，使两个数据处理方式能够进行沟通。

然而，复杂和低效是游标的最大缺点，也是致使很多时候在使用存储过程中没有想到游标的主要原因。

4.6.2 游标的使用

使用游标一般需要经历以下 5 个步骤，分别是声明游标（DECLARE）、打开游标（OPEN）、使用游标（FETCH）、关闭游标（CLOSE）和释放游标（DEALLOCAT）。

1. 声明游标

声明游标的语法格式为：

```
DECLARE<游标名>[INSENSITIVE] [SCROLL] CURSOR [LOCAL/GLOBAL]
FOR <SELECT 语句>
[FOR{READ ONLY | UPDATE[OF<列名>]}]
```

说明：

- INSENSITIVE 表示定义游标时将在数据库中创建一个临时表，用于存储由该游标使用的数据，并且该游标不允许修改；
- SCROLL 说明所声明的游标可以在定义的数据集中向任意方向滚动，若不指定 SCROLL，则只能使用 FETCH NEXT 选项；
- LOCAL 意味着游标只在批处理、函数或存储过程中可见，而 GLOBAL 意味着游标对于特定连接作为上下文，在全局内有效；
- READ ONLY 表示当前游标集中的元组仅可以查询，不能修改；
- UPDATE{OF<列名>}表示可以对当前游标集中的元组进行更新操作。如果有 OF<列名>}，表示仅可以对游标集中指定的属性列进行更新操作。

2. 打开游标

当定义完游标后，如果要使用游标，需要先打开游标，只有简单一行代码：

```
OPEN <游标名>
```

注意，当全局游标和局部游标变量重名时，默认会打开局部变量游标。

3. 使用游标

游标的使用分为两部分，一部分是操作游标在数据集内的指向，另一部分是将游标所指向的行的部分或全部内容进行操作，其语法格式为：

```
FETCH [ NEXT | PRIOR | FIRST | LAST | ABSOLUTE { n | @navr } | RELATIVE { n | nvar} ] FROM 游标 } [ INTO @变量名 [,…] ]  FROM <游标名>
```

说明：

（1）NEXT | PRIOR | FIRST | LAST 说明读取数据的位置。

- NEXT：读取当前行的下一行，并使其置为当前行。
- PRIOR：读取当前行的前一行，并使其置为当前行，若是第一次操作，则无值返回，游标被置于第一行之前。
- FIRST：读取第一行，并使其置为当前行。
- LAST：读取最后一行，并使其置为当前行。

（2）ABSOLUTE {n | @navr } | RELATIVE {n | @navr }给出读取数据的位置与游标或当前位置的关系，其中 n 必须为整型常量，@navr 必须为 smallint、tinyint 或 int 型的数据。

4. 关闭游标

在游标使用完之后，一定要记得关闭，只需要一行代码：

```
CLOSE <游标名>
```

5. 释放游标

游标关闭之后，其定义仍在，需要时使用 OPEN 语句打开后使用。若确认游标不再需要，则需要释放其定义占用的系统空间，即删除游标：

```
DEALLCATE <游标名>
```

4.6.3 SQL Server 中遍历数据的方法

在数据库开发过程中，我们经常会碰到要遍历数据表的情形，总结起来，遍历数据表有下面几种方法：

- 使用游标；
- 使用表变量；
- 使用临时表。

其中，使用游标的方法直观易懂，但它不符合面向集合操作的原则，而且性能也比面向集合低，使用游标的方法经常会比使用面向集合的方法慢，当游标定义在大数据量时会更慢。如果可能，尽量使用 while、子查询、临时表、函数、表变量等来替代游标。

例如：针对货运差错类型字典表（T_ErrorType），将原 ErrorName 字段内容前加入“错误：”字符串。

1）方法一（使用游标）

```
-- 声明变量
DECLARE
    @PKID AS INT,
    @ErrorName AS NVARCHAR(50),
    @ErrorRemark AS NVARCHAR(100);
-- 声明游标
DECLARE C_ErrorType CURSOR FAST_FORWARD FOR
    SELECT PKID,ErrorName,ErrorRemark
    FROM [dbo].[T_ErrorType]
        ORDER BY PKID;
OPEN C_ErrorType;
-- 取第一条记录
FETCH NEXT FROM C_ErrorType INTO @PKID,@ErrorName,@ErrorRemark;
WHILE @@FETCH_STATUS=0
BEGIN
    -- 操作
    UPDATE [dbo].[T_ErrorType] SET ErrorName= '错误：'+@ErrorName WHERE
PKID=@PKID;
    --恢复内容语句
    --UPDATE [dbo].[T_ErrorType] SET ErrorName= SUBSTRING(@ErrorName,4,
```

```
LEN(@ErrorName)-3) WHERE PKID=@PKID;
        -- 取下一条记录
        FETCH NEXT FROM C_ErrorType INTO @PKID,@ErrorName,@ErrorRemark;
      END
      -- 关闭游标
      CLOSE C_ErrorType;
      -- 释放游标
      DEALLOCATE C_ErrorType
```

2）方法二（使用表变量）

```
    -- 声明表变量
      DECLARE @temp TABLE
     (
    PKID INT,
        ErrorName NVARCHAR(50),
        ErrorRemark NVARCHAR(100)
     );
        -- 将源表中的数据插入到表变量中
     INSERT INTO @temp(PKID, ErrorName, ErrorRemark )
     SELECT PKID, ErrorName, ErrorRemark FROM T_ErrorType
        ORDER BY PKID;
     -- 声明变量
        DECLARE
       @PKID AS INT,
       @ErrorName AS NVARCHAR(50),
       @ErrorRemark AS NVARCHAR(100);
     WHILE EXISTS(SELECT PKID FROM @temp)
     BEGIN
        -- 也可以使用 top 1
        SET ROWCOUNT 1
        SELECT @PKID= PKID, @ErrorName= ErrorName,@ErrorRemark= ErrorRemark FROM
@temp;
        UPDATE T_ErrorType SET ErrorName= '错误：'+@ErrorName WHERE PKID= @PKID;
        --恢复数据
     --UPDATE T_ErrorType SET ErrorName= SUBSTRING(@ErrorName,4,LEN(@ErrorName)
-3) WHERE PKID=@PKID;
        SET ROWCOUNT 0
        DELETE FROM @temp WHERE PKID=@PKID;
     END
```

4.7 T-SQL 编程案例

案例 1：找出指定年份和省份的货运总重量。

案例 1 代码如下：

```
CREATE PROCEDURE USP_TJ
(
  @Year INT = 2018                          --年份
  ,@proName varchar(10) = '山东'
)
AS
  BEGIN
 DECLARE @sumWeight DECIMAL(8,2)
 DECLARE @tmpName VARCHAR(20)
 SET @tmpName = @proName + '%'
 SELECT @sumWeight = SUM(PackageWeight) FROM dbo.D_ShipList_Main
 WHERE YEAR(SendGoodsDate) = @Year
     AND SendGoodsAddr LIKE @tmpName

 PRINT CONVERT(VARCHAR(4),@Year) + @proName + '共运输货物' + CONVERT(VARCHAR(10),
@sumWeight) + '千克'
 END
```

案例 1 测试代码如下：

```
EXEC dbo.usp_tj 2019,'山东'
```

案例 2：在存储过程中利用游标逐行修改数据表内容。创建一个存储过程，根据传入的 3 个参数（运单重量上限、运单重量下限、年份）查找满足参数要求的所有运单，利用游标遍历这些运单，并为这些运单设置运单级别字段（BillLevel）值。

其中运单级别定义如下：

- 如果订单运输单价大于等于本函数参数所确定年份的平均运输单价并且总费用大于等于 100 元，则为 A 类运单；
- 如果订单运输单价小于本函数参数所确定年份的平均运输单价但总费用大于等于 100 元，则为 B 类运单；
- 如果订单运输单价大于等于本函数参数所确定年份的平均运输单价但总费用小于 100 元，则为 C 类运单；
- 如果订单运输单价小于本函数参数所确定年份的平均运输单价并且总费用小于 100 元，则为 D 类运单。

案例 2 代码如下：

```
--如果表中没有订单级别(BillLevel)字段，则添加
```

```
ALTER TABLE D_ShipList_Main ADD BillLevel VARCHAR(10)

--若存储过程已存在，则删除之
IF EXISTS ( SELECT * FROM SYSOBJECTS WHERE NAME = 'USP_SetBillLevel' )
  DROP PROCEDURE USP_SetBillLevel
GO

--开始创建存储过程
CREATE PROCEDURE USP_SetBillLevel
(
  @PackageWeightMax REAL = 500,          --包裹重量上限
  @PackageWeightMin REAL = 1,            --包裹重量下限
  @Year INT = 2018                       --年份
)
AS
  BEGIN
   --声明游标
    DECLARE C_ShipList_Main CURSOR FOR SELECT GoodsBillCode,CarriageFee,
DiscountRate,PayKickBack,InsuranceFee,PackageWeight
    FROM D_ShipList_Main
    WHERE PackageWeight >= @PackageWeightMin
          AND PackageWeight <= @PackageWeightMax
          AND YEAR( SendGoodsDate ) = @Year

    --定义变量：@CarriageUnitPrice：包裹运输单价，@AVGCarriageUnitPrice：某年份
的平均运输单价，@FactCarriageFee：实际运费
    DECLARE @CarriageUnitPrice DECIMAL( 5,2 )
    DECLARE @AVGCarriageUnitPrice DECIMAL( 5,2 )
    DECLARE @FactCarriageFee DECIMAL( 5,2 )

    --定义变量，用于存储游标所指向数据行的各字段值
    DECLARE @GoodsBillCode VARCHAR(50)
    DECLARE @CarriageFee DECIMAL(8,2)
    DECLARE @DiscountRate DECIMAL(4,2)
    DECLARE @PayKickBack DECIMAL(8,2)
    DECLARE @InsuranceFee DECIMAL(8,2)
    DECLARE @PackageWeight DECIMAL(6,2)

    --获取@Year 所标识年份的平均输单价(@CarriageUnitPrice)
    SELECT @AVGCarriageUnitPrice = AVG( CONVERT( DECIMAL( 6,2 ), ( CarriageFee
/ PackageWeight ) ) )
```

```
        FROM D_ShipList_Main
        WHERE YEAR( SendGoodsDate ) = @Year

        -- 打开游标
        OPEN C_ShipList_Main

        -- 获取游标所指向的数据记录中的第 1 行数据，并存入相应的变量中
        FETCH  NEXT  FROM  C_ShipList_Main  INTO  @GoodsBillCode,@CarriageFee,
@DiscountRate,@PayKickBack,@InsuranceFee,@PackageWeight

        --循环处理游标所指向的每个数据行，直到游标指向的最后一行处理完
        WHILE @@FETCH_STATUS = 0
            BEGIN
              --取得当前订单记录的包裹运输单价(@CarriageUnitPrice)和实际运费
(@FactCarriageFee)
                SELECT @CarriageUnitPrice = CONVERT( DECIMAL( 6,2 ), ( @CarriageFee
/ @PackageWeight ) )
                SELECT @FactCarriageFee =  CONVERT( DECIMAL( 6,2 ), ( @CarriageFee
* @DiscountRate - @PayKickback + @InsuranceFee ) )

                                --设置当前记录行的 BillLevel 字段值
                UPDATE D_ShipList_Main SET BillLevel = CASE
                                WHEN @CarriageUnitPrice >= @AVGCarriageUnitPrice AND
@FactCarriageFee >= 100 THEN 'A'
                                WHEN @CarriageUnitPrice < @AVGCarriageUnitPrice AND
@FactCarriageFee >= 100 THEN 'B'
                                WHEN @CarriageUnitPrice >= @AVGCarriageUnitPrice AND
@FactCarriageFee < 100 THEN 'C'
                                WHEN @CarriageUnitPrice < @AVGCarriageUnitPrice AND
@FactCarriageFee < 100 THEN 'D'
                                END
              WHERE GoodsBillCode = @GoodsBillCode

              --取游标所指向的下一行数据
              FETCH NEXT FROM C_ShipList_Main INTO @GoodsBillCode, @CarriageFee,
@DiscountRate,@PayKickBack,@InsuranceFee,@PackageWeight
            END

              --处理完毕，关闭游标
        CLOSE C_ShipList_Main
        --释放游标
```

```
    DEALLOCATE C_ShipList_Main
  END
```

案例 2 测试代码如下：

```
EXEC USP_SetBillLevel 500,1,2017
```

第 5 章　基于 Java 的数据库操作

随着数据库管理系统在工作和生活中的广泛使用，如何快速简便地调用数据库中的数据及对数据库进行操作成为近年来信息科学研究的热点之一，而 JDBC 的广泛应用成功地解决了这个难题。

本章主要阐述 JDBC 的概念和原理，对操作数据库的 JDBC 中常用类和接口（Connection、Statement、ResultSet、PreparedStatment、DriverManager 等）逐一进行了详细说明，并通过案例讲述了如何使用这些类与接口进行数据库的创建、数据表的创建与更新，以及对库中数据进行增、删、改、查操作的方法。

重点和难点：

- ⊙ JDBC 的工作原理
- ⊙ JDBC 常用的类和接口
- ⊙ 在程序中使用 JDBC 进行数据库操作

5.1　JDBC 概述

1. 什么是 JDBC

JDBC 全称为 Java Database Connectivity（Java 数据库连接），即 Java 数据库编程接口，是 Java 语言访问数据库的一种规范，是一套应用程序接口（API），以标准 Java 语言中的类和接口形式提供给使用者。使用这些类和接口，Java 客户端程序可以访问各种不同的类型的数据库，如建立数据库连接、执行 SQL 语句进行数据的存取操作，所以，JDBC 是连接 Java 应用程序和数据库之间的桥梁，如图 5-1 所示。

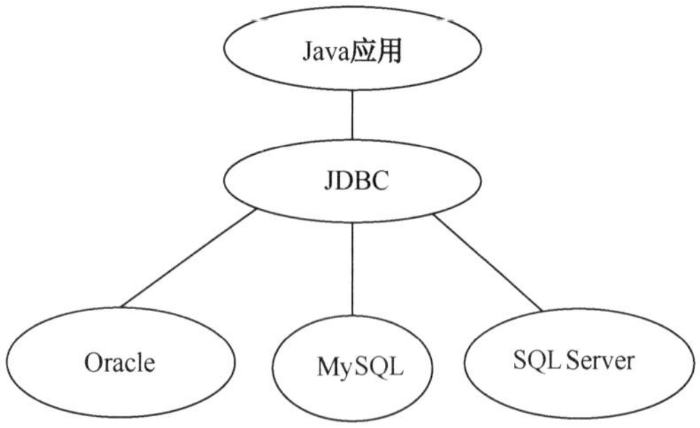

图 5-1　JDBC 体系结构

2. JDBC 的工作原理

JDBC 的工作原理主要分以下 3 个步骤。

（1)加载数据驱动：调用 Class.forName 方法，可以加载数据库驱动 com.MySQL.jdbc.driver。关于数据库驱动的理解，其实是 SUN 公司给了一个 Driver 的接口，然后各个数据厂商根据自己的数据库来实现这个接口，当要访问数据库的时候，需要引入这个第三方类库。类的加载主要分为 5 个部分——加载、验证、准备、解析、初始化。在初始化的部分用到了 DriverManager.registerDriver()方法，将自己注册给 DriverManager 的 Driver 接口，这个地方体现了类方法的多态，这个时候就可以使用 Driver 接口了。

（2）获取数据库连接，调用 DriverManager.getConnection()方法。这个方法返回一个实现了 Connection 接口的对象。

（3）然后利用 Connection 对象创建 Statement，发送 SQL 语句访问数据库。

3. JDBC 的优势

JDBC 作为连接 Java 应用程序与各种关系数据库的纽带，具有以下多种优势。

（1）不受供应商限制。JDBC 设有两种接口：一个面向应用程序层，其作用是使得开发人员在通过 SQL 语句调用数据库和处理结果时，而不需要考虑数据库的提供商；另一个面向驱动程序层，处理与具体驱动程序的交互，JDBC 驱动程序可以利用 JDBC API 创建 Java 程序和数据源之间的桥梁。应用程序只需要编写一次，便可以移到各种驱动程序上运行。Sun 提供了一个驱动管理器，数据库供应商（如 MySQL、Oracle）提供的驱动程序满足驱动管理器的要求就可以被识别，就可以正常工作。所以 JDBC 不受数据库供应商的限制。

（2）操作便捷。JDBC 使得开发人员不需要再使用复杂的驱动器调用命令和函数。

（3）可移植性强。JDBC 支持不同的关系数据库，所以可以使同一个应用程序支持多个数据库的访问，只要加载相应的驱动程序即可。

（4）通用性好。JDBC-ODBC 桥接驱动器将 JDBC 函数换成 ODBC 函数。

（5）面向对象。可以将常用的 JDBC 数据库连接封装成一个类，在使用的时候直接调用即可。

随着越来越多的程序员开始使用 Java 编程语言，对从 Java 中便捷地访问数据库的要求也在日益增加，而 JDBC 扩展了 Java 语言在数据管理方面的功能。例如，用 JDBC API 可以发布含有 applet 的网页，而该 applet 使用的信息可能来自远程数据库；企业也可以用 JDBC 通过 Intranet 将所有职员连到一个或多个内部数据库中（即使这些职员所用的计算机有 Windows、 Macintosh 和 UNIX 等各种不同的操作系统）。

5.2 JDBC 中常用的类和接口

1. Connection 接口

Connection 接口代表数据库连接对象，每个 Connection 接口代表一个物理连接会话。要想访问数据库，必须先得到数据库连接。该接口的常用方法如表 5-1 所示。

2. Statement 接口

Statement 接口是用于执行 SQL 语句的工具接口。该接口既可以执行 DDL、DCL 语句，也可以执行 DML 语句，还可以用于执行 SQL 查询。当执行 SQL 查询时，返回查询到的结果集。Statement 接口的常用方法如表 5-2 所示。

表 5-1 connection 接口的常用方法

常用方法	功能描述
createStatement()	创建一个 Statement 对象
createStatement(int resultSetType, int resultSetConcurrency)	创建一个 Statement 对象，该对象生成具有给定类型、并发性和可保存的 ResultSet 对象
PrearedStatement()	创建预处理对象 PreparedStatement
isReadOnly()	查看当前 Connection 对象的读写模式是否为只读模式
setReadOnly()	设置当前 Connection 对象的读写模式，默认是非只读模式
commit()	使上一次提交/回滚之后进行的更改成为持久更改，并释放此 Connection 对象当前所持有的所有数据库锁
setAutoCommit()	设置对数据库的更改是否为自动提交，默认是自动提交（True）
rollback()	回滚当前事务中的所有改动并释放当前连接持有的数据库的锁
close()	立即释放连接对象的数据库和 JDBC 资源

表 5-2 Statement 接口的常用方法

常用方法	功能描述
execute(String sql)	执行静态的 SELECT 语句，该语句可能返回多个结果集
executeQuery(String sql)	执行给定的 SQL 语句，该语句返回单个 ResultSet 对象
clearBatch()	清空此 Statement 的当前 SQL 命令列表
executeBatch()	将一批命令提交给数据库来执行，如果全部命令执行成功则返回更新计数组成的数组。数组元素的排序与 SQL 语句的添加顺序对应
addBatch()	将给定的 SQL 命令添加到此 Statement 对象的当前命令列表中。如果驱动程序不支持批量处理，将抛出异常
close()	释放 Statement 实例占用的数据库和 JDBC 资源

3. ResultSet 接口

ResultSet 接口类似于一个临时表（实际上也是一个缓存区），用来暂时存放数据库查询操作所获得的结果集。ResultSet 接口的常用方法如表 5-3 所示。

表 5-3 ResultSet 接口的常用方法

常用方法	功能描述
getInt()	以 Int 形式获取此 ResultSet 对象的当前行的指定列值（可以使用栏位名称或者栏位索引值）。如果列值为 NULL，则返回值是 0
getFloat()	以 Float 形式获取此 ResultSet 对象的当前行的指定列值（可以使用栏位名称或者栏位索引值）。如果列值为 NULL，则返回值是 0
getDate()	以 Date 形式获取此 ResultSet 对象的当前行的指定列值（可以使用栏位名称或者栏位索引值）。如果列值为 NULL，则返回值是 null
getBoolean()	以 Boolean 形式获取此 ResultSet 对象的当前行的指定列值（可以使用栏位名称或者栏位索引值）。如果列值为 NULL，则返回值是 null

续表

常用方法	功 能 描 述
getString()	以 String 形式获取此 ResultSet 对象的当前行的指定列值(可以使用栏位名称或者栏位索引值)。如果列值为 NULL，则返回值是 null
getObject()	以 Object 形式获取此 ResultSet 对象的当前行的指定列值(可以使用栏位名称或者栏位索引值)。如果列值为 NULL，则返回值是 null
first()	将指针移到当前记录的第一行
last()	将指针移到当前记录的最后一行
next()	将指针向下移一行
beforeFirst()	将指针移到集合的开头（第一行位置）
afterLast()	将指针移到集合的尾部（最后一行位置）
absolute(int index)	将指针移到 ResultSet 给定编号的行
isFirst()	判断指针是否位于当前 ResultSet 集合的第一行。如果是返回 true，否则返回 false
isLast()	判断指针是否位于当前 ResultSet 集合的最后一行。如果是返回 true，否则返回 false
updateInt()	用 Int 值更新指定列
updateFloat()	用 Float 值更新指定列
updateLong()	用 Long 值更新指定列
updateString()	用 String 值更新指定列
updateObject()	用 Object 值更新指定列
updateNull()	将指定的列值修改为 NULL
updateDate()	用指定的 Date 值更新指定列
updateDouble()	用 Double 值更新指定列
getRow()	查看当前行的索引号
insertRow()	将插入行的内容插入数据库中
updateRow()	将当前行的内容同步到数据库
deleteRow()	删除当前行，但是不同步到数据库中，而是在执行 close()方法之后同步到数据库中

4. PreparedStatment 接口

PreparedStatment 接口用来动态地执行 SQL 语句。通过 PreparedStatment 实例执行的动态 SQL 语句，将被预编译并保存到 PreparedStatment 实例中，从而可以重复地执行该 SQL 语句。PreparedStatment 接口的常用方法如表 5-4 所示。

表 5-4　PreparedStatment 接口的常用方法

常用方法	功能描述
SetInt(int index, int k)	将指定位置的参数设置为 int 值
SetFloat(int index, float f)	将指定位置的参数设置为 float 值
SetLong(int index, long l)	将指定位置的参数设置为 long 值
SetDouble(int index, double d)	将指定位置的参数设置为 double 值
SetBoolean(int index, boolean b)	将指定位置的参数设置为 boolean 值
SetDate(int index, Date date)	将指定位置的参数设置为 date 值
executeQuery()	在此 PreparedStatment 对象中执行 SQL 查询，并返回该查询生成的 ResultSet 对象

续表

常用方法	功能描述
setString(int index, String s)	将指定位置的参数设置为 String 值
SetNull(int index, int sqlType)	将指定位置的参数设置为 SQL NULL
executeUpdate()	执行前面包含的参数的动态 insert、update 或 delete 语句
clearParemeters()	清除当前所有的参数值

5. DriverManager 类

DriverManager 类用来管理数据库中的所有驱动程序。它是 JDBC 的管理层，作用于用户和驱动程序之间，跟踪可用的驱动程序，并在数据库的驱动程序之间建立连接。如果通过 getConnection()方法可以建立连接，则经连接返回，否则抛出 SQLException 异常。DriverManager 类的常用方法如表 5-5 所示。

表 5-5 DriverManager 类的常用方法

常用方法	功 能 描 述
getConnection(String sql, String user, String password)	指定三个入口参数（依次是连接数据库的 URL、用户名和密码）来获取与数据库的连接
setLLoginTimeout	获取驱动程序试图登录到某一数据库时可以等待的最长时间，以秒为单位
println(String message)	将一条消息打印到当前的 JDBC 日志流中

5.3 数据库操作

1. 创建数据库

创建数据库是用 SQL 语句“create database”来实现的，其语法形式如下：

```
Create database database_name
```

上述语句中 database_ name 参数表示所要创建的数据库名字，在具体创建数据库时，数据库名不能与已经存在的数据库名重名。除上述要求外，推荐数据库名命名（标识符）规则如下：

- 由字母、数字、下画线、@、#和$符号组成，其中字母可以是英文字符 a~z 或 A~Z，也可以是其他语言的字母字符。
- 首字母不能是数字和$符号。
- 不允许有空格和特殊字符。
- 长度小于 128 位。

2. 查询和选择数据库

查询数据库是用 SQL 语句 show database 来实现的，其语法形式如下：

```
show database;
```

执行上述 SQL 语句后，会显示一个数据库列表。

在对数据库对象进行操作之前要先选择一个数据库，可以通过 SQL 语句 use 来实现，其语法形式如下：

```
use database_name
```

上述语句中，database_name 参数表示所要选择的数据库名字。

3. 删除数据库

删除数据库是用 SQL 语句 drop database 来实现的，其语法形式如下：

```
drop database database_name
```

上述语句中，database_name 参数表示所要删除的数据库的名字。

4. 创建表

在数据库管理系统中通过 SQL 语句 CREATE TABLE 来创建表，其语法形式如下：

```
CREATE TABLE table_ name (
属性名 数据类型,
属性名 数据类型,
.
.
.
属性名 数据类型
)
```

上述语句中 table_ name 参数表示所要创建的表的名字，表名紧跟在关键字 CREATE TABLE 后面。表的具体内容定义在圆括号之中，各列之间用逗号分隔。其中“属性名”参数表示表字段的名称，“数据类型”参数指定字段的数据类型。例如，如果列中存储的为数字，那么相应的数据类型为数值类型。在具体创建数据库时，表名不能与已经存在的表重名，其命名规则与数据库命名（标识符）规则一致。

5. 删除表

删除表即删除数据库中已存在的表。在具体删除表时，会直接删除表中所保存的所有数据，因此在删除表时应该非常小心。

在数据库管理系统中可以通过 SQL 语句 drop table 删除表，其语法形式如下：

```
drop table table_name
```

上述语句中 table_name 参数表示所要删除的表的名字，所要删除的表必须是数据库中已经存在的表。

6. 修改表

对于已经创建好的表，当使用一段时间后，可能要进行一些结构上的修改，即表的修改操作。该操作的解决方案是先将表删除，然后再按照新的表定义重建表。但是这种解决方案有问题，即如果表中已经存在大量数据，那么重建表后还需要做许多额外工作，如数据的重载等。为了解决上述问题，可通过 ALTER TABLE 语句实现对表结构的修改。

1）修改表名

在数据库中，可以通过表名来区分不同的表，因为表名在数据库中是唯一的，不能重复。在数据库管理系统中，修改表名可以通过 SQL 语句 ALTER TABLE 来实现，其语法形式如下：

```
ALTER TABLE old table_ name RENAME [TO] new_ table_ name
```

在上述语句中，old _table_ name 参数表示所要修改表的名字，new_ table_ name 参数为修改后的新名字。所要操作的表必须在数据库中已经存在。

2）增加字段

对于表，可以看成是由列和行来构成的，其中“列”经常被称为字段。根据创建表的语法可以发现，字段是由字段名和数据类型进行定义的。

（1）在表的最后一个位置增加字段。

在数据库管理系统中，增加字段可以通过 SQL 语句 ALTER TABLE 来实现，其语法形式如下：

```
ALTER TABLE table _ name
ADD 属性名 属性类型
```

在上述语句中，参数 table _name 表示所要修改表的名字，“属性名”参数为所要增加字段的名称，“属性类型”为所要增加字段能存储数据的数据类型。如果该语句能执行成功，字段将增加到所有字段的最后一个位置。

（2）在表的第一个位置增加字段。

通过 SQL 语句 ALTER TABLE 来实现增加字段时，如果不想让所增加的字段在所有字段的最后一个位置，那么可以通过 FIRST 关键字使所增加的字段在表中所有字段的第一个位置，具体的 SQL 语句语法形式如下：

```
ALTER TABLE table_ name
ADD 属性名 属性类型 FIRST;
```

在上述语句中，多了一个关键字 FIRST，表示所有增加的字段在所有字段之前，即在表中第一个位置。

（3）在表的指定字段之后增加字段。

通过 SQL 语句 ALTER TABLE 来实现增加字段时，除可以在表的第一个位置或最后一个位置增加字段外，还可以通过关键字 AFTER 在指定的字段之后添加字段，具体的 SQL 语句语法形式如下：

```
ALTER TABLE table_name
ADD 属性名 属性类型
AFTER  属性名
```

在上述语句中，多了一个关键字 AFTER，表示所有增加的字段在该关键字所指定字段之后。

3）删除字段

对于表，既然可以在修改表时进行字段的增加操作，也可以在修改表时进行字段的删除操作。所谓删除字段是指删除已经在表中定义好的某个字段。即在创建好的表格中，发现某个字段需要删除，可通过 SQL 语句 ALTER TABLE 来实现，其语法形式如下:

```
ALTER TABLE table_name
DROP 属性名
```

上述语句中 table_ name 参数表示所要修改表的名字，“属性名”参数表示所要删除的字段名。

4）修改字段

根据创建表的语法可以发现，字段是由字段名和数据类型来定义的，如果要修改字段，除可以修改字段名外，还可以修改字段所能存储的数据类型。由于一个表中会拥有许多字段，因此还可以实现对字段顺序的修改。

（1）修改字段的数据类型。

在数据库管理系统中，修改字段的数据类型可以通过 SQL 语句 ALTER TABLE 来实现，其语法形式如下：

```
ALTER TABLE table_ name
MODIFY 属性名 数据类型
```

上述语句中 table_ name 参数表示所要修改表的名字，“属性名” 参数为所要修改的字段名，“数据类型” 为修改后的数据类型。

（2）修改字段名。

在数据库管理系统中，修改字段名可以通过 SQL 语句 ALTER TABLE 来实现，其语法形式如下：

```
ALTER TABLE table_ name
CHANGE 旧属性名 新属性名 旧数据类型
```

上述语句中 table_ name 参数表示所要修改表的名字，“旧属性名”参数表示所要修改的字段名，“新属性名” 参数表示所要修改成的字段名。

（3）同时修改字段名和属性。

通过关键字 MODIFY 可以修改字段的数据类型，通过关键字 CHANGE 可以修改字段名，那么有没有一个关键字能够同时修改字段名和数据类型呢？在数据库管理系统中要同时修改字段名和数据类型，可以通过 SQL 语句 ALTER TABLE 来实现，其语法形式如下：

ALTER TABLE table_name

CHANGE 旧属性名 新属性名 新数据类型

上述语句中 “旧属性名” 参数表示所要修改的字段名，“新属性名” 参数表示所要修改成的字段名, “新数据类型” 为所要修改成的数据类型。

（4）修改字段顺序。

在数据库管理系统中，修改字段顺序可以通过 SQL 语句 ALTER TABLE 来实现，其语法形式如下：

```
ALTER TABLE table_name
    MODIFY 属性名 1 数据类型 FIRST | AFTER 属性名 2
```

上述语句中 table_ name 参数表示所要修改表的名字，“属性名 1”参数表示所要调整顺序的字段名，“FIRST”参数表示将字段调整到表的第一个位置，“AFTER 属性名 2”参数表示将字段调整到属性名 2 字段位置之后。

注意：属性名 1 和属性名 2 必须是表中已经存在的字段名。

7. 对数据进行操作

1）数据记录筛选

在数据库管理系统中，数据筛选可以通过 SQL 语句来实现，其语法形式如下：

```
sql="select * from 数据表 where 字段名=字段值 order by 字段名 [desc]"
sql="select * from 数据表 where 字段名 like '%字段值%' order by 字段名 [desc]"
sql="select top 10 * from 数据表 where 字段名 order by 字段名 [desc]"
sql="select * from 数据表 where 字段名 in ('值1','值2','值3')"
sql="select * from 数据表 where 字段名 between 值1 and 值2"
```

2）更新数据

```
sql="update 数据表 set 字段名=字段值 where 条件表达式"
sql="update 数据表 set 字段1=值1,字段2=值2 …… 字段n=值n where 条件表达式"
```

3）删除数据

```
sql="delete from 数据表 where 条件表达式"
sql="delete from 数据表" (将数据表所有记录删除)
```

4）添加数据

```
sql="insert into 数据表 (字段1,字段2,字段3 …) values (值1,值2,值3 …)"
sql="insert into 目标数据表 select * from 源数据表" (把源数据表的记录添加到目标数据表)
```

5.4 使用 JDBC 操作数据库示例

5.4.1 新建案例用表

在 SQL Server 中新建数据库（wm_DB），并在库中新建货物信息表（wms_goods），该表的定义如表 5-6 所示。

表 5-6 货物信息表（wms_goods）的定义

序号	中文描述	列名	类型及精度	数据说明
1	编号	GOOD_ID	int	NotNull

续表

序号	中文描述	列名	类型及精度	数据说明
2	货物_名称	GOOD_NAME	varchar(30)	NotNull
3	货物_类型	GOOD_TYPE	varchar(20)	
4	货物_大小	GOOD_SIZE	varchar(20)	
5	货物_数量	GOOD_VALUE	double	NotNull

5.4.2　向表中插入示例数据

示例数据如图 5-2 所示。

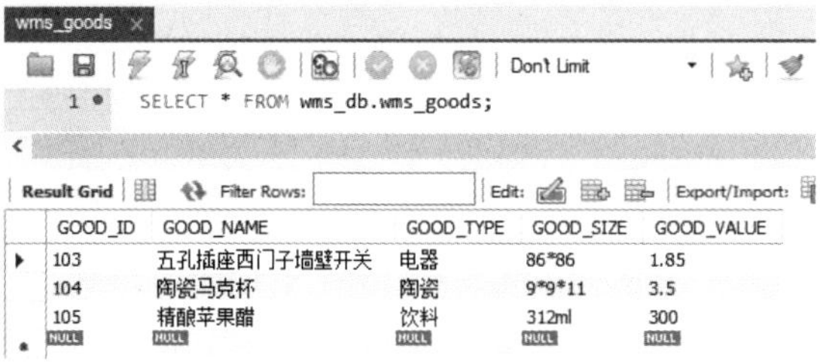

图 5-2　示例数据

5.4.3　新建 Java 工程

在 Eclipse 中，选择“File”→“New”→“Java Project”命令，输入工程名，单击“Finish”按钮，如图 5-3 所示。

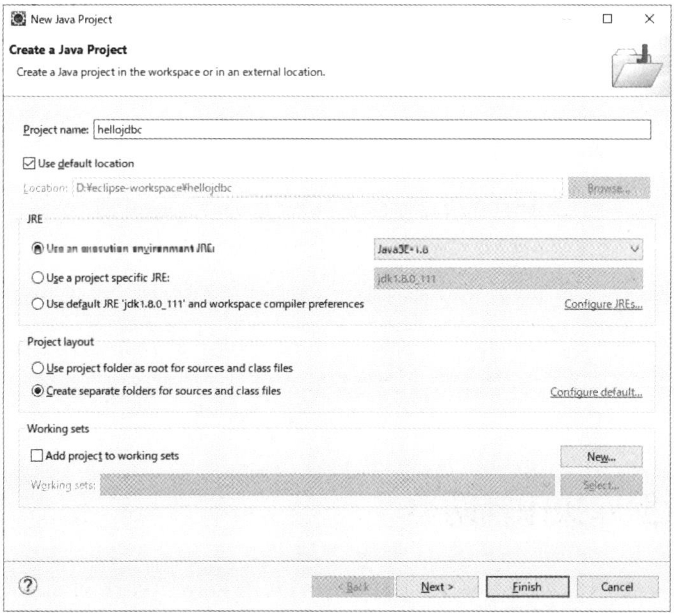

图 5-3　新建 Java 工程

在主界面中，在新建的 Java 工程名称上单击鼠标右键，选择“Properties”命令，在弹出的对话框左侧选择“Java Build Path”命令，然后在对话框中间选择“Libraries”选项卡，如图 5-4 所示。

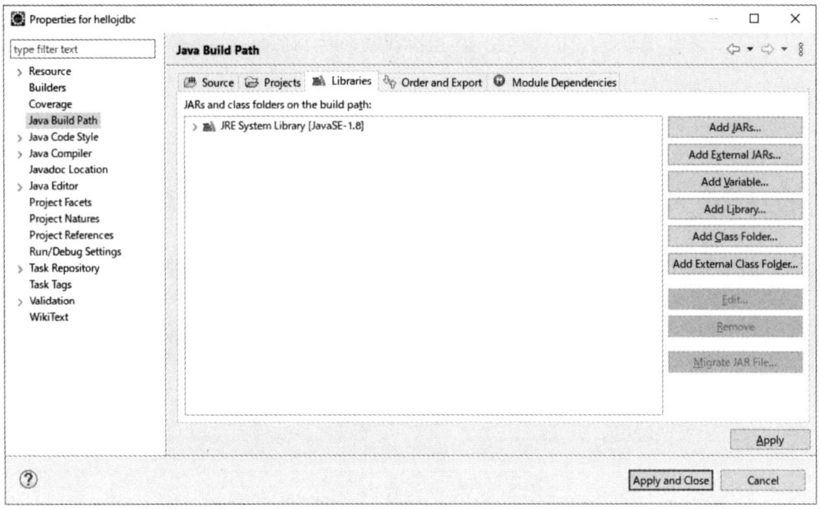

图 5-4 选择“Libraries”选项卡

单击对话框右侧的“Add External JARs”按钮，添加用于连接 MySQL 的 Jar 文件 mysql-connector-java- 8.0.15.jar，如图 5-5 所示。该 Jar 文件需要事先下载。

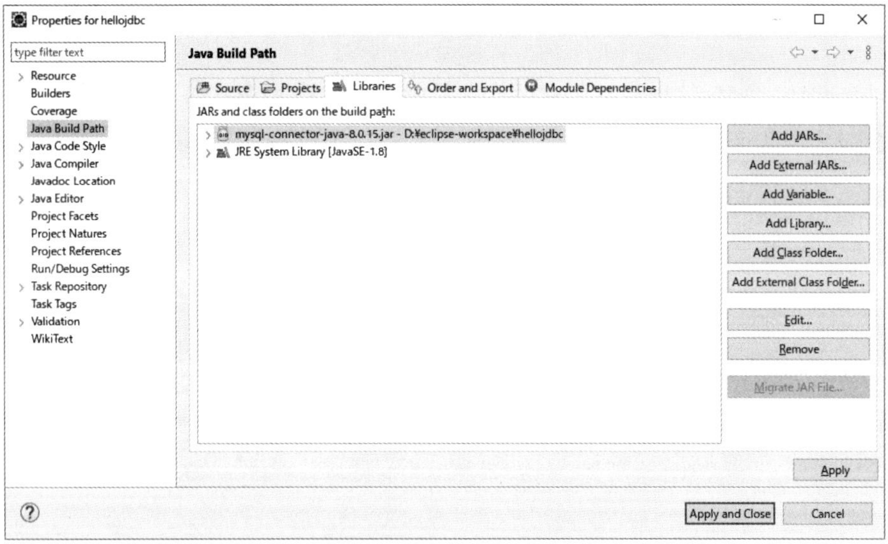

图 5-5 添加 Jar 文件

5.4.4 创建数据库操作辅助类

数据库操作辅助类用于创建和关闭项目中所需要的数据库连接对象。举例如下。

```
DBHelper.java:
```

```
package com.hellojdbc;

import java.sql.Connection;
import java.sql.DriverManager;
import java.sql.PreparedStatement;
import java.sql.SQLException;

public class DBHelper {

    public static final String driverName = " com.microsoft.sqlserver.
jdbc.SQLServerDriver";
    public static final String url = " jdbc:sqlserver: //DESKTOPL\\
SQLEXPRESS:1433;DatabaseName=wm_DB";

    public static final String userName = "sa";
    public static final String password = "123456";

    public Connection conn = null;
    public PreparedStatement pst = null;

    public DBHelper(String sql) {
        try {
            Class.forName(driverName);
        } catch (ClassNotFoundException e) {
            System.out.println("驱动加载失败");
        }

        try {
            con = DriverManager.getConnection(url, username, password);
            System.out.println("连接成功");
        } catch (SQLException e) {
            // TODO Auto-generated catch block
            e.printStackTrace();
        }
    }

    public void close() {
        try {
            // 关闭 SQL 语句
            this.pst.close();
            // 关闭连接
```

```
            this.conn.close();
        } catch (SQLException e) {
            e.printStackTrace();
        }
    }
}
```

5.4.5 实现数据库操作

以下 Java 代码利用 JDBC 在 SQL Server 数据库中完成数据的查询、新增、更新、删除操作，完整代码如下。

```
package javaJDBCTest;

import java.sql.Connection;
import java.sql.DriverManager;
import java.sql.PreparedStatement;
import java.sql.ResultSet;
import java.sql.SQLException;
import java.sql.Statement;

public class Database {
 public static void main(String[] args) {
     DataBaseHelper dbHelper = new DataBaseHelper();

     System.out.println("查询测试");
     dbHelper.queryTest();

     System.out.println("插入测试");
     dbHelper.insertTest();
     dbHelper.queryTest();

     System.out.println("更新测试");
     dbHelper.updateTest();
     dbHelper.queryTest();

     System.out.println("删除测试");
     dbHelper.deleteTest();
     dbHelper.queryTest();

     System.out.println("preparedStatement 测试");
     dbHelper.preparedStatementTest();

     dbHelper.closeConnection(); //关闭连接
```

```
        }
    }


    class DataBaseHelper{
        private static String driverName = "com.microsoft.sqlserver.jdbc.
SQLServerDriver";
        private static String url = "jdbc:sqlserver://DESKTOPL\\SQLEXPRESS:
1433;DatabaseName=database1";
        private static String username = "sa";
        private static String password = "123456";

        private Connection con;
        private Statement sql;

        public DataBaseHelper() {
            intial();
            getConnection();
        }

        private void intial() {
            try {
                Class.forName(driverName);
            } catch (ClassNotFoundException e) {
                System.out.println("驱动加载失败");
            }
        }

        private void getConnection() {
            try {
                con = DriverManager.getConnection(url, username, password);
                System.out.println("连接成功");
            } catch (SQLException e) {
                // TODO Auto-generated catch block
                e.printStackTrace();
            }

        }

        /**
         * 查询并打印出 wms_goods 表中的货物名称信息
         */
        public void queryTest() {
            try {
```

```
            sql = con.createStatement();
            ResultSet rs = sql.executeQuery("select GOOD_NAME,GOOD_SIZE,
GOOD_VALUE from wms_goods ");
            while (rs.next()) {
                String str1 = rs.getString(1);
                System.out.println(str1);
            }
        } catch (SQLException e) {
            e.printStackTrace();
        }

    }

    public void insertTest() {
        try {
            sql = con.createStatement();
            int line = sql.executeUpdate("insert into wms_goods (GOOD_ID,
GOOD_NAME,GOOD_TYPE,GOOD_SIZE,GOOD_VALUE) values(12, '电脑', '2', '12',5000)");
            System.out.println("插入的行数:" + line);
        } catch (SQLException e) {
            // TODO Auto-generated catch block
            e.printStackTrace();
        }
    }

    public void deleteTest() {
        try {
            sql = con.createStatement();
            int line = sql.executeUpdate("delete from wms_goods where mpbrand
= 'test'");
            System.out.println("删除的行数:" + line);
        } catch (SQLException e) {
            e.printStackTrace();
        }
    }

    public void updateTest() {
        try {
            sql = con.createStatement();
            int line = sql.executeUpdate("UPDATE wms_goods SET GOOD_VALUE = 6000
where GOOD_TYPE = '2'");
            System.out.println("更新的行数:" + line);
        } catch (SQLException e) {
            e.printStackTrace();
```

```
            }
        }

        public void preparedStatementTest() {
            PreparedStatement sql = null;
            try {
                sql = con.prepareStatement("select GOOD_ID,GOOD_NAME,GOOD_TYPE,
GOOD_SIZE,GOOD_VALUE from wms_goods where GOOD_VALUE > ?");
                sql.setInt(1, 1000);
                ResultSet rs = sql.executeQuery();
                while (rs.next()) {
                    String str1 = rs.getString(1);
                    System.out.println(str1);
                }
            } catch (SQLException e) {
                e.printStackTrace();
            }
        }

        void closeConnection() {

            if (sql != null) {
                try {
                    sql.close();
                } catch (SQLException e) {
                    e.printStackTrace();
                }
            }

            if (con != null) {
                try {
                    con.close();
                    System.out.println("关闭成功");
                } catch (SQLException e) {
                    e.printStackTrace();
                }
            }

        }
    }
```

第6章　HTML和CSS基础

在网页制作中，HTML、CSS、JavaScript是最基础的三项。

HTML 是网页内容的载体。内容就是网页制作者放在页面上想要让用户浏览的信息，可以包含文字、图片、视频等。

CSS 样式是表现。就像网页的外衣。比如，标题字体、颜色变化，或为标题加入背景图片、边框等。所有这些用来改变内容外观的东西称之为表现。

JavaScript 是用来实现网页上的特效效果的，如当鼠标滑过时弹出下拉菜单；或鼠标滑过时表格的背景颜色改变，还有焦点新闻（新闻图片）的轮换。可以这么理解，动画效果和交互效果一般都是用 JavaScript 来实现的。

本章对 HTML 和 CSS 的概念、作用及常用方法与技巧进行说明，并给出实例，第 7 章将就 JavaScript 进行专题讲解。

重点和难点：

- ⊙ HTML 中常用标签的语法规范及作用
- ⊙ CSS 对于 HTML 标签的常用修饰
- ⊙ CSS 在页面布局的作用

6.1　HTML 概述

6.1.1　HTML 的由来

HTML 的英文全称是 Hyper Text Marked Language，即超文本标记语言。HTML 是由 Web 的发明者 Tim Berners-Lee 和同事 Daniel W. Connolly 于 1990 年创立的一种标记语言，它基于标准通用化标记语言（SGML）而来，并简化了其中的语言元素，这些元素用于告诉浏览器如何在用户的屏幕上展示数据。

HTML 是为“网页创建和描述其他可在网页浏览器中看到的信息”而设计的一种标记语言，它通过标记式的指令（Tag），将影像、声音、图片、文字动画、影视等内容显示出来。用 HTML 编写的超文本文档称为 HTML 文档，能独立于各种操作系统平台（如 UNIX、Windows 等）。使用 HTML 语言，将所需要表达的信息按某种规则写成 HTML 文件，通过专用的浏览器来识别，并将这些 HTML 文件“翻译”成可以识别的信息，即现在所见到的网页。

自 1990 年以来，HTML 就一直被用作万维网（World Wide Web，WWW）的信息表示语言，使用 HTML 语言描述的文件需要通过浏览器显示出效果。事实上，每个 HTML 文档都是一种静态的网页文件，这个文件里面包含了 HTML 指令代码，这些指令代码并不是一种程序语言，只是一种排版网页中资料显示位置的标记结构语言，易学易懂，非常简单。HTML 之所以称为超文本标记语言，是因为文本中包含了所谓“超级链接”点，使得网页的浏览者可以通过单击鼠标从一个主题跳转到另一个主题，从一个页面跳转到另一个页面，从而在逻辑上将位于不同物理地址的一系列页面组成了一个有机集合，称为网站（Website），也就实现了知识的链接与整合。

万维网上的一个超媒体文档称为一个页面（Page），作为一个组织或者个人在万维网上放置开始点的页面称为主页（Homepage）或首页，主页中通常包括有指向其他相关页面或其他节点的指针（超级链接）。所谓超级链接（HyperLink），就是一种统一资源定位器（Uniform Resource Locator，URL）指针，通过单击它，可使浏览器方便地获取新的网页，这也是 HTML 获得广泛应用的最重要的原因之一。

在互联网上，链接超文本传输协议（HTTP）规定了浏览器在运行 HTML 文档时所遵循的规则和进行的操作，HTTP 的制定使浏览器在运行超文本时有了统一的规则和标准，多个厂家的浏览器产品都遵循这一标准。

HTML 所构成的网页通过结合其他Web 技术（如脚本语言、公共网关接口、组件等），可以创造出功能强大的网页。因而，HTML 是万维网编程的基础，也就是说万维网是建立在超文本基础之上的。

6.1.2 HTML 的定义

HTML 是 SGML 的一个应用，也是一种规范、一种标准，它通过标记符号来标记要显示的网页中的各个部分。网页文件本身是一种文本文件，通过在文本文件中添加标记符，可以告诉浏览器如何显示其中的内容（如文字如何处理、画面如何安排、图片如何显示等）。浏览器按顺序阅读网页文件，然后根据标记符解释和显示其标记的内容，对书写出错的标记将不指出其错误，且不停止其解释执行过程，编制者只能通过显示效果来分析出错原因和出错部位。但需要注意的是，对于不同的浏览器，对同一标记符可能会有不同的解释，因而可能会有不同的显示效果。

HTML 历史上有如下版本：

（1）HTML 1.0：在 1993 年 6 月作为互联网工程工作小组（IETF）工作草案发布。

（2）HTML 2.0：1995 年 11 月作为 RFC 1866 发布。

（3）HTML 3.2：1997 年 1 月 14 日，W3C 推荐标准。

（4）HTML 4.0：1997 年 12 月 18 日，W3C 推荐标准。

（5）HTML 4.01（微小改进）：1999 年 12 月 24 日，W3C 推荐标准。

（6）HTML 5：HTML5 是公认的下一代 Web 语言，极大地提升了 Web 在富媒体、富内容和富应用等方面的表达能力，被公认为是改变移动互联网的重要推手。

虽然 HTML 在互联网迅猛发展的过程中起着重要作用，有着重要的地位，当前承担了互联网信息的绝大多数，但随着网络应用的深入，特别是电子商务的应用，HTML 只能用于信息显示、缺乏扩展性（自定义标记）的缺陷很快凸现出来，即 HTML 不允许应用程序开发者为具体的应用环境自主定义新的标记。HTML 可以设置文本和图片显示方式，但没有语义结构，即 HTML 显示数据是基于布局而非语义的。随着网络应用的发展，各行业对信息有着不同的需求，这些不同类型的信息未必都是以网页的形式显示出来的。例如，当通过搜索引擎进行数据搜索时，按照语义而非按照布局来显示数据会具有更多的优点。

6.1.3 HTML 的特点

HTML文档的制作不是很复杂，但功能强大，支持不同数据格式的文件镶入，这也是万维网盛行的原因之一，其主要特点如下。

- 简单性：采用标签进行语义描述，可以通过标签组合实现各式各样的表达，HTML版本升级采用超集方式，从而更加灵活方便。
- 平台无关性：HTML 可以在广泛的操作系统平台上使用，如 UNIX、Windows、MacOS 等，这也是万维网盛行的一个重要原因。
- 通用性：HTML 是网络的通用语言，是一种简单、通用的内置标记语言，它允许网页制作人建立文本与图片相结合的复杂页面，这些页面可以被网上任何其他人浏览到，无论使用的是什么类型的计算机或浏览器。

6.1.4 HTML 标签简介

标签是 HTML 的核心，HTML 标签由英文尖括号“<”和“>”括起来，如<HTML>就是一个标签。HTML 中的标签一般都是成对出现的，分开始标签和结束标签，结束标签比开始标签多了一个“/”。标签可以嵌套，但先后顺序必须保持一致，如<div>里嵌套<p>，那么</p>必须放在</div>的前面。HTML 标签不区分大小写，<h1>和<H1>是一样的，但建议小写，因为大部分程序员都以小写为准。

标签书写的规范如下：

（1）代码缩进，使用 Tab 键；

（2）标签通常是成对出现的，一开一关，但也存在一些单标签，如<meta />、
等；

（3）建议标签与它的属性都用小写；

（4）所有的标签必须合理嵌套。

6.1.5 HTML 文档结构

HTML 文档结构一般包括标记（HTML）、头部（Head）、主体（Body）三部分。

（1）标记< HTML>、</HTML>：说明该文件是用 HTML 来描述的。<HTML>是文件的开头，而</HTML>则表示该文件的结尾，它们是 HTML 文件的开始标记和结尾标记。

（2）头部<head>、</head>：表示头部信息的开始和结尾。

（3）主体<body>、</body>：网页中显示的实际内容均包含在这两个正文标记符之间。正文标记符又称为实体标记。

如下所示：

```
<HTML>
    <head>...</head>
    <body>...</body>
</HTML>
```

<HTML>、</HTML>称为根标签，所有的网页标签都在<HTML>与</HTML>之间，<head>

标签用于定义文档的头部，是所有头部元素的容器。头部元素有<title>、<script>、<style>、<link>、<meta>等标签，头部标签在下一小节中会有详细介绍。在<body>和</body>标签之间的内容是网页的主要内容，如<h1>、<p>、<a>、<img>等网页内容标签，在这里的标签中的内容会在浏览器中显示出来。

以下是一个最简单的 HTML 文档：

```
<!DOCTYPE HTML>
<HTML>
    <head>
        <meta http-equiv="Content-Type" content="text/HTML; charset=utf-8">
        <title>Begin Surfer The Web</title>
    </head>
    <body>
        <h1>Hello World</h1>
</body>
```

6.2　用于信息呈现的 HTML 标签

6.2.1　head 标签

一个典型的 HTML 文档头部内容如下：

```
<head>
 <meta charset="UTF-8">
<meta name="viewport" content="width=device-width, initial-scale=1.0">
<meta http-equiv="X-UA-Compatiable" content="ie=edge">
<title>HTML 结构说明<title>
</head>
```

对于<head>中的内容又有什么意义，<head> 标签用于定义文档的头部，头部描述了文档的各种属性和信息，包括文档的标题、在 Web 中的位置及同其他文档的关系等。绝大多数文档头部包含的数据都不会真正作为内容显示给读者。在<head>标签中，我们可以使用如下标签：<meta>元信息标签；<title>用于定义网页标题；<rel>用于定义网页的引用内容，如样式表、图标等；<script>定义网页引用的脚本，或者可以直接在其中编写脚本，但最好不要在头部中编写脚本，因为这会导致浏览器加载效率降低，最好将脚本放置在页面尾部；<style>标签用于定义网页的样式表。

<meta>标签主要用来描述网页的相关信息，主要有 3 个属性：charset、name、http-equiv。其中：

- charset 属性用于定义此网页所采用的编码方式，我们常用 UTF-8 编码方式。
- name 属性主要用来描述网页的内容信息，如 author、keywords、description 等，采用“名值对”方式，name 代表属性名，content 代表属性的具体值。

例如：

```
<meta name="keywords" content="计算机，前端，head 标签">
```

利用 name 可以定义想用来描述这个页面的有关信息。

- http-equiv 主要用来向浏览器传输一些有关网页的信息，用来精确地显示网页信息，它和 name 一样采用“名值对”方式，可用于刷新页面、重定向页面和确定是否使用 cookie 等。

例如，在页面添加以下语句，则页面将在 3 秒后刷新，并重定位到百度页面。

```
<meta http-equiv="refresh" content="3; url= http://www.baidu.com">
<title>标签则用于定义网页的标题
<link>标签用于定义外部资源与文档的关系，其中 rel 定义与文档的关系，href 定义内容地址，
type 定义资源类型
```

例如，添加外部样式。

```
<link rel="stylesheet" href="CSS\index.css">
```

6.2.2 段落标签

1. <body>标签

在网页上要展示出来的页面内容放在这个标签中。

2. <p>标签——分段标签

<p>标签的语法为：

```
<p>段落文本</p>
```

注意：一段文字一个<p>标签，如在一篇新闻文章中有 3 段文字，就要把这 3 个段落分别放到 3 个<p>标签中。

3. 标题标签

标题标签一共有 6 个，h1、h2、h3、h4、h5、h6 分别为一级标题、二级标题、三级标题、四级标题、五级标题、六级标题，并且依据重要性递减。<h1>是最大字号的标题。

标题标签语法为：

```
<hx>标题文本</hx> (x 为 1-6)
```

4 . <em>标签和<strong>

如果想在一段话中特别强调某些文字，可以使用<em>或<strong>标签。但两者在强调的程度上有区别：<em> 表示强调，<strong> 表示更强烈的强调。在浏览器中，<em> 默认用斜体表示，<strong>默认用粗体表示。两个标签相比，目前国内前端程序员更喜欢使用<strong>表示强调。

<strong>和<em>标签的语法为：

```
<em>需要强调的文本</em>  <strong>需要强调的文本</strong>
```

6. <span>标签

<span>标签是没有语义的，它的作用就是为文字设置单独样式。

<span>标签的语法为：

```
<span>文本</span>
```

7. 换行标签

在需要文本换行的地方，可加入
标签，作用相当于 word 文档中的回车。

标签的语法为：

```
xHTML1.0 写法：<br /> ;
HTML4.01 写法：<br>。日常开发中一般都加上斜杠"/"。
```

6.2.3 列表标签

1. <dir>列表标签

目录列表一般用来创建多列的目录列表，它在浏览器中的显示效果与无序列表相同，因此它的功能也可以通过无序列表来实现。

<dir>列表标签的语法为：

```
<dir>
  <LI>列表项 1
  <LI>列表项 2
  <LI>列表项 3
  …
</dir>
```

2. <ul>标签——无序列表标签

网页上经常使用信息列表，如新闻列表、图片列表，这些列表可以使用 ul-li 标签来完成。ul-li 是没有前后顺序的信息列表。ul-li 在网页中显示的默认样式一般为：每项 li 前都自带一个圆点，通过设置 type 可以改变样式。

<ul>标签的语法为：

```
<ul>
  <li>信息</li>
  <li>信息</li>
   …
</ul>
```

3. <ol>标签——有序列表标签

如果想在网页中展示有前后顺序的信息列表，可以使用<ol>标签制作有序列表来展示。<ol>在网页中显示的默认样式一般为：每项<li>前都自带一个序号，序号默认从 1 开始，同样，设置 type 可以更改顺序的样式，如 abc 等。

<ol>标签的语法为：

```
<ol>
  <li>信息</li>
  <li>信息</li>
  …
</ol>
```

6.2.4 表格标签

<table>标签可用于在页面中创建表格，它含有五个元素：table、tbody、tr、th、td。

<table>标签的语法为：

```
<table>
    <tr>
        <td>单元格内的文字</td>
        <td>单元格内的文字</td>
        …
    </tr>
    <tr>
        <td>单元格内的文字</td>
        <td>单元格内的文字</td>
        …
    </tr>
    …
</table>
```

其中：

<table>标记和</table>标记分别标志着一个表格的开始和结束。

<th>…</th>表示表格头部的一个单元格，表格表头。

<tr>和</tr>分别表示表格中一行的开始和结束，在表格中包含几组<tr>…</tr>，就表示该表格为几行。

<td>和</td>表示一个单元格的起始和结束，也可以说表示一行中包含了几列。

<tbody>…</tbody>：如果不加<thead><tbody><tfooter>，那么 table 表格加载完后才显示。如果加上<thead><tbody><tfooter>，那么 tbody 包含行的内容下载完优先显示，不必等待表格结束后再显示。同时，如果表格很长，用 tbody 分段，可以一部分一部分地显示。通俗地理解，table 可以按结构分块显示，不再等整个表格加载完后显示。

如果在表格内需要打通多行或多列，那么需要使用 td 元素的 rowspan 属性和 colspan 属性，

其语法为：

```
<td rowspan=单元格跨行数>
<td colspan=跨的列数>
```

例如，显示如图 6-1 所示的表格，打通表格多列。

某计算机公司销售清单

	第一季度		
产品型号	1月份	2月份	3月份
G280	1500	1800	2350
GT2805	985	908	1200
TN3765	700	750	600

图 6-1 打通表格多列

HTML 代码如下：

```
<head>
<title>设置单元格列跨度</title>
</head>
<body>
 <table border=1 bordercolor="#660000" cellspacing=0 cellpadding=5>
     <caption>某计算机公司销售清单</caption>
     <tr bgcolor="#CCAAFF">
         <td width=80></td>
         <td colspan=3 width=400 align="center">第一季度</td>
     </tr>
     <tr bgcolor="#DDCCFF">
         <td>产品型号</td>
         <td>1 月份</td>
         <td>2 月份</td>
         <td>3 月份</td>
     </tr>
     <tr>
         <td>G280</td>
         <td>1500</td>
         <td>1800</td>
         <td>2350</td>
     </tr>
     <tr>
         <td>GT2805</td>
         <td>985</td>
         <td>908</td>
         <td>1200</td>
```

```
        </tr>
        <tr>
            <td>TN3765</td>
            <td>700</td>
            <td>750</td>
            <td>600</td>
        </tr>
    </table>
</body>
</html>
```

6.2.5 超链接与图像标签

1. <a>标签——超链接标签

<a>标签实现超链接，在网页中只要有链接的地方，就会有这个标签。

<a>标签的语法为：

```
<a href="目标网址" title="鼠标滑过显示的文本">链接显示的文本</a>
```

例如，单击 click here!文字，网页链接到 http://www.baidu.com 这个网页。

```
<a href="https://www.baidu.com" title="百度一下">click here!</a>
```

title 属性的作用是，当鼠标滑过链接文字时会显示这个属性的文本内容。这个属性在实际网页中便于搜索引擎了解链接地址的内容。

注意：只要为文本加入<a>标签后，文字的颜色就会自动变为蓝色（被单击过的文本颜色为紫色），如果不想单击后变色，学习本章“css 样式”的相关内容之后可以自行设置（a{color:#000}）。

在默认情况下，<a>标签链接的网页是在当前浏览器窗口中打开的，有时我们也需要在新的浏览器窗口中打开，需要编写如下代码：

```
<a href="目标网址" target="_blank">click here!</a>
```

2. <img>标签——为网页插入图片

在网页的制作中有时需要插入图片以使网页更加美观，这时可以使用<img>标签来插入图片，图片可以是 GIF，PNG，JPEG 等格式的图片文件。

<img>标签的语法为：

```
<img src="图片地址" alt="下载失败时的替换文本" title = "提示文本">
```

例如：

```
<img src = "myimage.gif" alt = "My Image" title = "My Image" />
```

其中：

src 标识图像的位置；

alt 指定图像的描述性文本，当图像不可见时（下载不成功时），可看到该属性指定的文本；

title 提供在图像可见时对图像的描述（鼠标滑过图片时显示的文本）。

6.2.6　页面容器标签

在网页制作过程中，可以把一些独立的逻辑部分划分出来，放在一个<div>标签中，这个<div>标签的作用就相当于一个容器。

<div>标签的语法为：

```
<div>…</div>
```

什么是逻辑部分？它是页面上相互关联的一组元素，如网页中的独立栏目版块，就是一个典型的逻辑部分。

在使用 HTML 制作网页时，把一些标签放进<div>里，可以划分出一个独立的逻辑部分。为了使逻辑更加清晰，可以为这一个独立的逻辑部分设置一个名称，用 id 属性来为<div>提供唯一的名称，就像每个人都有一个身份证号一样，这个身份证号用于唯一标识身份，其操作语法为：

```
<div id="版块名称">…</div>
```

input 类标签用于在网页中供用户输入信息，并向后台服务端提交。常用的 input 类标签包括 text、password、radio、checkbox、textarea 等。

6.2.7　页面中的用户输入标签

在页面中使用<input>标签可以使用户在页面中进行输入，包括键盘输入和鼠标输入，相关语法如下。

（1）文本框。供用户在其中输入文本，格式如下：

```
<input type="text" name="username" placeholder="请输入用户名" size="10"
maxlength="15">
```

（2）密文框。在 type="password"时，文本框输入的文本均显示为*。格式如下：

```
<input type="password" name="pwd" placeholder="请输入密码" maxlength="12">
```

（3）单选框。供用户进行单项选择，格式如下：

```
<input type="radio" name="sex" value="male" checked>男
<input type="radio" name="sex" value="female">女
```

（4）复选框。供用户进行多项选择，格式如下：

```
<input type="checkbox" name="hobby" value="basketball"> 篮球
<input type="checkbox" name="hobby" value="football"> 足球
```

```
<input type="checkbox" name="hobby" value="ping-pong" checked> 乒乓球
<input type="checkbox" name="hobby" value="baseball"> 棒球
```

（5）多行文本输入：

```
<textarea name="content"></textarea>
<textarea name="content" cols="30" rows="10"></textarea>
```

6.3 用于信息提交的 HTML 标签

6.3.1 使用表单与用户进行交互

HTML 表单（Form）用于用户在线输入信息，Form 可以把用户输入的数据传送到服务器端，这样服务器端程序就可以处理表单传过来的数据，从而实现用户与网页的交互。

HTML 表单的语法为：

```
<form method="传送方式" action="服务器文件">
```

其中：

<form>标签是成对出现的，以<form>开始，以</form>结束；

action 表示浏览者输入的数据被传送到的地方，如一个 PHP 页面（save.php）；

method 表示数据传送的方式（get/post）。

例如：

```
<form  method="post"  action="save.php">
        <label for="username">用户名:</label>
        <input type="text" name="username" />
        <label for="pass">密码:</label>
        <input type="password" name="pass" />
</form>
```

注意：

所有表单控件（文本框、文本域、按钮、单选框、复选框等）都必须放在<form>与</form>标签之间（否则用户输入的信息不会提交到服务器）。

Form 中的 get 和 post 方法，在数据传输过程中分别对应了 HTTP 协议中的 get 和 post 方法，二者的主要区别如下：

- get 是用来从服务器上获得数据的，而 post 是用来向服务器上传数据的。
- get 将表单中数据的按照 variable=value 的形式添加到 action 所指向的 URL 后面，并且两者使用“?”连接，而各个变量之间使用“&”连接；post 是将表单中的数据放在 Form 的数据体中，按照变量和值相对应的方式传递到 action 所指向的 URL。
- get 是不安全的，因为在传输过程中，数据被放在请求的 URL 中，而如今有很多服务器、代理服务器或用户代理都会将 URL 记录到日志文件中，然后放在某个地方，这样就可能会有一些隐私的信息被第三方看到。另外，用户也可以在浏览器上直接看到提交的数据，一些系统内部消息将会一同显示在用户面前。post 的所有操作对用户来说都是不可见的。

- get 传输的数据量小，这主要是受 URL 长度的限制；而 post 可以传输大量的数据，所以上传文件只能使用 post（还有一个原因，将在后面提到）。
- get 限制 Form 表单的数据集的值必须为 ASCII 字符；而 post 支持整个 ISO10646 字符集。
- get 是 Form 的默认方法。
- 使用 post 传输的数据，可以通过设置编码正确转化中文，而 get 传输的数据却没有变化。

6.3.2　单行文本输入和密码输入

当用户要在表单中键入字母、数字等内容时，就会用到文本输入框。文本输入框也可以转化为密码输入框。

语法格式如下：

```
<form>
  <input type="text/password" name="名称" value="文本" />
</form>
```

其中：

当 type="text"时，输入框为文本输入框；当 type="password"时，输入框为密码输入框，即输入内容在文本框中不回显；

name 为文本框命名，以备后台程序 ASP、PHP 使用；

value 为文本输入框设置默认值，一般起到提示作用。

例如：

```
<form>
 姓名：<input type="text" name="myName">
 <br/>
 密码：<input type="password" name="pass">
</form>
```

6.3.3　多行文本输入

当用户需要在表单中输入大段文字时，需要用到文本输入域。

文本输入域的语法为：

```
<textarea rows="行数" cols="列数">文本</textarea>
```

其中：

cols 为多行输入域的列数。

rows 为多行输入域的行数。

在<textarea>与</textarea>标签之间可以输入默认值。

例如：

```
<form  method="post" action="save.php">
       <label>联系我们</label>
       <textarea cols="50" rows="10" >在这里输入内容...</textarea>
</form>
```

注意：代码中的<label>标签在下面会讲到，这两个属性可用 css 样式的 width 和 height 来代替，cols 用 width 来代替，rows 用 height 来代替。

6.3.4 单选和复选

在使用表单设计调查表时，如果某项输入的答案是一个封闭的集合，那么可以通过使用选择框减少用户的操作。HTML 中有两种选择框——单选框和复选框，两者的区别是：在单选框的选项中用户只能选择一项，而在复选框的选项中用户可以任意选择多项，甚至全选。

语法格式如下：

```
<input type="radio/checkbox" value="值" name="名称"  checked="checked"/>
```

其中：

当 type="radio" 时，控件为单选框；当 type="checkbox" 时，控件为复选框；

value 为提交数据到服务器的值；

name 为控件命名，以备后台程序 Java、PHP 使用；

当设置 checked="checked" 时，该选项被默认选中。

注意：同一组的单选按钮，name 取值一定要一致，如以下代码中名称同为“gender”的单选按钮构成一组，这一组中只能选中其中一个。

```
<!DOCTYPE HTML>
<HTML>
<head>
<meta http-equiv="Content-Type" content="text/HTML; charset=utf-8">
<title>单选框、复选框</title>
</head>
<body>
<form action="save.php" method="post" >
    <label>性别:</label>
    <label>男</label>
    <input type="radio" value="1"  name="gender" checked="checked" />
    <label>女</label>
    <input type="radio" value="2"  name="gender" />
</form>
</body>
</HTML>
```

6.3.5 下拉列表

下拉列表用于在多个项目中进行单选或多选，可以有效节省页面显示空间。

例如：

```
<!DOCTYPE HTML>
<HTML>
<head>
<meta http-equiv="Content-Type" content="text/HTML; charset=utf-8">
<title>下拉列表框</title>
</head>
<body>
<form action="save.php" method="post" >
   <label>爱好:</label>
   <select>
     <option value="看书">看书</option>
     <option value="旅游" selected="selected">旅游</option>
     <option value="运动">运动</option>
     <option value="购物">购物</option>
   </select>
</form>
</body>
</HTML>
```

其中，若设置 selected="selected"属性，则该选项就被默认选中。

6.3.6 数据提交按钮

在表单中有两种按钮，提交（Submit）按钮、重置（Reset）按钮。当用户需要将表单信息提交到服务器时，就需要用到提交按钮。

语法格式如下：

```
<input type="submit" value="提交">
```

其中：

只有当 type 值设置为 submit 时，按钮才有提交作用；

value 为按钮上显示的文字。

例如：

```
<!DOCTYPE HTML>
<HTML>
<head>
<meta http-equiv="Content-Type" content="text/HTML; charset=utf-8">
```

```
<title>提交按钮</title>
</head>
<body>
<form  method="post" action="save.php">
    <label for="myName">姓名: </label>
    <input type="text" value=" " name="myName " />
    <input type="submit" value="提交" name="submitBtn" />
</form>
</body>
</HTML>
```

6.3.7 重置表单信息

当用户需要重置表单信息为初始状态时（如用户输入“用户名”后，发现书写有误），可以使用重置按钮使输入框恢复初始状态，此时只需要把 type 设置为 reset 就可以了。

重置表单信息的语法为：

```
<input type="reset" value="重置">
```

其中：

只有当 type 值设置为 reset 时，按钮才有重置作用；

value 为按钮上显示的文字。

例如：

```
<!DOCTYPE HTML>
<HTML>
<head>
<meta http-equiv="Content-Type" content="text/HTML; charset=utf-8">
<title>重置按钮</title>
</head>
<body>
<form action="save.php" method="post" >
    <label>爱好:</label>
    <select>
      <option value="看书">看书</option>
      <option value="旅游" selected="selected">旅游</option>
      <option value="运动">运动</option>
      <option value="购物">购物</option>
    </select>
    <input type="submit" value="确定"  />
    <input type="reset" value="重置"  />
</form>
```

```
</body>
</HTML>
```

6.4　常用的 HTML 开发工具

在创建 HTML 文件时，可以使用专业的 HTML 编辑器，以下是几款常用的 HTML 编辑器。

```
VS Code: https://code.visualstudio.com/
WebStorm: https://www.jetbrains.com/WebStorm/
DreamWeaver: https://www.adobe.com/cn/products/cs6/dreamweaver.HTML
```

可以从相应官网下载相关软件，按步骤安装后即可使用。

本章所述案例均使用 VS Code、WebStorm 来创建 HTML 文件。

6.4.1　VS Code 安装及使用

Visual Studio Code（VS Code）是一款由微软开发，同时支持 Windows、Linux 和 macOS 等操作系统且开放源代码的代码编辑器，该编辑器中内置了扩展程序管理的功能。

该编辑器也集成了现代编辑器所应该具备的特性，包括语法高亮（Syntax High lighting）、可定制的热键绑定（Customizable Keyboard Bindings）、括号匹配（Bracket Matching）及代码片段收集（Snippets）。

1. 下载安装

打开https://code.visualstudio.com/，根据计算机配置下载所需版本。这里选择 Windows x64 stable 版本，单击下载，并按照提示完成安装，如图 6-2 所示。

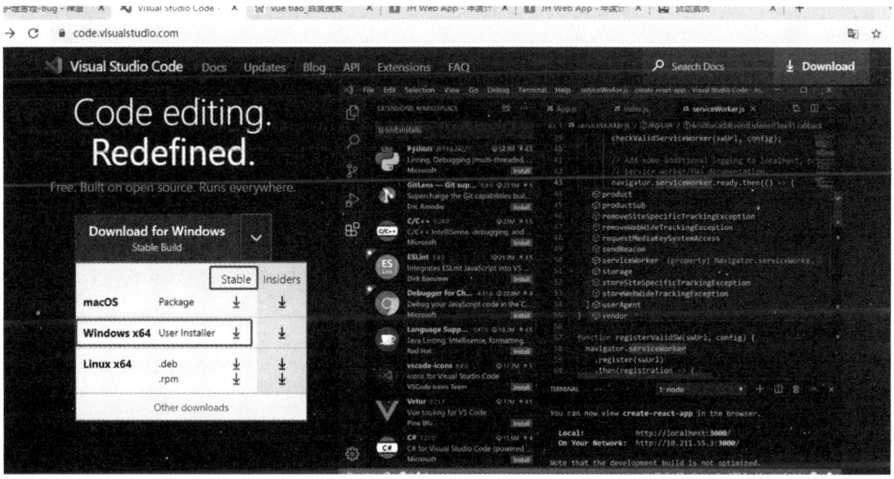

图 6-2　VS Code 下载安装

安装完成后，打开编辑器即可下载扩展程序，完善编辑器功能。例如，对编辑器进行汉化，单击“Extension”按钮，然后输入“chinese”关键字，VS Code 将自动搜索汉化的相关插件，此时窗口右侧会出现相关扩展程序的介绍及使用方法，选择第一个后单击 Install 按钮就可以安装了。

推荐安装的扩展程序有 Atom One Light Theme、Auto Close Tag、Auto Import、Open In Browser，也可自行选择其他扩展程序，如图 6-3 所示。

图 6-3　在 VS Code 中选择其他扩展程序

2. 使用步骤

（1）新建 HTML 文件。

在 VS Code 配置完成后，选择“文件（F）”→“新建文件（Ctrl+N）”命令，在新建的文件中输入以下代码（如图 6-4 所示）。

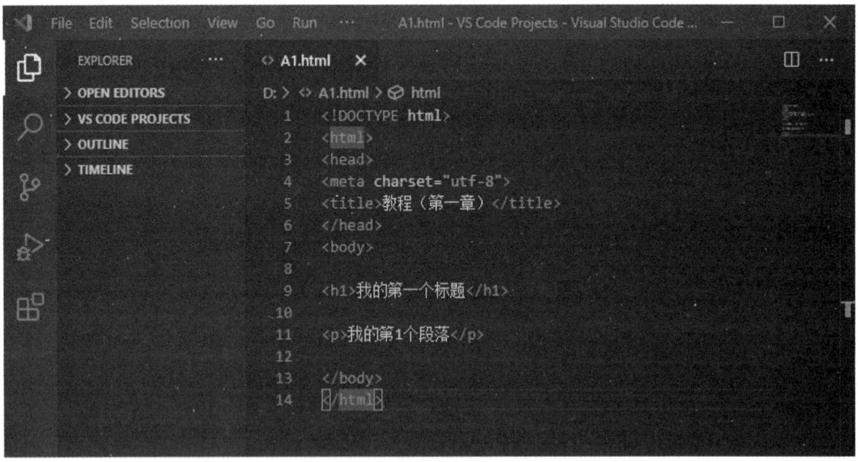

图 6-4　在 VS Code 中输入 HTML 代码

```
<!DOCTYPE HTML>
<HTML>
<head>
    <meta charset="utf-8">
    <title>教程(第一章)</title>
    </head>
```

```
    <body>
        <h1>我的第一个标题</h1>
        <p>我的第一个段落。</p>
    </body>
</HTML>
```

（2）另存为 HTML 文件。

选择“文件（F）”→“另存为（Ctrl+Shift+S）”命令，文件名为“runoob.HTML”（如图 6-5 所示）。

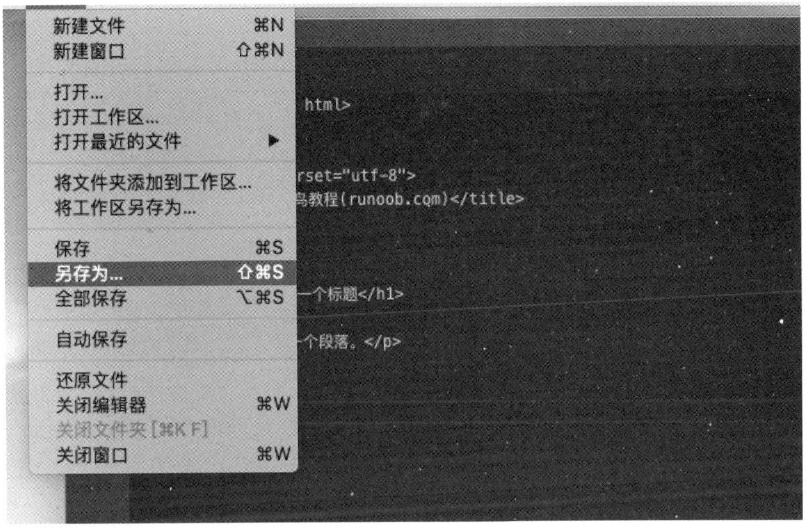

图 6-5　在 VS Code 中保存 HTML 代码

当保存 HTML 文件时，既可以使用 .htm 扩展名，也可以使用 .HTML 扩展名，二者没有区别，完全根据使用者自己的喜好，建议统一用 .HTML 扩展名。

（3）在浏览器中运行 HTML 文件。

右击编辑器上的文件名，选择在默认浏览器中打开（也可以使用其他浏览器），如图 6-6 所示。注意，此步骤需要安装 Open In Browser 扩展程序。

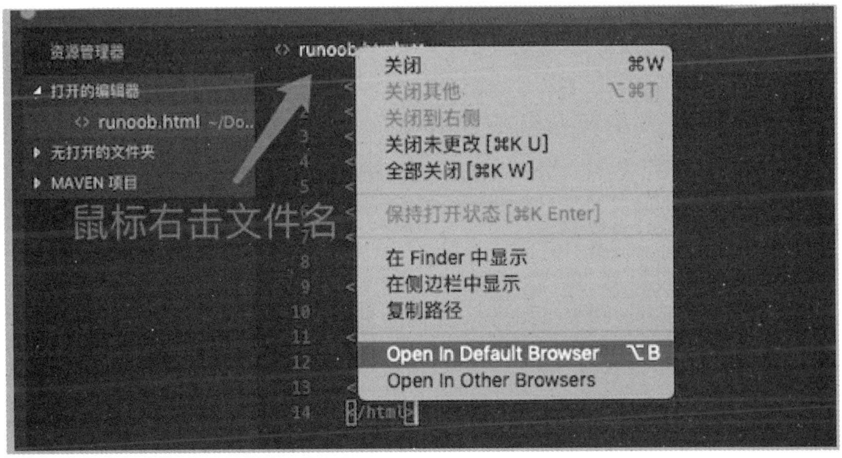

图 6-6　在 VS Code 中运行 HTML 文件

HTML 文件运行效果如图 6-7 所示。

图 6-7　HTML 文件运行效果

6.4.2　WebStorm 安装及使用

WebStorm 是 JetBrains 公司旗下的一款集成了 JavaScript、HTML 和 CSS 的开发工具，被广大开发者誉为 Web 前端开发神器、最强大的 HTML5 编辑器、最智能的 JavaSscript IDE。该软件为 JavaScript、Node.js、HTML 和 CSS 提供了智能编码帮助；完整集成了代码编辑、导航、实时错误检测及语言重构功能；充分利用了前端技术，如 HTML5、CSS、Sass、Less、Stylus、CoffeeScript、Typeescript、Emmet 和 JavaScript；提供了重构、调试和单元测试功能；通过集成版本控制系统，支持远程部署、数据库/SQL、命令行工具和许多其他工具。

1. 下载安装

从JetBrains 公司网站可下载相关版本安装文件，单击网站页面右上角“Download”按钮，选择相应版本下载，如图 6-8 所示。

图 6-8　下载 WebStorm 安装包

（1）解压下载的压缩包到任意位置。

（2）双击 WebStorm-2019.3.1.exe 文件，在弹出的 WebStorm Setup 窗口中单击“Next”按钮，如图 6-9 所示。

图 6-9　安装 WebStorm（1）

（3）选择安装路径，单击“Next”按钮，如图 6-10 所示。

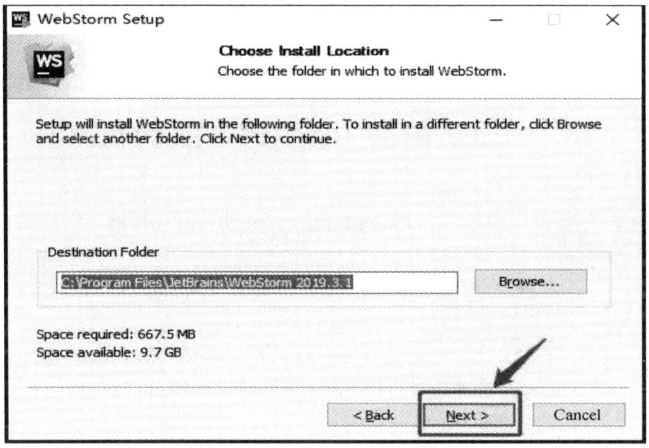

图 6-10　安装 WebStorm（2）

（4）勾选“64-bit launcher”选项，（注意查看当前计算机操作系统，若操作系统不是 64 位则不勾选），单击“Next”按钮，如图 6-11 所示。

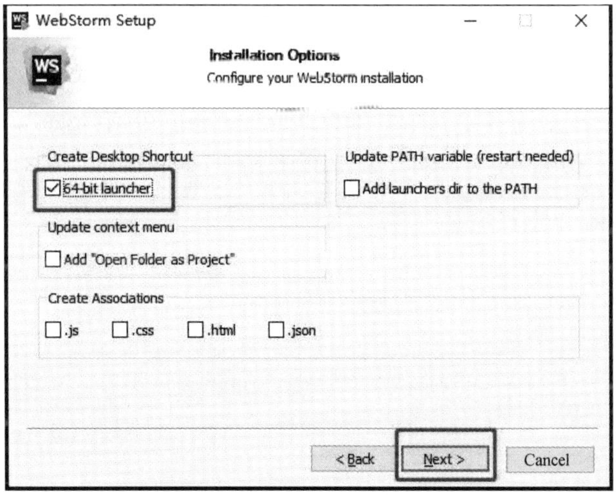

图 6-11　安装 WebStorm（3）

（5）在如图 6-12 所示的界面中，单击“Install”按钮，开始安装。

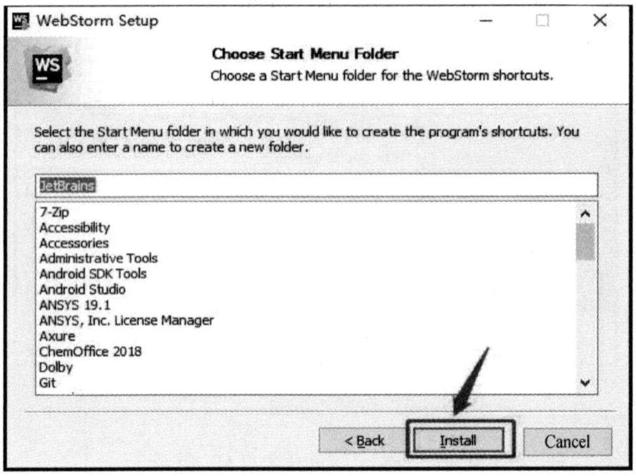

图 6-12　开始安装

（6）安装完成，勾选“Run WebStorm”选项，单击“Finish”按钮，启动软件，如图 6-13 所示。

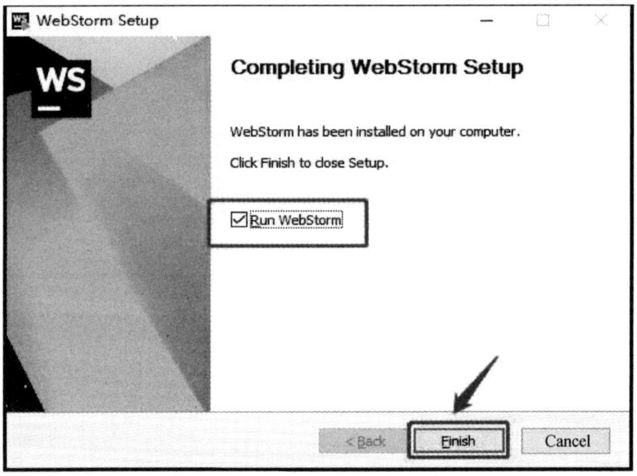

图 6-13　安装完成后启动 WebStorm（1）

（7）若是首次安装，则选择第三个选择框“Do not import settings”；若之前安装过，则可以选择第一个选择框“Previous version”，如图 6-14 所示。

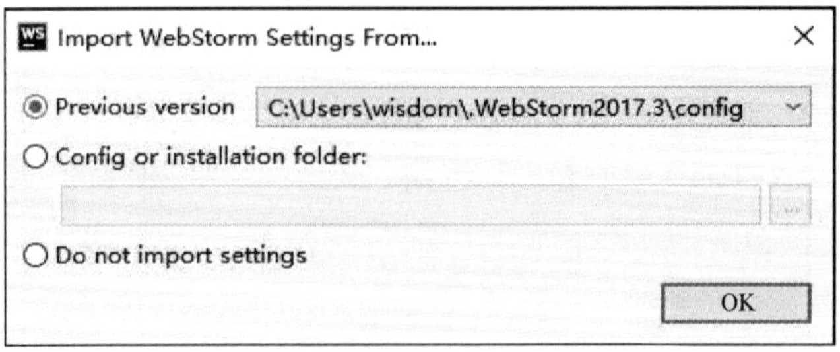

图 6-14　安装完成后启动 WebStorm（2）

（8）在“WebStorm User Aggrement”窗口中，勾选“I Confirm that I have read and accept the terms of this User Aggrement”选项，单击“Continue”按钮，如图 6-15 所示。

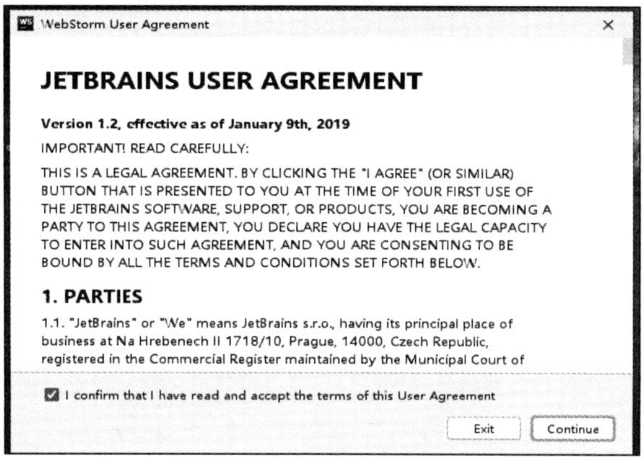

图 6-15 启动 WebStorm 进入试用期

选中“Evaluate for free”选项，单击“Evaluate”按钮，如图 6-16 所示，将打开“WebStorm”主窗口。

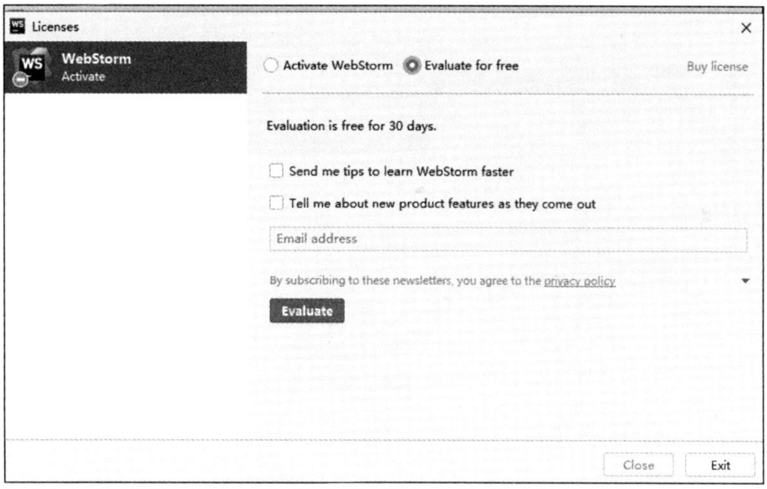

图 6-16 选择评估或输入激活码

2. 使用步骤

（1）创建代码文件夹。

在桌面上创建一个空文件夹 runoob，打开编辑器（“File”→“Open”），找到桌面文件夹，选择 runoob 文件夹，单击“OK”按钮，如图 6-17 所示。

（2）创建 HTML 文件。

选择“runoob”→“new”→“HTML.file”命令，选择需要创建的文件类型，创建 runoob.HTML 文件，如图 6-18 所示。

（3）编辑代码。

在<body>和</body>之间输入如图 6-19 所示代码。

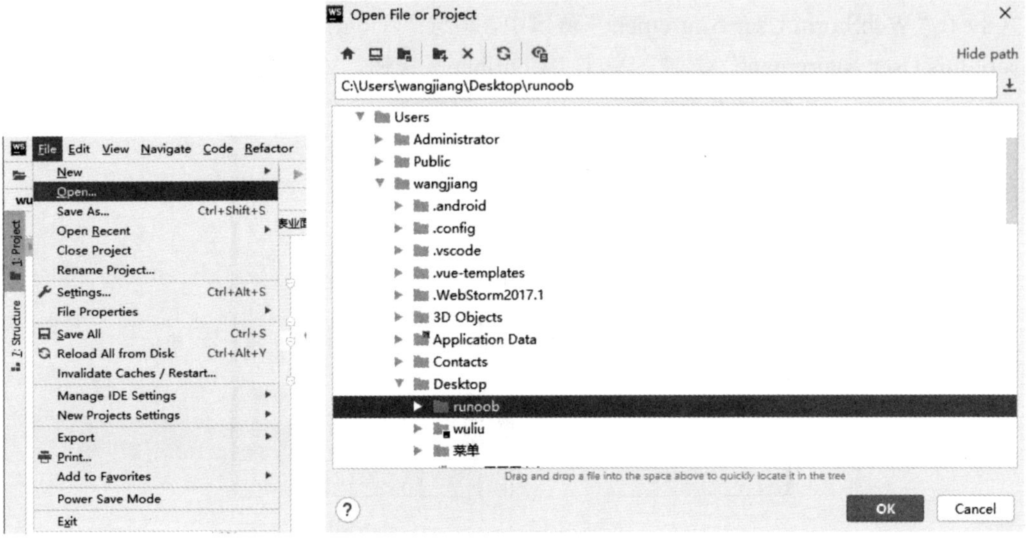

图 6-17　在 WebStorm 中新建文件夹

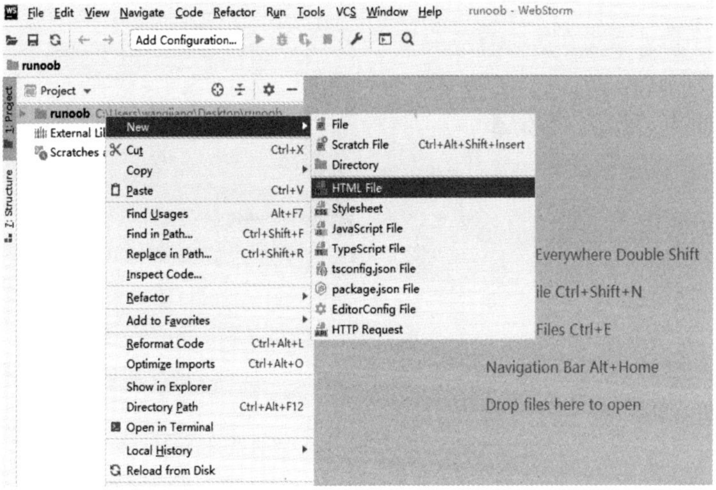

图 6-18　在 WebStorm 中新建文件

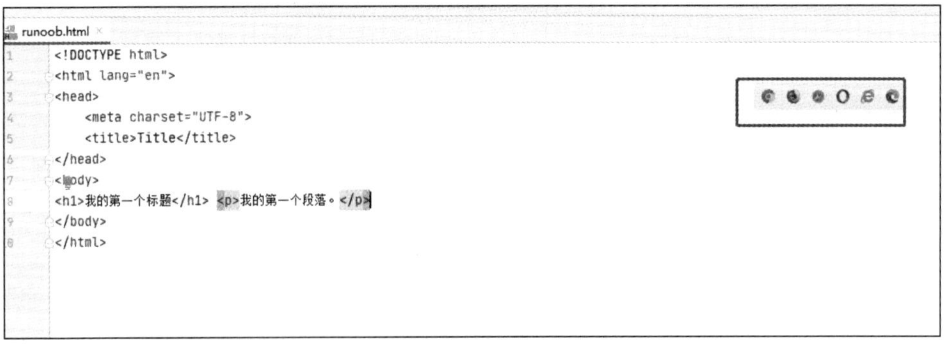

图 6-19　在 WebStorm 中输入代码

（4）查看代码运行效果。

将光标移动到文件右上角，选择在相应的浏览器中打开即可（推荐安装谷歌 Chrome 浏览器、IE 浏览器，但 IE10 以下版本不推荐使用）。

6.4.3 HTML 编辑工具的比较

目前主流的 HTML 编辑工具（VS Code、WebStorm、Dreamweaver）比较起来，主要有以下区别：

- VS Code 比 WebStorm 体积小，扩展性高，界面符合前端审美，可以按需加载，免费使用，编辑器相较于 IDE 有一定局限性；
- WebStorm 功能齐全、强大，使用简单，基本上不用配置扩展程序，用户体验近乎完美，不过对计算机性能要求比较高，是付费软件；
- Dreamweaver 由于操作复杂、功能欠缺，目前已不常使用，如果只是编写简单页面还可以使用，开发比较复杂的程序时不推荐使用。

6.5 典型 HTML 界面设计案例

例 6-1 利用 HTML 以表格形式显示货运单部分数据项，并且可以让用户输入新建货运单所需的部分数据项。其中货运单数据项的数据库表结构参见附录 A 中货运单主表。运行效果如图 6-20 所示。

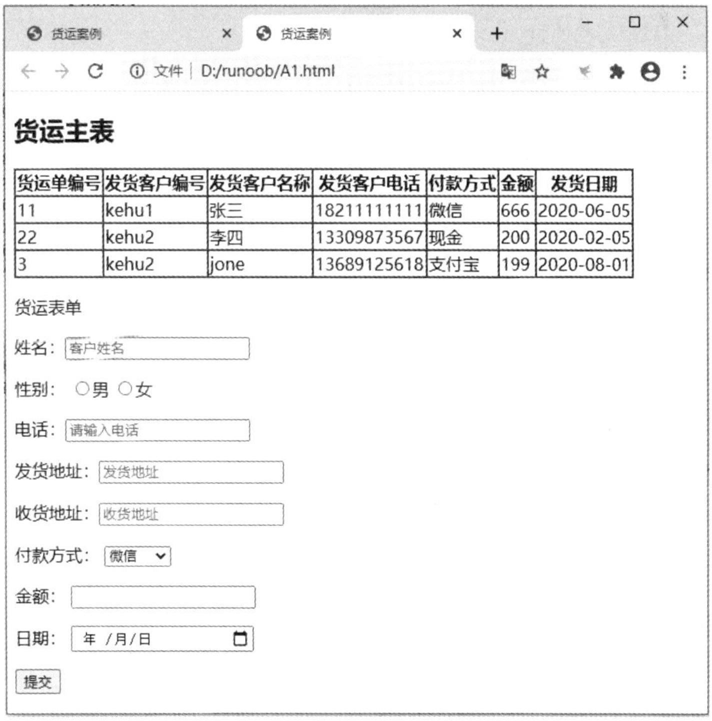

图 6-20 货运单主表部分字段

页面 HTML 代码如下：

```
<!DOCTYPE HTML>
<HTML lang="en">
<head>
    <meta charset="UTF-8">
    <title>货运案例</title>
  </head>
<body>
<div class="main">
    <h2 class="header">货运主表</h2>
    <table class="tableList" border="1" cellspacing="0" >
        <tr>
            <th>货运单编号</th>
            <th>发货客户编号</th>
            <th>发货客户名称</th>
            <th>发货客户电话</th>
            <th>付款方式</th>
            <th>金额</th>
            <th>发货日期</th>
        </tr>
        <tr>
            <td>11</td>
            <td>kehu1</td>
            <td>张三</td>
            <td>18211111111</td>
            <td>微信</td>
            <td>666</td>
            <td>2020-06-05</td>
        </tr>
        <tr>
            <td>22</td>
            <td>kehu2</td>
            <td>李四</td>
            <td>13309873567</td>
            <td>现金</td>
            <td>200</td>
            <td>2020-02-05</td>
        </tr>
        <tr>
            <td>3</td>
            <td>kehu2</td>
```

```
                <td>jone</td>
                <td>13689125618</td>
                <td>支付宝</td>
                <td>199</td>
                <td>2020-08-01</td>
            </tr>
        </table>
        <p class="form-title">货运表单</p>
        <div class="formInfo">
            <form action="">
              <p><label>姓名:</label><input type="text" id="fullName"  placeholder=
"客户姓名"></p>
                <p class="sexItem"><label>性别: </label>
                    <input name="sex" type="radio" value="1">男
                    <input name="sex" type="radio" value="2"><span>女</span>
                </p>
                <p><label>电话: </label><input type="tel" id='phone' maxlength=
"11" placeholder="请输入电话"></p>
                <p><label>发货地址: </label><input type="text" id="postAddress"
placeholder="发货地址"></p>
                <p><label>收货地址: </label><input type="text" id= "deliveryAddress"
placeholder="收货地址"></p>
                <p><label>付款方式: </label>
                    <select name="pay" id="PayMode">
                        <option value="1">微信</option>
                        <option value="2">支付宝</option>
                        <option value="3">现金</option>
                    </select>
                </p>
                <p><label>金额: </label><input id="money" type="number"></p>
                <p><label>日期: </label><input id="date" style="width: 170px;"
type="date"></p>
                <p><input class="submitBtn" type="button" value="提交"/></p>
            </form>
        </div>
        </div>
        </body>
        </HTML>
```

页面写好后，还需要对页面布局进行美化，这时候需要使用 CSS 实现。

6.6 层叠样式表（CSS）基础

层叠样式表（Cascading Style Sheets，CSS）用于页面表现形式的控制，如标题字体、颜色变化，或者为标题加入背景图片、边框等，所有这些用于改变内容外观的部分都可以用 CSS 技术实现灵活控制。

6.6.1 CSS 格式

在 CSS 文件中，一般采用以下格式：

```
选择器{
  属性名:属性值;
  属性名:属性值;
}
```

其中，选择器负责圈定范围，即要修改的元素集合；花括号内的声明由属性名和属性值这样的键值对构成，即 key:value 的形式，用于设定具体样式。

6.6.2 CSS 的引入方式

1. CSS 的三种引入方式

（1）行间式。

例如：

```
<p style="color:red;"</p>
```

（2）内联式。

例如：

```
<style>
    p {
        color:red
    }
</style>
```

（3）外联式。

例如：

```
p {
    width: 100px;
    height: 100px;
    background-color: red;
}
```

采用外联式引入方式时，在 HTML 中引入 CSS 文件的方法如下：

```
<head>
   <link rel="stylesheet" type="text/css" href="css/zero.css" />
</head>
```

2. CSS 三种引入方式对比

CSS 三种引入方式的相同点在于：属性值满足的是 CSS 语法；属性值采用 key:value 式赋值，value 具有单位；属性值之间用分号隔开。

CSS 三种引入方式的不同点在于：

- 行间式在标签头部的 style 属性内；
- 内联式也可称为行内 CSS 或行级 CSS，它直接在标签内部引入，显著的优点是十分便捷、高效，但是同时也造成了不能够重用样式的缺点；
- 外联式在外部 CSS 文件中，格式为“选择器{样式块}”，将 HTML 与 CSS 文件建立联系。HTML 通过 link 标签链接外部 CSS 文件（一般在 head 里面）。

三种引入方式之间没有优先级。

三种引入方式协同布局要求：不重复的属性一定为唯一位置的唯一值，重复的属性采用覆盖赋值，保留最后位置的属性值；行间式一定是逻辑上最后被解析的位置（js 正常操作的就是行间式）；!important 会影响优先级，且优先级最高。

6.6.3 CSS 选择器

1. 基础选择器

（1）通配选择器（*）：匹配所有 HTML、body 中的所有子标签（具有显示效果的标签）。例如：

```
*{
   border: solid;
}
```

（2）标签选择器（标签名）：匹配指定标签名对应的所有标签。例如：

```
div{
   width: 100px;
   height: 100px;
   background-color: red;
}
```

（3）类选择器（.）：匹配指定类名对应的所有标签。例如：

```
.dd{
   font-size: 50px;
}
```

```
<div class="dd">d_1</div>
```

（4）id 选择器（#）：匹配指定 id 名对应的唯一标签。例如：

```
#ele{
    color: blue;
}
```

2. 选择器的组合

每个选择器都可以是任意基础选择器或选择器的组合，有以下两类选择器的组合。

（1）群组选择器：可以一次性控制多个选择器，选择器之间用逗号隔开。例如：

```
div,.d1,#div{
    color:red;
}
```

（2）子代（后代）选择器：一次性控制一个选择器（最后的那个选择器），前置位的选择器是修饰性选择器，与子代选择器必须为一级父子关系，后代选择器可以为一级，也可以多级父子嵌套关系，子代选择器用大于号（>）连接。

例如，控制 body 下的 div 选择器，代码如下：

```
body>div{
    color:red;
}
```

例如，后代选择器用空格连接，代码如下：

```
div .d2{
    color:red;
}
```

注意：控制 div 下只有 d2 选择器。

3. 多类名选择器

多类名选择器一次性控制一个选择器（最后的那个选择器），前置位的选择器是修饰性选择器，只是为了更精确。例如：

```
.d1.d2{
    color: tan;
}
.d1.d2.d3{
    color: #123
}
```

4. 选择器总结

几种选择器的总结如下：

- 通配选择器一般用于整体 reset 操作，即清除系统自定义样式；
- 标签与 id 选择器运用的场景并不多，一般不提倡采用 id 选择器进行布局；
- 类选择器为布局首选（建议基本全用 class 选择器进行布局）；
- 基本选择器优先级为！important＞id＞class＞标签>通配。

6.6.4 CSS 常用属性

CSS 常用属性包括颜色属性、页面布局相关属性、字体属性、文本属性、尺寸属性、边框属性、内边距属性、背景颜色属性、列表相关属性、表格相关属性等。本节简要说明常用的颜色属性、字体属性、文本属性、表格相关属性，其他属性可参考 CSS 相关手册。

1. 颜色属性

CSS 的颜色属性用于统一配置 HTML 中相关元素的文字和背景颜色。

（1）字体颜色。

字体颜色有如下 4 种设置方式：

```
color: red                          --用颜色标记代码进行设置
color: #f90                             --用十六进制色值进行设置
color:rgb(250,250,0)                    --用红绿蓝十进制色值进行设置
color:rgba(r,g,b,透明度（0-1））            --用红绿蓝十进制色值和透明度进行设置
```

（2）背景颜色。

与字体颜色设置相似，背景颜色也有四种设置方式：

```
background:red
background:#f90
background:rgb(255,255,0)
background:rgba()
```

2. 字体属性

CSS 的字体属性用于统一配置 HTML 中相关元素的文字字体、字号、粗细、高度等，主要包括以下属性配置项。

font-family：字体族，多种字体代码间以“,”分隔，默认使用第 1 种字体，多值用于备用。例如：

font-family: 字体，如"STSong" "Arial" 等。

font-size：字体大小。

font-style：字体风格，normal（普通，初始值）、italic（斜体）、oblique（倾斜）。

font-weight：字体重量，normal（普通）、bold（加粗）、lighter（细），数值 100 为最细，数值 900 为最粗。

font-height：字体行高，行高设置大于等于字体大小，字体在行高中垂直居中显示。

font：[weight | style] size family 为复合属性，推荐使用。例如：font:italic bold 12px/30px Georgia, serif。

注：空格用于隔开多个属性取值，逗号用于设置一个属性依次可取的多个值。

3. 文本属性

CSS 的文本属性用于统一配置 HTML 中文字的字间距、排列方式、行高等属性，主要包括以下属性配置项。

letter-spacing：字母间隔（必须符合长度格式，可使用负值）。

word-spacing：文字间隔（同上）。

text-decoration：文字修饰（underline——下画线、overline——上画线、line-through——删除线、blink——闪烁，默认为无）。

text-align：横向排列方式（left——左对齐、right——右对齐、center——中间对齐）。

text-indent：缩进值，必须是一个长度或百分比，若是百分比，则依上级元素的宽度而定。

text-transform：改变字体的大小写。

line-height：行高，控制两行文本之间的间隔。此值可理解为一个缩放因子，真正的行高为字体高度（font-size 值）乘该值。

4. 表格相关属性

常用表格属性项如下。

```
table-layout: auto / fixed                --设置列宽固定（相等）
border-collapse: separate/ collapse       --分开（seperate）与合并（collapse）单元格
border-spacing:                           --单元格和单元格之间的间隙长格，在单元格不能
                                            合并的前提下才可以设置
caption-side: top/bottom                  --标题的位置在顶部（top）或底部（bottom）
empty-cells:hide/show                     --显示或隐藏空的单元格，单元格不能合并
```

6.6.5 块级元素和内联元素

在做页面布局的时候，一般会将 HTML 元素分为两种：块级元素和内联元素。

1. 块级元素（block element）

块级元素一般作为容器出现，是其他元素的容器元素，用来组织结构，每个块级元素默认占一行高度，一行内添加一个块级元素后一般无法添加其他元素（float 浮动除外）；两个块级元素连续编辑时，会在页面自动换行显示；块级元素一般可嵌套块级元素或内联元素。

有些块级元素，如<form>，其内部只能包含块级元素；有些块级元素，如<p>，其内部只能包含内联元素；还有一些块级元素，其内部既可以包含块级元素，也可以包含内联元素。

块级元素的特点如下：

- 总是在新行上开始；
- 高度、行高，以及外边距和内边距都可控制；
- 宽度默认是它的容器的 100%，除非设定一个宽度；
- 它可以容纳内联元素和其他块元素。

常见的块级元素如下：

- address——地址；
- blockquote——块引用；
- center——居中对齐块；
- dir——目录列表；
- div——常用块级元素，也是 CSS layout 的主要标签；
- dl——定义列表；
- fieldset—— form 控制组；
- form——交互表单；
- h1——大标题；
- h2——副标题；
- h3——3 级标题；
- h4——4 级标题；
- h5——5 级标题；
- h6——6 级标题；
- hr——水平分隔线；
- menu——菜单列表；
- noframes——frames 可选内容（对于不支持 frame 的浏览器显示此区块内容）；
- noscript——可选脚本内容（对于不支持 script 的浏览器显示此内容）；
- ol——有序表单；
- p——段落；
- pre——格式化文本；
- table——表格；
- ul——无序列表。

2. 内联元素（inline element）

内联元素也叫行内元素、内嵌元素等，一般都是基于语义级（semantic）的基本元素，只能容纳文本或其他内联元素，如常见的内联元素 a。比如，SPAN 元素、IFRAME 元素和元素样式的 display : inline 都是内联元素。

内联元素的特点如下：

- 和其他元素都在一行上；
- 高度、行高，以及外边距和内边距不可改变；
- 宽度就是它的文字或图片的宽度，不可改变；
- 内联元素只能容纳文本或其他内联元素。

对于内联元素，需要注意以下几个问题：

- 设置宽度 width 无效；
- 设置高度 height 无效，可以通过 line-height 来设置；
- 设置 margin，只有左右 margin 有效，上下无效；
- 设置 padding，只有左右 padding 有效，上下无效。

常见的内联元素如下：

- a——锚点；

- abbr——缩写；
- acronym——首字；
- b——粗体（不推荐）；
- big——大字体；
- br——换行；
- cite——引用；
- code——计算机代码（在引用代码的时候需要）；
- dfn——定义字段；
- em——强调；
- font——字体设定（不推荐）；
- i——斜体；
- img——图片；
- input——输入框；
- kbd——定义键盘文本；
- label——表格标签；
- q——短引用；
- s——中画线（不推荐）；
- samp——定义范例计算机代码；
- select——项目选择；
- small——小字体文本；
- span——常用内联容器，定义文本内区块；
- strong——粗体强调；
- sub——下标；
- sup——上标；
- textarea——多行文本输入框；
- tt——电传文本；
- u——下画线。

3. 块级元素与内联元素的区别

区别 1：块级元素会独占一行，默认情况下，宽度自动填满其父元素宽度；内联元素不会独占一行，相邻的行内元素会排在同一行，其宽度随内容的变化而变化。

区别 2：块级元素可以设置宽度和高度；内联元素不可以设置宽度和高度。

区别 3：块级元素可以设置 margin、padding；内联元素水平方向的 margin-left、margin-right、padding-left、padding-right 可以生效，但是竖直方向的 margin-bottom、margin-top、padding-top、padding-bottom 却不能生效。

区别 4：块级元素和内联元素可以通过设置 display 属性进行切换，方法如下。

块级元素：display:block。

内联元素：display:inline。

6.6.6 CSS 盒模型

所有 HTML 元素都可以看作盒子。在 CSS 中，盒模型（Box Model）这一术语在设计和布局时使用。CSS 盒模型本质上是一个盒子，用于封装周围的 HTML 元素，它包括边距、边框、填充和实际内容。

盒模型允许我们在其他元素和周围元素边框之间的空间放置元素。盒模型由 margin、border、padding、content 这四个成员组成，它们都有自身的独立显示区域，相互之间不影响，如图 6-21 所示。

- margin：外边距，清除边框外的区域，外边距是透明的。
- border：边框，围绕在内边距和内容外的边框。
- padding：内边距，清除内容周围的区域，内边距是透明的。
- content：内容，显示文本和图像。

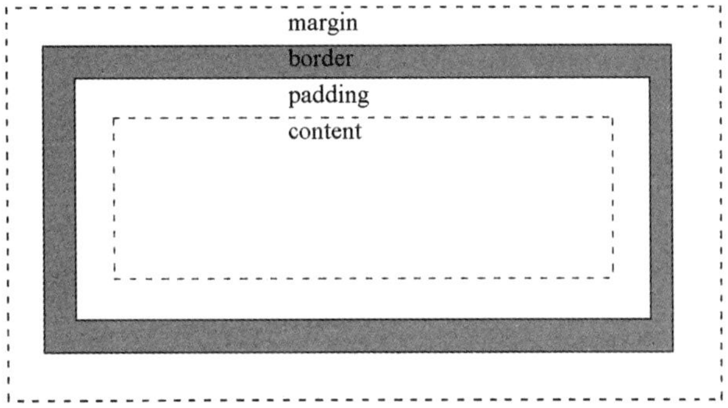

图 6-21　CSS 盒模型

当指定一个 CSS 元素的宽度和高度属性时，只是设置了内容区域的宽度和高度，若要计算元素的完整大小，还必须添加内边距、边框和外边距。

元素的总宽度计算公式：

```
元素的总宽度=宽度+左填充+右填充+左边框+右边框+左边距+右边距
```

元素的总高度计算公式：

```
元素的总高度=高度+顶部填充+底部填充+上边框+下边框+上边距+下边距
```

例如，以下代码中一个 div 元素的总宽度为 450px：

```
div {
   width: 300px;
   border: 25px solid green;
   padding: 25px;
   margin: 25px;
}
```

如果页面中一个 div 元素只有 250px 宽度的空间可以使用，那么可用如下代码配置：

```
div {
    width: 220px;
    padding: 10px;
    border: 5px solid gray;
    margin: 0;
}
```

6.6.7 布局定位

1. 布局定位

布局定位就是根据需求为相应的块设定其在页面中的位置，主要包括相对定位、绝对定位、固定定位、静态定位四种方式。

1）相对定位（position:relative）

相对定位时，块未脱离文档流，块相对于原来位置偏移，宽度和高度都没变，如 left:50px，表示块的新位置顶点坐标与原位置坐标间的横向距离是 50 个像素；再如 top:100，表示块的新位置顶点坐标与原位置坐标间的纵向距离是 100 个像素。

优点：父级不会脱离文档流，且满足所有的盒模型布局。

2）绝对定位（position:absolute）

绝对定位时，块完全脱离文档流，不在文档流中占位，不会撑开父级高度，不会影响布局，显示层也永远高于文档流，以最近定位的父级作为参考坐标系，没有就找 HTML。

优点：如果自身已经采用绝对定位布局，那么子级一定参考自身进行定位。

如果父级只是辅助子级进行绝对定位，那么一定优先选择相对定位，因为绝对定位会产生新的 BFC，导致盒模型布局受影响。

3）固定定位（position:fixed）

固定定位时，块完全脱离文档流，参考系为文档窗口，不随页面滚动而改变位置。

4）静态定位（position:static）

默认情况下，没有指定元素的 position 属性值，元素是静态定位。只要是支持 position 属性的 HTML 对象都默认为静态定位，static 是 HTML 对象 position 属性的默认值，表示块保留在原本应该在的位置，不会重新定位。所以，不必显式写出“position:static”。

2. z-index 属性

脱离文档流的标签具有 z-index 属性，可以用来控制显示层次的优先级，属性值可以为任意正整数。

6.6.8 浮动布局

浮动布局的目的是让块级元素在父级规定的宽度中同行显示。在 CSS 中，任何元素都可以浮动，浮动元素会生成一个块级框，而不论它本身是何种元素。

例如，HTML 中默认的情况是一个 div 元素，占据一行位置，但是在 CSS 中使用 float:left

时，可以使多个 div 元素共存于一行，这样可以把网页划分成很多块。

使用该属性会影响后面的元素，如果后面的 div 元素不想再被影响，那么可以使用 clear:both；可以理解为清除 float:left 和 float:right 的影响，返回默认状态。

1. 基本语法格式

浮动布局的基本语法格式如下：

```
float:left | right
```

其中：

float:left——设置元素的布局规则为向右浮动；

float:right——设置元素的布局规则为向左浮动。

2. 浮动布局示例

若要在页面中显示如图 6-22 所示的效果，则可使用如下代码。

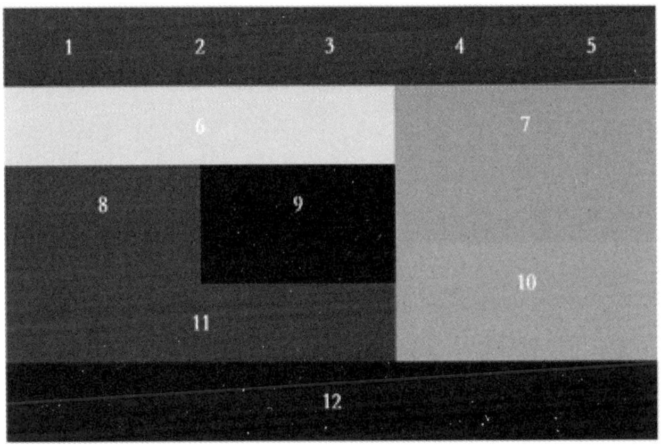

图 6-22　浮动布局效果

（扫码可看彩图）

```
.box{
    width: 1000px;
    margin: 0 auto;
}
div div{
    font: 900 30px/100px 'STSong';
    text-align: center;
    width: 200px;
    height: 100px;
    background-color: green;
    float: left;
    color: white;
}
.b6{
    width: 600px;
```

```
        background-color: yellow;
    }
    .b7{
        width: 400px;
        height: 200px;
        background-color: yellowgreen;
        float: right;
    }
    .b8{
        width: 300px;
        height: 150px;
        background-color: brown;
        float: left;
    }
    .b9{
        width: 300px;
        height: 150px;
        background-color: black;
        float: left;
    }
    .b10{
        width: 400px;
        height: 150px;
        background-color: cyan;
        float: right;
    }
    .b11{
        width: 600px;

        background-color: red;
        float: left;
    }
    .b12{
        width: 1000px;
        background-color: blue;
    }
    <div class="box">
        <div class="b1">1</div>
        <div class="b2">2</div>
        <div class="b3">3</div>
        <div class="b4">4</div>
        <div class="b5">5</div>
```

```
    <div class="b6">6</div>
    <div class="b7">7</div>
    <div class="b8">8</div>
    <div class="b9">9</div>
    <div class="b10">10</div>
    <div class="b11">11</div>
    <div class="b12">12</div>
</div>
```

3. 浮动布局的问题

浮动布局最大的问题在于父级元素高度“塌陷”问题：通常在文档流中，父级元素标签是不设置高度的，这样父级元素高度会随子级元素内容高度的增加而自动增高。其优点是样式很灵活，修改子级内容的时候不必再修改父级元素标签的高度，但缺点是如果浮动的子级元素一旦脱离了文档流，就无法撑起父元素，会造成父级元素高度“塌陷”，从而使得父级元素以下的元素都会向上移动，导致布局混乱。

解决父级元素高度“塌陷”问题最直接的办法就是给父级元素添加高度，另外，还可以通过清除浮动解决。

4. 清除浮动

因为浮动会使当前标签产生向上浮的效果，同时会影响前后标签、父级标签的位置及 width height 属性，而且同样的代码，在各种浏览器中显示效果也有可能不相同，所以就需要使用清除浮动方法以达成不同浏览器的显示兼容。

主要有以下四种清除浮动的方法。

（1）为浮动的父级设置高度：

```
super  {
    height: npx;
}
```

（2）为浮动的父级设置 overflow：

```
super {
    overflow: hidden;
}
```

（3）为浮动的父级兄弟设置 clear：

```
brother {
    clear: left | right | both;
}
```

（4）为浮动的父级伪类清除浮动：

```
super:after {
```

```
        content: "";
        display: block;
        clear: left | right | both;
    }
```

原理：在浮动布局的情况下，让父级获得合适的高度。

6.6.9 CSS 应用示例

例 6-2 对 6-5 节中案例的 HTML 进行美化，代码如下：

```
<!DOCTYPE HTML>
<HTML lang="en">
<head>
    <meta charset="UTF-8">
    <title>货运案例</title>
    <style>
        *{margin: 0;padding: 0;list-style: none;}
        .main{width:  1200px;margin:  0  auto;padding-top:30px;font-size: 14px;font-family: "Microsoft Sans Serif";}
        .header{ width: 700px;margin: 0 auto }
        .header a{ width:60px;height: 30px;line-height: 30px; font-size: 14px; margin-right: 250px;text-decoration: none;  border-radius: 20px;background: #5580ff;color:#fff;display:inline-block;text-align: center;border: 1px solid #5580ff }
        .header a:hover{background:#fff;color:#5580ff;border: 1px solid #5580ff}
        .tableList{ border: 1px solid #ddd;  width: 700px;  margin: 20px auto; text-align: center;  }
        .layer{ position: fixed;  top: 0;  left: 0;  bottom: 0;  right: 0; width: 100%;  height: 100%;  background: rgba(0,0,0,0.6);display: none}
        .form-title{text-align: center;border-bottom: 1px solid #ccc;width: 80px;height: 30px;line-height: 30px;font-size: 18px;  color: blue;margin: 20px auto;}
        .form-title .closeBtn{ position: absolute;  right: 15px;  top: 5px; text-decoration: none;  color: #333;}
        .formInfo{width:  400px;margin:  20px  auto;border:  1px  solid  #ddd; background: #fff;position: relative}
        .formInfo p{margin: 0 0 15px 45px;}
        .formInfo p label{width: 80px;display: inline-block; text-align: right}
        .formInfo p input{height: 25px;  padding-left: 10px;}
        .formInfo p select{height: 28px; width: 180px;  padding-left: 10px;}
        .formInfo .sexItem input{ top: 7px;  position: relative;}
        .formInfo p .submitBtn{background: #5580ff;border: 0; color: #fff; width: 60px; height: 30px;text-align: center;margin-left: 140px;padding: 0;cursor: pointer;
        }
    </style>
```

```
</head>
<body>
<div class="main">
    <h2 class="header"><a class="addBtn" href="javascript:">新建</a>货运主
表</h2>
    <table id="tableList" class="tableList" border="1" cellspacing="0" >
    </table>
    <div class="layer">
        <div class="formInfo">
            <div class="form-title">货运表单
     <a class="closeBtn" href="javascript:">X</a>
     </div>
     <form action="">
            <p><label>姓名: </label><input type="text" id="fullName" placeholder
="客户姓名"></p>
            <p class="sexItem"><label>性别: </label>
                <input name="sex" checked type="radio" value="1">男
                <input name="sex" type="radio" value="2"><span>女</span>
             </p>
             <p><label>电话: </label><input type="tel" id='phone' maxlength=
"11" placeholder="请输入电话"></p>
             <p><label>发货地址: </label><input type="text" id="postAddress"
placeholder="发货地址"></p>
             <p><label>收货地址: </label><input type="text" id="deliveryAddress"
placeholder="收货地址"></p>
             <p><label>付款方式: </label>
                <select name="pay" id="PayMode">
                    <option value="1">微信</option>
                    <option value="2">支付宝</option>
                    <option value="3">现金</option>
                </select>
             </p>
             <p><label>金额:  </label><input id="money" type="number"></p>
             <p><label>日期:  </label><input id="date" style="width: 170px;"
type="date"></p>
             <p><input class="submitBtn" type="button" value="提交" /></p>
        </form>
     </div>
 </div>
</div>
</body>
```

第 7 章　JavaScript 基础

JavaScript（简称“JS”）是一种具有函数优先的轻量级、解释型（代码不进行预编译）的高级编程语言，属于网络的高级脚本语言。JavaScript 是作为开发 Web 页面的脚本语言而出名的，但是也被用到了很多非浏览器环境中。JavaScript 是基于原型、多范式的动态脚本编程语言，支持面向对象、命令式和声明式（如函数式编程）风格。

JavaScript 可以实现 Web 页面的人机交互，通常通过嵌入在 HTML 中来实现自身的功能，主要用来向 HTML 页面添加交互行为。JavaScript 可以直接嵌入 HTML 页面，若写成单独的 JavaScript 文件则有利于结构和行为的分离。JavaScript 已经被广泛应用于 Web 应用开发，常用来为网页添加各式各样的动态功能，为用户提供更流畅、美观的浏览效果。

本章在讲述 JavaScript 基础语法、变量、数据类型、函数和代码规范的基础上，重点对 JavaScript 处理网页所需的文档对象模型（DOM）进行说明，并通过案例进行综合示范。

重点和难点：

- ⊙ 网页中嵌入 JavaScript 的方法；
- ⊙ Web 浏览器中 JavaScript 程序的执行过程；
- ⊙ 基于 DOM 的 HTML 页面内容访问。

7.1　JavaScript 的产生与发展

JavaScript 在 1995 年由 Netscape 公司的 Brendan Eich 在导航者浏览器上首次实现完成，由于 Netscape 公司与 Sun 公司合作，Netscape 公司管理层希望它外观看起来像 Java，因此取名为 JavaScript，但实际上它的语法风格与 Self 及 Scheme 较为接近。

JavaScript 的标准是 ECMAScript（ES），截至 2012 年，所有浏览器都完整地支持 ECMAScript 5.1，旧版本的浏览器至少支持 ECMAScript 3。2015 年 6 月 17 日，ECMA 国际组织发布了 ECMAScript 的第 6 版，该版本正式名称为 ECMAScript 2015，但通常被称为 ECMAScript 6 或 ES6。

JavaScript 具有跨平台特性，在绝大多数浏览器的支持下，可以在多种平台运行（如 Windows、Linux、Mac、Android、iOS 等）。

JavaScript 脚本语言同其他语言一样，有自身的基本数据类型、表达式、算术运算符及程序基本框架，它提供了四种基本的数据类型和两种特殊数据类型来处理数据和文字，其变量用于存放信息，表达式则可以完成较复杂的信息处理。

7.1.1　JavaScript 的组成

JavaScript 由以下三部分组成（如图 7-1 所示）。

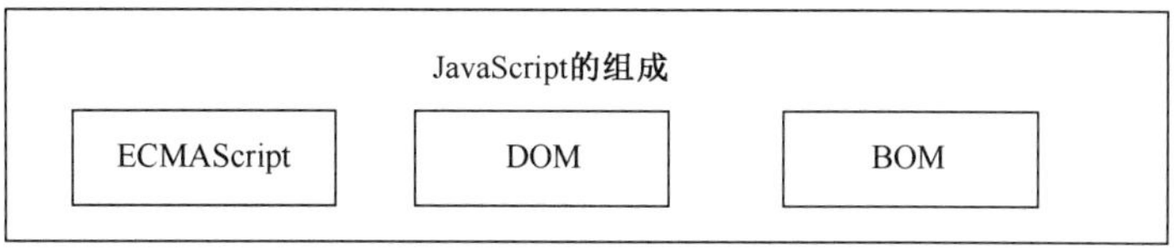

图 7-1　Javascript 组成

（1）ECMAScript（ES）：描述了该语言的语法和基本对象，主要版本有 ES5 和 ES6。

（2）文档对象模型（Document Object Model，DOM）：描述处理网页内容的方法和接口，是 W3C（World Wide Web Consortium，万维网联盟）组织推荐的、处理可扩展标准语言的标准编程接口。

（3）浏览器对象模型（Browser Object Model，BOM）：描述与浏览器进行交互的方法和接口，提供了独立于内容的、可以与浏览器窗口进行互动的对象结构，且由多个对象组成，其中代表浏览器窗口的 Window 对象是 JavaScript 对象层级中的顶层对象，所有的 BOM 对象都是在 Window 中操作的。

7.1.2　变量的定义

1. 变量的命名规范

变量的命名有以下几点规范。

（1）标识符由字母、数字、下画线、$组成，不能以数字开头，采用驼峰命名法。

（2）标识符不能与关键字及保留字重名。

（3）标识符区分大小写。

2. 定义变量

ES5 定义变量如下例所示：

```
var num = 10;        //无块级作用域变量
num = 10;           //全局变量
```

ES6 定义变量如下例所示：

```
let num = 10;        //局部变量
const num = 10;     //常量，常量名全大写，不允许修改
```

ES6 有块级作用域。

3. 三个基本弹出框

```
alert();        //一个弹出框只能弹出一条消息、多个值，后面的值会被忽略
confirm();     //确认框，有返回值，true | false
prompt();     //输入框，确定为输入值，取消为null
```

7.1.3 数据类型

1. 数值类（Number）

数值范围为$-5e^{324}$～$1.7976931348623157e^{+308}$，若超过范围则会显示为 Infinity（正无穷）或-Infinity（负无穷），不像其他语言，JavaScript 的数字类型包含了小数。

特殊的 Number 值——NaN（Not a Number），表示不是数字型数据，和任何值都不相等，与任何值运算的结果还是 NaN。

函数 isFinite()用于判断是否在数值范围内，函数 isNaN()用于判断是否为 NaN。

2. 字符串类型（String）

JavaScript 字符串有以下三种声明方式。

（1）使用双引号或单引号包含任意长度的文本。

例如：

```
var s = "true";                    //把布尔值转换为字符串
var s = "123";                     //把数值转换为字符串
var s = "[1,2,3]";                 //把数组转换为字符串
var s = "{x : 1; y : 2}";          //把对象转换为字符串
var s = "console.log('Hello,World')";  //把可执行表达式转换为字符串
```

（2）使用函数构造字符串。

使用函数 String() 可以接收一个参数，并把它作为值来初始化字符串。例如：

```
var s = new String();          //创建一个空字符串对象，并赋值给变量 s
var s = new String("我是构造字符串");  //创建字符串对象，初始化之后赋值给变量 s
```

模板字符串

（3）使用字符编码。

使用 fromCharCode() 方法可以把字符编码转换为字符串，该方法可以包含多个整数参数，每个参数代表字符的 Unicode 编码，返回值为字符编码的字符串表示。

例如，把一组字符串编码转换为字符串。

```
var a = [35835,32773,24744,22909], b = [];  //声明一个字符编码的数组
for (var i in a) {              //遍历数组
//把每个字符编码都转换为字符串并存入数组
b.push(String.fromCharCode(a[i]));
}
console.log(b.join(""));        //返回字符串
```

传统方式变量字符串的连接必须用字符串连接符“+”。

3. 布尔类型（Boolean true |false）

JavaScript 程序中比较语句的结果通常都是布尔类型（布尔值），布尔值指代真或假、开或

关、是或否，这个类型只有两个值：true 和 false，通常用在 JavaScript 的控制结构中，例如：

```
var a = true;
console.log(a, typeof a);
```

所有的值，包括所有的对象（数组）都会转换成 true（undefined、null、0 与-0、NaN、""空字符串除外）。

可以转为 true 的值被称为真值（truthy value），而可以转为 false 的值被称为假值（falsy value）。

4. 未定义类型（Undefined）

Undefined 是 JavasScript 中特殊的原始数据类型，只有一个值，即 Undefined，字面意思是“未定义的值”。例如：

```
var c = Undefined
console.log(c,typeof c);
```

Undefined 的语义是希望表示一个变量最原始的状态，而非人为操作的结果。这种原始状态会在以下四种场景中出现。

（1）声明了一个变量，但没有赋值。例如：

```
var foo;
console.log(foo);  Undefined
```

（2）访问对象上不存在的属性。例如：

```
console.log(Object.foo);     //Undefined
var arr = [];
console.log(arr[0]);         //Undefined
```

表示 Object 上不存在或没有定义的名为 foo 的属性。数组中的元素在内部也属于对象属性，访问下标就等于访问这个属性，返回 Undefined，就表示数组中不存在这个元素。

（3）函数定义了形参，但没有传递实参。例如：

```
Function fn(a) {
    console.log(a);          //Undefined
}
fn();      // 未传递实参
```

函数 fn 定义了形参 a，但 fn 被调用时没有传递参数，因此，fn 运行时的参数 a 就是一个原始的、未被赋值的变量。

（4）使用 void 对表达式求值。例如：

```
void 0 ;                    // Undefined
void false;                 // Undefined
void [];                    // Undefined
void null;                  // Undefined
```

```
void function fn(){} ;       // Undefined
```

ECMAScript 明确规定 void 操作符对任何表达式求值都返回 Undefined，这和函数执行操作后没有返回值的作用是一样的。JavaScript 中的函数都有返回值，当没有 return 操作时，就默认返回一个原始的状态值，这个值就是 Undefined，表明函数的返回值未被定义。

因此，Undefined 一般都来自某个表达式最原始的状态值，不是人为操作的结果，也可以手动给一个变量赋值 Undefined，但这样做没有意义，因为一个变量不赋值就是 Undefined。

7.1.4 引用类型

在 JavaScript 的数据类型中，除基础类型以外的都是引用类型，如 Object、Array 等。引用类型的值是保存在内存中的对象，与其他语言不同，JavaScript 不允许直接访问内存中的位置，也就是说，不能直接操作对象的内存空间。在操作对象时，实际上是在操作对象的引用而不是实际的对象，所以引用类型的值是按引用访问的。

注意：当复制保存着对象的某个变量时，操作的是对象的引用，但在为对象添加属性时，操作的是实际的对象。

JavaScript 中常用的引用类型有 Object、Array、Date、Function，分别介绍如下。

1. Object（对象类型）

Object 类型是 JavaScript 中最常见的一种类型，虽然 Object 类型不具备多少实际功能，但对于在应用程序中存储和传输数据而言，Object 是比较理想的选择。

创建 Object 实例的方式有以下两种。

第一种是使用 new 操作符号和 Object 函数。例如：

```
var person=new Object () ;
person.name="张三";

person.age="25";
```

第二种方式是使用对象字面量表示法。例如：

```
var person={
      name: "张三"
      age: '25'
     }
```

一般来说，访问对象属性时使用的都是点表示法，这也是很多面向对象语言中通用的语法。不过，在 JavaScript 中也可以使用方括号表示法来访问对象的属性。例如：

```
alert (person.name) ;
alert (person['name']) ;
```

从功能上讲，这两种访问对象属性的方法没有任何区别，但使用方括号表示法的主要优点是可以通过变量来访问属性。例如：

```
var propertyname="name";
```

```
alert(person[propertyname]);
```

通常，除非必须使用变量来访问属性，否则建议使用点表示法。

2. Array（数组类型）

虽然 JavaScript 数组与其他语言中的数组都是数据的有序列表，但与其他语言不同的是，JavaScript 数组的每一项都可以保持任何类型的数据，也就是说，可以用数组的第一个位置来保存字符串，用第二个位置来保存数值，用第三个位置来保存对象。而且，JavaScript 中的数组大小是可以动态调整的，即可以随着数据的添加自动增长，以容纳新增数据。

创建数组的基本方式有以下两种。

第一种方式是使用 Array 构造函数。例如：

```
var colors1=new Array () ;
var colors2=new Array (20) ;
var colors3=new Array ('red', 'bule', 'yellow') ;
```

第二种方式是使用数组字面量表示法。例如：

```
var colors=[ ];
var colors=['red', 'bule', 'yellow']
```

在读取和设置数组的值时，要使用方括号并提供相应值的基于 0 的数值索引。例如：

```
var colors[ 'red', 'bule', 'yellow'];          //定义一个字符串数组
alert (colors[0]) ;                            //显示第一项
colors[2]='green';                             //修改第三项
colors[3]='black';                             //新增第四项
```

数组的 length 属性可设置或返回数组中元素的数目，由于数组的 length 属性不仅可读，而且可写，所以，通过设置数组的 length 属性，可以从数组末尾移除元素或者向数组中添加新元素。

3. Date（日期类型）

日期类型用于操作日期值，若要创建一个日期对象，则可使用 new 操作符和 Date 构造函数，在调用 Date 构造函数而不传参的情况下，新创建的对象自动获取当前日期和时间。如果想根据特定的日期和时间创建日期对象，则必须传入表示该日期的毫秒数，为了简化这一计算过程，JavaScript 提供了两个方法——Date.parse()和 Date.UTC()。其中，Date.parse()方法接收一个表示日期字符串的参数，然后尝试根据这个字符串返回相应日期的毫秒数，若传入 Date.parse()方法的字符串不能表示日期，则返回 NaN。

Date 类型常用的获取和设置时间的方法有以下几个。

Date()：返回当前日期的时间。

getDate()：从 Date 对象返回一周中的某一天（0～6）。

getMonth()：从 Date 对象返回月份（0~11）。

getYear()：从 Date 对象返回 4 位数的年份值。

getTime()：返回 1970 年 1 月 1 日至今的毫秒数。

setDate()：设置 Date 对象中日期的值为一个月的某一天（1~31）。

setMonth()：设置 Date 对象中月份值（0~11）。

setTime()：以毫秒设置 Date 对象。

Date 类型还有如下一些专门用于将日期格式化为字符串的方法。

toDatestring()：将 Date 对象的日期部分转换为只包含“年、月、日”的短日期字符串，并返回结果。

toTimestring()：以特定的格式显示时、分、秒和时区。

toLocaldatestring()：以特定地区的格式显示星期几、日、月、年。

toLocaletimestring()：以特定地区的格式显示时、分、秒。

toUtcstring()：以特定的格式显示完整的 utc 日期。

4. Function（函数类型）

JavaScript 中的函数实际上是对象，每个函数都是 Function 类型的实例，而且都与其他引用类型一样具有属性和方法。由于函数是对象，因此函数名实际上也是一个指向函数对象的指针，不会与某个函数绑定。

（1）函数的定义。

在 JavaScript 中，定义函数的方式通常有以下三种。

第一种定义函数的方式是使用函数声明。例如：

```
Function sum(num1, num2)
{
   return num1 + num2
}
```

第二种定义函数的方式是使用函数表达式。例如：

```
var sum= Function(num1,num2){
 return num1 + num2;
};
```

以上代码定义了变量 sum，并将其初始化为一个函数。Function 关键字后面没有函数名，这是因为在使用函数表达式定义函数时，没有必要使用函数名，通过变量 sum 即可引用函数。另外，还要注意函数末尾有一个分号，就像声明其他变量时一样。

第三种定义函数的方式是使用 Function 构造函数。Function 构造函数可以接收任意数量的参数，但最后一个参数始终都被看作函数体，而前面的参数则枚举了新函数的参数。例如：

```
var sum = Function('num1','num2','return num1 + num2');
```

不推荐使用此种方式进行函数定义。

（2）函数的属性和方法。

因为 JavaScript 中的函数是对象，因此函数也有属性和方法。每个函数都包含两个属性：length、prototype。其中，length 属性表示函数希望接收的命名参数的个数。例如：

```
Function sayName(name)
{
```

```
 alert(name);
}
Function sayHi()
{
 alert('hi');
}
alert(sayName.length);        //返回：1
alert(sayHi.length);          //返回：0
```

对于引用类型而言，prototype 用于保存函数的实例方法，如 toString()和 valueOf()等函数的方法均保存在 protytype 名下，并通过各自对象的实例进行访问。在创建自定义引用类型及实现继承时，prototype 属性的作用极为重要。

每个函数都包含两个非继承而来的方法——apply()和 call()。这两个方法的用途是在特定的作用域中调用函数，实际上等于设置函数体内 this 对象的值。

apply()方法接收两个参数：一个是在其中运行函数的作用域；另一个是参数数组。其中，第二个参数可以是 array 的实例，也可以是 arguments 对象。例如：

```
Function sum(num1,num2)
{
 return num1 + num2;
}
Function callSum1(num1,num2)
{
 return sum.apply(this,arguments);
}
Function callSum2(num1,num2)
{
 return sum.apply(this,[num1,num2]);
}
alert(callSum1(10,10));       //返回：20
alert(callSum2(10,10));       //返回：20
```

在上面例子中，callSum1()在执行 sum()函数时传入了 this 作为 sum()函数的作用域（因为是在全局作用域中调用的，所以传入的就是 window 对象和 arguments 对象）。而 callSum2 同样也调用了 sum()函数，但它传入的则是 this 和一个参数数组。

call()方法与 apply()方法的作用相同，它们的区别仅在于接收参数的方式不同。对于 call()方法，第一个参数的作用域没有变化，变化的只是其余的参数都是直接传递给函数的。例如：

```
Function callSum2(num1,num2)
{
 return sum.call(this,num1,num2);
}
alert(callSum2(10,10));       //返回：20
```

7.2 Web 浏览器与 JavaScript

JavaScript 代码通过 Document 对象和它包含的 Element 对象遍历和管理文档内容，可以通过操作 CSS 样式和类修改文章内容的呈现，也可以通过注册事件的处理来定义文档的元素行为。如果网页中存在内容、呈现和行为的组合，则称为动态 HTML 或 DHTML，通过使用动态 HTML 可以增强用户的浏览体验，如以下具体方式：

- 创建动画和其他视觉效果，巧妙地引导和帮助用户进行页面导航；
- 对表格进行分组，让用户更容易找到所需要的东西；
- 隐藏某些内容，当用户“深入”到内容时，逐渐展示详细信息。

7.2.1 Web 应用里的 JavaScript

在 Web 文档中使用的 JavaScript DHTML 特性在 Web 应用里都会用到，对于 Web 应用来说，除内容、呈现和行为外，还依赖 Web 浏览器环境提供更基础的服务。

若要真正地了解 Web 应用，则需要首先认识 Web 浏览器的发展现状，目前 Web 浏览器已经具备了很好的发展基础和广泛的应用，现在它不仅用于显示文档，而且逐渐演变为简易的操作系统。传统操作系统允许组织桌面和文件夹里的图标（表示文件或应用），Web 浏览器允许在工具栏和文件夹里组织书签（表示文档和 Web 应用）；系统可以在一个窗口里运行多个应用，Web 浏览器可以在一个标签里显示多个文档；操作系统定义很多底层的 API，提供绘制图形、保存文件等功能，Web 浏览器中也可以用 JavaScript 实现丰富的图形。谨记 Web 浏览器是简单的操作系统的概念，这样就可以把 Web 定义为：用 JavaScript 访问更多浏览器提供的高级服务（如网络、图形和数据存储）的 Web 页面。

高级 Web 服务里最著名的是 XMLHTTPRequest，它可以通过对 HTTP 请求编程来启动网络。它基于此方式从服务器获取新信息，而不用重新载入页面，类似这样的 Web 应用通常是 Ajax 应用，而 Ajax 构成了 Web2.0 的基础。

注：Ajax（Asynchronous javascript and XML，异步 JavaScript 和 XML）技术，是一种创建交互式、快速动态网页应用的开发技术。这种技术在无须重新加载整个网页的情况下，实现了网页部分内容的更新，非常适合服务器端数据的分页显示。

HTML5 标准和相关标准为 Web 应用定义了很多其他重要的 API，包括数据存储和图像 API，以及很多其他特性的 API，如地理位置信息、历史管理和后台线程。在实现这些 API 后，一场 Web 应用的功能革命将会被启动。

7.2.2 JavaScript 在 HTML 中的存在位置

JavaScript 在 HTML 中有以下三种存在位置。

第一种：行间式，存在于 HTML 的行间中。例如：

```
<body id='bd' onload="body.style.backgroundColor='cyan'">
</body>
```

第二种：内联式，存在于页面的 script 标签中。例如：

```
<body id ='bd'>
   <style>
      bd.style.backgroundColor='cyan';
   </style>
</body>
```

一般情况下，内联可以放在</body>下方或</body>上方，最终被解析在</body>上方，内联式也可以出现在<head>标签底部，一般应用于依赖性 JavaScript 库。

第三种：外联式，存在于外部 JavaScript 文件，通过 script 标签的 src 属性连接。例如：

```
<script src='js/test.js'></script>
```

JavaScript 文件：

```
bd.style.backgroundColor='cyan';
<script src="js/02.js">
   alert(123)
</script>
```

拥有 src 属性的外联 script 标签会自动屏蔽标签内部的代码块。

对以上 JavaScript 在 HTML 中的三种存在位置总结如下。

- 内联使用场景：某页面的特有逻辑，可以书写在该页面的 script 标签内。
- 外联的使用场景：适用于团队开发，JavaScript 代码具有复用性。
- JavaScript 代码出现在 head 标签底部：依赖型 JavaScript 库。
- JavaScript 代码出现在 body 标签底部：功能型 JavaScript 脚本。

7.3 JavaScript 程序的执行

严格意义上来说，JavaScript 没有多线程的概念，所有的程序都是单线程依次执行的。

7.3.1 JavaScript 的单线程

单线程就是指在代码在执行过程中，另一段代码想要执行就必须等待当前代码执行完成后才可以进行。例如：

```
for(var i=1;i<=3;i++){
  setTimeout(function(){
    console.log(i); //输出：4,4,4
  },0)
}
```

我们来看一下上面的这段代码，既然延时器时间设置为 0，那么应该执行一遍循环就立即打印出一个 i，但是最终的打印结果为：4，4，4。之所以会出现上面的结果，正是因为 JavaScript 代码是单线程应用。

在执行过程中，首先遇到 for 循环，for 循环进入线程。当 i=1 时，循环走到 setTimeOut 后，此时的 for 循环还没有执行完成，setTimeOut 就会被放在一个地方（线程池）等待执行。此时 for 循环继续执行，当 i=2 时，for 循环仍没有执行完，这时的 setTimeOut 仍会被放在线程池中等待执行……依此类推，直到 for 循环转完三遍后，for 循环执行完了，此时线程空闲了，在线程池中等待执行的 setTimeOut 依次执行打印 i，而 for 循环执行完成后，i 变成了 4，所以打印出了三个 4。

如果想要改变上面的状况可以运用以下代码：

```
//将 var 变为 let
for(let i=1; i<=3; i++){
  setTimeOut(function(){
    console.log(i); //输出的结果为 1, 2, 3
  },0);
}
//用自执行函数进行包裹
for(var i=1; i<=3; i++){
  !function(i){
    setTimeOut(function(){
      console.log(i); //输出的结果为 1, 2, 3
    },0);
  }(i)
}
```

7.3.2 JavaScript 中的函数作用域和代码的执行

1. 函数作用域

在 JavaScript 语言中，没有类似 C 语言这样的块级作用域，JavaScript 语言中的顶级作用域是 window 对象作用域，称为全局作用域，在全局作用域中声明的变量为全局变量。

JavaScript 函数范围内的变量只能在函数内部使用，函数外部无法使用，这样的变量称为局部变量。

JavaScript 函数可以嵌套，多个函数的嵌套构成了作用域的层层嵌套，这称为 JavaScript 中的作用域链。

JavaScript 作用域链变量访问规则如下。

- 在当前作用域内存在要访问的变量时，使用当前作用域中的变量。
- 在当前作用域中不存在要访问的变量时，会到上一层作用域中寻找，直到全局作用域。

2. 执行顺序

JavaScript 代码执行分为以下两个部分。

（1）代码的检查装载阶段（预编译阶段），此阶段进行变量和函数的声明，但是不对变量进行赋值，变量的默认值为 Undefined。

（2）代码的执行阶段，此阶段对变量进行赋值和函数的声明。

代码示例：

```
var a=1; //声明了一个全局变量
function func(){
console.log(a); //输出：Undefined。打印 a，而在 func 这个作用域中已经声明了 a 变量，
按照 js 的执行顺序，此时的 a 并未被赋值
    var a=1;
    console.log(a); //输出：1
}
func();
```

在上面的代码中，第一个 a 输出结果为 Undefined，其原因是，根据 JavaScript 作用域访问规则，当前作用域内存在要访问的变量 a，所以使用当前作用域中的变量。再根据 JavaScript 代码的执行顺序，此时的 a 只是被声明了而并未被赋值，默认为 Undefined，所以输出 Undefined。

而第二个 a 输出结果为 1，正是因为此时的 a 已经被声明且被赋值，所以 a 输出 1。

7.3.3　分支结构

1. if 语句

（1）if 基础语法如下：

```
if (条件表达式) {
    代码块;
}
// 当条件表达式结果为 true，会执行代码块；反之，不执行
// 条件表达式可以为普通表达式
// 0、Undefined、null、""、NaN 为假，其他均为真
```

（2）if 复杂语法如下：

```
if (表达式 1) {
    代码块 1;
} else {
    代码块 2;
}

if (表达式 1){
}
else if (表达式 2) {
}
...
```

```
else if (表达式n) {
} else {
}
```

（3）if 嵌套语法如下：

```
if (表达式1) {
    if (表达式2) {
    }...
}...
```

2. switch 语句

switch 语句语法如下：

```
switch (表达式) {
    case 值1: 代码块1; break;
    case 值2: 代码块2; break;
    default: 代码块3;
}
```

其中，表达式可以为整数表达式或字符串表达式；值可以为整数或字符串；break 可以省略；default 为默认代码块，需要出现在所有 case 的最下方，在所有 case 均未被匹配时执行。

7.3.4 循环结构

1. for 循环

for 循环语法如下：

```
for (循环变量①; 条件表达式②; 循环变量增量③) {
    代码块④;
}
```

（1）循环变量可以在循环体外或循环体内声明。
（2）执行逻辑 ① ②④③ … ②④③ ②，入口为①，出口为②，②④③个数为[0, n]。

2. while 循环

while 循环语法如下：

```
while (条件表达式) {
    代码块;
}
```

3. do…while 循环

do…while 循环语法如下：

```
do {
    代码块;
} while (条件表达式);
```

4. for…in 循环

for…in 循环用于数组或对象的属性，即对数组或对象的属性进行循环操作，例如：

```
obj = {"name": "zero", "age": 8}
for (k in obj) {
    console.log(k, obj[k])
}
```

其中，k 代表了 obj 这个字符串数组中每个元素的索引，obj[k]代表了每个元素的值。

5. for…of 循环

for…of 循环用于循环处理可迭代的对象。在 ES6 中引入的 for…of 循环，用以替代 for…in 循环和 forEach()方法。for…of 可以遍历 Arrays（数组）、Strings（字符串）、Maps（映射）、Sets（集合）等可迭代的数据结构，以及 Anguments、NodeList 等。例如：

```
iter = ['a', 'b', 'c'];
for (i of iter) {
    console.log(iter[i])
}
```

其中，i 代表 iter 字符数组的索引，iter[i]代表每个元素的值。

6. Break 和 continue

break：结束本层循环。
continue：结束本次循环进入下一次循环。

7.3.5 异常处理

异常处理的语法如下：

```
try {
    易错代码块;
} catch (err) {
    异常处理代码块;
} finally {
    最终处理代码块（在 try 和 catch 之后，无论有无异常，都会执行）;
}
```

（1）err 为存储错误信息的变量。
（2）无论异常出现与否，finally 分支都会被执行。
可使用 throw “自定义异常”；对于抛出的自定义异常，要结合对应的 try...catch 使用。

7.3.6 函数初步

1. 函数的定义

ES5 方式的函数定义方法如下：

```
function 函数名 (参数列表) {
    函数体;
}

var 函数名 = function (参数列表) {
    函数体;
}
```

ES6 方式对函数定义方式进行了扩充，除支持 ES5 的函数定义方法外，还支持匿名函数定义，匿名函数在定义时，有关键词 function，有圆括号，有花括号，但没有函数名。其定义方法如下：

```
(function (参数列表) {
    函数体;
})
```

由于匿名函数没有函数名，就不能使用普通的函数调用方法进行调用，如果要调用，主要有以下两种调用方法：

方法一：将匿名函数的定义和调用放到一个变量里，这个变量就相当于函数名了。例如：

```
let  myFun = function( a,b ){
    console.info( a+b);
};
myFun( 10,30 );
```

此时，myFun 相当于匿名函数的函数名。

方法二：不要名字，直接执行，即在匿名函数定义完成后，直接带上参数列表的值，这种方式称为匿名函数的自调用。例如：

```
(function(a,b){
    console.info( a+b );
})(10,30);
```

2. 函数的调用

函数的调用语法如下：

```
函数名(参数列表)
```

3. 函数的参数

（1）函数的参数个数不需要统一。例如：

```
function fn (a, b, c) {
    console.log(a, b, c);  // 100 Undefined undefined
}
fn(100);
function fn (a) {
    console.log(a)  // 100
}
fn(100, 200, 300)  // 200,300 被丢弃
```

（2）函数的参数可以在任意位置具有默认值。例如：

```
function fn (a, b=20, c, d=40) {
    console.log(a, b, c, d);  // 100 200 300 40
}
fn(100, 200, 300);
```

（3）通过...变量接收多个函数参数值。例如：

```
function fn (a, ...b) {
    console.log(a, b);  // 100 [200 300]
}
fn(100, 200, 300);
```

（4）...变量必须出现在参数列表的最后。

4. 函数的返回值

函数的返回值语法如下：

```
function fn () {
    return 返回值;
}
```

注意：函数中可以包含空 return 操作，以用来结束函数，返回值可以为任意 JavaScript 类型数据；函数最多只能拥有一个返回值，有多个返回值时，系统不报错，但只返回最后一个值。

7.4　基于 DOM 的页面内容访问

7.4.1　JavaScript 选择器

1. getElement 系列

（1）通过“id 名”获取唯一满足条件的页面元素。语法如下：

```
document.getElementById('id 名');
```

该方法只能由 document 调用。

（2）通过“class 名”获取所有满足条件的页面元素。语法如下：

```
document.getElementsByClassName('class 名');
```

该方法可以由 document 及任意页面元素对象调用，返回值为 HTMLCollection（一个类数组结果的对象，使用方式同数组）。若没有匹配到任何结果，则返回空 HTMLCollection 对象（[]）。

（3）通过“tag 名”获取所有满足条件的页面元素。语法如下：

```
document.getElementsByTagName('tag 名');
```

该方法可以由 document 及任意页面元素对象调用，返回值为 HTMLCollection（一个类数组结果的对象，使用方式同数组）。若没有匹配到任何结果，则返回空 HTMLCollection 对象（[]）。

2．querySelect 系列

（1）获取第一个匹配到的页面元素。语法如下：

```
document.query Selector('css 语法选择器');
```

该方法可以由 document 及任意页面对象调用。

（2）获取所有匹配到的页面元素。语法如下：

```
document.querySelectorAll('css 语法选择器');
```

该方法可以由 document 及任意页面对象调用，返回值为 NodeList（一个类数组结果的对象，使用方式同数组）。若没有匹配到任何结果，则返回空 NodeList 对象（[]）。

7.4.2 JavaScript 操作页面内容

JavaScript 操作页面内容如下。

innerText：普通标签内容（自身文本与所有子标签文本）。

innerHTML：包含标签在内的内容（自身文本及子标签的所有）。

value：表单标签的内容。

outerHTML：包含自身标签在内的内容（自身标签及往下的所有）。

7.4.3 JavaScript 操作页面样式

通过 JavaScript 可以操作 HTML 页面中各对象的样式，主要包括以下两种样式。

1．获取和设置 style 属性样式

```
div.style.backgroundColor = 'red';
```

操作的为行间式，可读、可写，具体属性名采用小驼峰命名法。

2．获取和设置计算后样式

例如，获取背景颜色的方法：

```
getComputedStyle(页面元素对象, 伪类).getPropertyValue('background-color');
```

结合 CSS 操作样式的使用方法：

```
页面元素对象.className = "";          // 清除类名
页面元素对象.className = "类名";      // 设置类名
页面元素对象.className += " 类名";    // 添加类名，前面要注意加空格
classList[add|remove|toggle]          // add——添加；remove——删除；
                                         toggle——有则无，无则有
eg: this.classlist.toggle('active') // 若 class 里没有 active 则加上，有则删掉
```

7.4.4 JavaScript 事件

1. 事件的两种绑定方式

（1）on 事件绑定方式如下：

```
document.onclick = function() {
   console.log("文档点击 1");
}
```

on 事件只能绑定一个方法，重复绑定时保留最后一次绑定的方法。

```
document.onclick = function() {
   console.log("文档点击 2");
}
```

on 事件的移除方法如下：

```
document.onclick = null;
```

（2）非 on 事件绑定方式如下：

```
document.addEventListener('click', function() {
    console.log("点击 1");
})
document.addEventListener('click', function() {
    console.log("点击 2");
})
```

非 on 事件可以同时绑定多个方法，被绑定的方法依次被执行，addEventListener 第三个参数（true|false）决定冒泡的方式。

```
function fn () {}
document.addEventListener('click', fn);
```

非 on 事件的移除方法如下：

```
document.removeEventListener('click', fn);
```

2. 事件的冒泡与默认事件

父子都具有点击事件，若不处理，则点击子级时也会触发父级的点击事件，这称为事件的冒泡。例如：

```
<body id="body">
```

```
        <div id="sup">
        <div id="sub"></div>
    </div>
</body>
<script>
sub.onclick = function (ev) {
    // 方式一
    ev.stopPropagation();
    console.log("sub click");
}
sup.onclick = function (ev) {
    // 方式二
    ev.cancelBubble = true;
 console.log("sup click");
}
body.onclick = function (ev) {
 console.log("body click");
}
</script>
```

默认事件的取消方法如下（取消默认的鼠标右键菜单）：

```
ev.preventDefault(); | return false;
<body id="body">
      <div id="sup">
        <div id="sub"></div>
    </div>
</body>
<script>
    //默认事件:鼠标右键 oncontextmenu
    sub.oncontextmenu = function (ev) {
        ev.preventDefault();
        console.log("sub menu click");
    }

    //父级取消了默认事件，子级也就都被取消了
    body.oncontextmenu = function(ev){
        console.log("body menu click");
        return false;
    }
</script>
```

3．鼠标事件

鼠标事件包括以下内容。

onclick：鼠标左键点击。

ondblclick：鼠标双击。
onmousedown：鼠标按下。
onmousemove：鼠标移动。
onmouseup：鼠标抬起。
onmouseover：鼠标悬浮 onmouseenter。
onmouseout：鼠标移开 onmouseleave。
oncontextmenu：鼠标右键。

7.4.5 表单事件

表单事件包括以下内容。
onfocus：获取焦点。
onblur：失去焦点。
onselect：文本被选中。
oninput：值改变。
onchange：值改变，且需要在失去焦点后才能触发。
onsubmit：表单默认提交事件。
例如：

```
<form action="">
   <input type="text" name="usr">
   <button type="submit">提交</button>
</form>
<script>
   var form = document.querySelector('form');
   var ipt=document.querySelector('input');
   var btn =document.querySelector('button');
   ipt.onselect = function () {
      console.log("文本被选中了");
   }
   //值改变就触发
   ipt.oninput=function(){
      console.log("值在改变");
   }
   //键盘抬起就触发
   ipt.onkeyup =function () {
      console.log("值在改变");
   }
   //丢失焦点触发
   ipt.change =function () {
      console.log("值在改变");
   }
   //form的专有事件
```

```
        form.onsubmit = function () {
            console.log("提交");
            return false;//取消默认事件
        }
    </script>
```

7.4.6 文档事件

JavaScript 的文档事件是与网页的加载和卸载相关的事件，由 window 对象调用，主要包括以下内容。

onload：页面载入时触发。

onunload：页面关闭时触发。

onbeforeunload：页面将要关闭的时候触发，一般用于弹出“是否确认关闭”对话框。

7.4.7 jQuery 库

1. jQuery 库简介

jQuery 库是一个轻量级的“写得少，做得多”的 JavaScript 函数库，是目前最流行的 JavaScript 框架，本身提供了大量的函数扩展。

jQuery 库主要包含以下功能：

- HTML 元素选取；
- HTML 元素操作；
- CSS 操作；
- HTML 事件处理函数；
- JavaScript 特效和动画；
- HTML DOM 模型处理；
- AJAX。异步 JavaScript 和 XML。

2. JavaScript 和 JQuery 的区别

（1）JavaScript 通过<script></script>标签插入 HTML 页面，是可由所有浏览器执行的一种轻量级的编程语言。

（2）JQuery 是作为框架使用的一个 JavaScript 函数库，若要使用 JQuery，则需要在 HTML 代码最前面加上对 jQuery 库的引用，比如：

```
    <script src="js/jQuery.min.js"></script>
```

库文件既可以放在本地，也可以直接使用知名公司的 CDN。使用知名公司 CDN 的好处是这些公司的 CDN 比较流行，用户访问使用 JQuery 库的网站时，JQuery 库将缓存在浏览器中，这样在访问其他使用 JQuery 库的网络时，不必重新载入，因此能加快网站的打开速度；另外一个好处是节省了网站的流量带宽。例如：

```
<script src="https://cdn.staticfile.org/jQuery/1.10.2/jQuery.min.js"></script>
```

3. JavaScript 和 JQuery 语法上的差异

1）操作元素节点的方法不同

（1）JavaScript 操作元素节点。

JavaScript 使用 getElement 系列、query 系列操作元素节点。例如：

```
<body>
    <ul>
        <li id="first">哈哈</li>
        <li class="cls" name ="na">啦啦</li>
        <li class="cls">呵呵</li>
        <li name ="na">嘿嘿</li>
    </ul>
    <div id="div">
        <ul>
            <li class="cls">呵呵</li>
            <li>嘿嘿</li>
        </ul>
    </div>
</body>

<script>
   document.getElementById("first");
   //是一个元素
   document.getElementsByClassName("cls");
   //是一个数组，即使只有一个元素，使用时也需要用[0]获取第一个元素后再使用
   document.getElementsByName("na");
   //是一个数组，即使只有一个元素，使用时也需要用[0]获取第一个元素后再使用
   document.getElementsByTagName("li");
   //是一个数组，即使只有一个元素，使用时也需要用[0]获取第一个元素后再使用
   document.querySelector("#div");
   //是一个元素
   document.querySelectorAll("#div li");
   //是一个数组，即使只有一个元素，使用时也需要用[0]获取第一个元素后再使用
</script>
```

（2）JQuery 操作元素节点。

JQuery 使用大量的选择器，同时使用$()包裹选择器，使用 JQuery 获取的 JQuery 对象是一个数组，即使只有一个元素被选中，但是在使用的时候也不一定需要使用 eq(0)来获取第一个元素，而是可以直接使用。

例如：

```
<script src="https://cdn.staticfile.org/jQuery/1.10.2/jQuery.min.js"></script>
```

```
<script>
    $("#first");            // 获取 id 用 “#”
    $(".cls");              // 获取 class 用”.”
    $("li type[name='na']");
    $("li");
    $("#div");
    $("#div li");      // 获取具体某个 div 下边的子元素，需要用空格隔开
</script>
```

2）操作 CSS 样式的方法不同

（1）JavaScript 的操作方法。

- 使用 setAttribute 设置 class 和 style：

```
document.getElementById("first").setAttribute("style","color:red");
```

- 使用.className 添加一个 class 选择器：

```
document.getElementById("third").className = "san";
```

- 使用.style.直接修改单个样式：

```
document.getElementById("four_times").style.fontWeight = "900";
```

- 使用.style 或.style.cssText 添加一串行级样式：

```
document.getElementById("five_times").style = "color: blue;";//IE 不兼容
document.getElementById("six_times").style.cssText = "color: yellow; font-size:
60px;";
```

（2）JQuery 的操作方法。

例如：

```
$("#div2").css("color","yellow");
$("#div2").css({
    "color" : "white",
    "font-weight" : "bold",
    "font-size" : "50px",
});
```

3）点击事件处理方法不同

（1）JavaScript 的点击事件处理方法。

```
<body>
    <input id="submitBtn" type="button" value="提交" />
</body>
Javascript 的点击事件：
document.getElementById("submitBtn").onclick = function () {
```

```
alert(1)
};
```

（2）JQuery 的点击事件处理方法。

```
$("# submitBtn ").click(function () {
    alert(1)
})
```

4）显示/隐藏动画的方式不同

（1）JavaScript 显示/隐藏动画的方式：

```
<body>
<p id=” p” >如果你点击“隐藏” 按钮，我将会消失。</p>
<button id="hide">隐藏</button>
<button id="show">显示</button>
</body>
Javascript 方式：
document.getElementById('hide').onclick = function () {
    document.getElementById('p').style.display="none"
}
document.getElementById('show').onclick = function () {
    document.getElementById('p').style.display="block"
}
```

（2）JQuery 显示/隐藏动画的方式：

```
$("#hide").click(function(){
    $("#p").hide();
});
$("#show").click(function(){
    $("#p").show();
});
```

4. AJAX 简介

AJAX 是与服务器交换数据的艺术，等同于异步 JavaScript 和 XML 在不重载全部页面的情况下，通过后台加载数据，实现了对浏览器当前页面中部分内容的更新。AJAX 不是新的编程语言，而是一种使用现有标准的新方法。

例如：

```
$.ajax({
        async : false,                    //表示请求是否异步处理
        type : "POST",                    //请求类型，分为 GET、POST
        url : "/getDepts",                //请求的 URL 地址
        dataType : "json",                //返回的数据类型
```

```
            success : function(result) {       //请求成功，返回数据
                console.log(result);
            },
            error : function(e){               //请求失败，包含具体的错误信息
                    console.log(e.status);
              }
        });
```

7.5 JavaScript 使用示例

1. 案例要求

数据库中货运单数据主表部分字段的格式和内容如图 7-2 所示，要求打开浏览器，加载表格，使表格获取数据库中的最新数据。

新建

货运主表

货运单编号	发货客户编号	发货客户名称	发货客户电话	发货地址	收货地址	付款方式	金额	发货日期
1	C120	张晓明	男	15678012366	北京市朝阳区	山东省济南市	999	2019-10-6
2	C187	李东	男	18901256701	北京市朝阳区	山东省青岛市	777	2019-10-7
3	C156	赵子涵	男	13006406652	北京市朝阳区	山东省青岛市	777	2019-10-7

图 7-2　案例数据表

单击“新建”按钮，出现如图 7-3 所示的业务填报单，通过单击“提交”按钮把信息提交到数据库。

2. 实现页面效果

根据图 7-2 所示的数据表，实现如图 7-3 所示的页面效果。

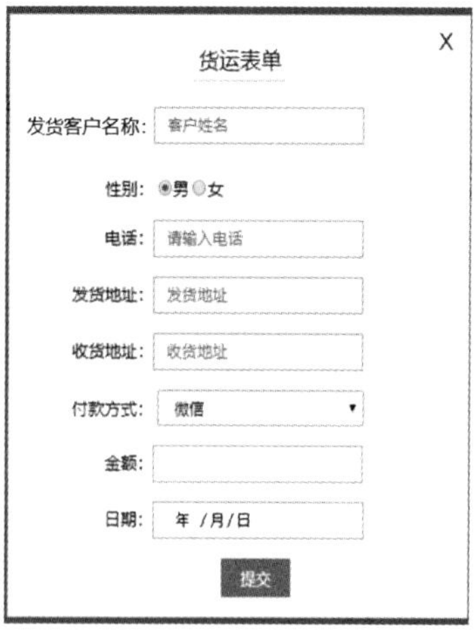

图 7-3　实现页面效果

3. 案例代码

```
<!DOCTYPE html>
<html lang="en">
<head>
    <meta charset="UTF-8">
    <title>货运案例</title>
    <style>
        *{margin: 0;padding: 0;list-style: none;}
        .main{width: 1200px;margin: 0 auto;padding-top:30px;font-size: 14px;font-family: "Microsoft Sans Serif";}
        .header{ width: 700px;margin: 0 auto }
        .header a{ width:60px;height: 30px;line-height: 30px; font-size: 14px; margin-right: 250px;text-decoration: none; border-radius: 20px; background: #5580ff;color:#fff;display:inline-block; text-align: center;border: 1px solid #5580ff }
        .header a:hover{background:#fff;color:#5580ff;border: 1px solid #5580ff}
        .tableList{ border: 1px solid #ddd; width: 700px; margin: 20px auto; text-align: center; }
        .layer{ position: fixed; top: 0; left: 0; bottom: 0; right: 0; width: 100%; height: 100%; background: rgba(0,0,0,0.6);display: none}
        .form-title{text-align: center;border-bottom: 1px solid #ccc;width: 80px;height: 30px;line-height: 30px;font-size: 18px; color: blue;margin: 20px auto;}
        .form-title .closeBtn{ position: absolute; right: 15px; top: 5px; text-decoration: none; color: #333;}
        .formInfo{width: 400px;margin: 20px auto;border: 1px solid #ddd; background: #fff;position: relative}
        .formInfo p{margin: 0 0 15px 45px;}
        .formInfo p label{width: 80px;display: inline-block; text-align: right}
        .formInfo p input{height: 25px; padding-left: 10px;}
        .formInfo p select{height: 28px; width: 180px; padding-left: 10px;}
        .formInfo .sexItem input{ top: 7px; position: relative;}
        .formInfo p .submitBtn{background: #5580ff;border: 0; color: #fff; width: 60px; height: 30px;text-align: center;margin-left: 140px;padding: 0;cursor: pointer;
        }
    </style>
</head>
<body>
<div class="main">
```

```
        <h2 class="header"><a class="addBtn" href="javascript:">新建</a>货运主
表</h2>
        <table id="tableList" class="tableList" border="1" cellspacing="0" >
        </table>
        <div class="layer">
            <div class="formInfo">
                <div class="form-title">货运表单
    <a class="closeBtn" href="javascript:">X</a>
    </div>
          <form action="">
                <p><label>姓名: </label><input type="text" id="fullName"  placeholder=
"客户姓名"></p>
                <p class="sexItem"><label>性别: </label>
                    <input name="sex" checked type="radio" value="1">男
                    <input name="sex" type="radio" value="2"><span>女</span>
                </p>
                <p><label>电话: </label><input type="tel" id='phone' maxlength=
"11" placeholder="请输入电话"></p>
                <p><label>发货地址: </label><input type="text" id="postAddress"
placeholder="发货地址"></p>
                <p><label>收货地址: </label><input type="text" id="deliveryAddress"
placeholder="收货地址"></p>
                <p><label>付款方式: </label>
                    <select name="pay" id="PayMode">
                        <option value="1">微信</option>
                        <option value="2">支付宝</option>
                        <option value="3">现金</option>
                    </select>
                </p>
                <p><label>金额:  </label><input id="money" type="number"></p>
                <p><label>日期:  </label><input id="date" style="width: 170px;"
type="date"></p>
                <p><input class="submitBtn" type="button" value="提交" /></p>
            </form>
          </div>
      </div>
    </div>
    </body>
    <script src="https://cdn.staticfile.org/jQuery/1.10.2/jQuery.min.js"></script>
    <script>
    // 页面加载，获取表格数据
        $(document).ready(function(){
            getList()
```

```
});
// 单击“新建”按钮，新建表单
$('.addBtn').click(function () {
    $('.layer').show();
});
$('.closeBtn').click(function () {
    $('.layer').hide();
});
// 单击“提交”按钮获取数据
$(".submitBtn").click(function(){
    var data = {
        fullName: $("#fullName").val(),
        sex: $(".sexItem input[name='sex']:checked").val(),
        phone: $("#phone").val(),
        postAddress: $("#postAddress").val(),
        PayMode: $("#PayMode").val(),
        money: $("#money").val(),
        date: $("#date").val()
    }
    console.log(data)
    // 调取接口，提交数据
    $.ajax({
        type: "POST",
        url: "localhost:8080/", // 接口地址
        contentType: "application/json;charset=UTF-8",
        dataType: "JSON",
        data: data,
        success:function(result){
            console.log(result);
        },
        error: function(data) {
            alert("连接超时");
        }
    });
});
function getList() {
    $.ajax({
        type: "get",
        url: "/wuliu/js/data.json",
        dataType: "json",
        success: function(data) {
            var dataResult = data.data;
            if (data.status === 200) {  // 数据拼接，渲染表格
```

```
                    $("#tableList").html(
                        "<tr>" +
                        "<td>货运单编号</td>" +
                        "<td>发货客户编号</td>" +
                        "<td>发货客户名称</td>" +
                        "<td>发货客户电话</td>" +
                        "<td>发货地址</td>" +
                        "<td>收货地址</td>" +
                        "<td>付款方式</td>" +
                        "<td>金额</td>" +
                        "<td>发货日期</td>" +
                        "</tr>");
                    for (var i = 0; i < dataResult.length; i++) {
                        $(".tableList").append(
                            "<tr>" +
                            "<td>" + dataResult[i].id + "</td>" +
                            "<td>" + dataResult[i].userId + "</td>" +
                            "<td>" + dataResult[i].fullName + "</td>" +
                            "<td>" + dataResult[i].sex + "</td>" +
                            "<td>" + dataResult[i].phone + "</td>" +
                            "<td>" + dataResult[i].postAddress + "</td>" +
                            "<td>" + dataResult[i].PayMode + "</td>" +
                            "<td>" + dataResult[i].money + "</td>" +
                            "<td>" + dataResult[i].date + "</td>" +
                            "<tr>")
                    };
                }

            },
            error: function(data) {
                alert("连接超时");
            }
        });
    }
</script>
</html>
```

第 8 章　Java Web 开发基础

Java 提供了强大的 Web 开发能力，用于开发 Web 应用程序和网站，由于 Java 的跨平台属性、庞大的库支持及完整的工具支持，所以当前基于 Java 的 B/S 应用程序开发占据了大部分市场份额。

本章首先介绍了 Web 开发的相关基础概念，对当前主流的管理信息系统技术模型——B/S 系统模型进行了较为详细的说明，然后对企业普遍使用的 Java EE 架构进行了说明。在理解相关概念知识的基础上，介绍了 Java EE 主流开发工具 Eclipse 的使用，包括其安装和运行环境配置，以及与 Tomcat 配套的调试环境配置，最后通过一个案例详细阐述了利用 Eclipse 进行 Java 语言 Web 开发的详细过程。

重点和难点：

- ⊙ 互联网基础概念与 B/S 系统架构
- ⊙ Java EE 架构及其运行原理
- ⊙ 使用 Eclipse 开发 B/S 软件系统

8.1　Web 应用程序开发中的基本概念

基于网络的应用程序一般有两种模式，客户端/服务器模式（C/S 模式）和浏览器/服务器模式（B/S 模式）。通常所说的 Web 应用程序即是使用 B/S 模式的应用程序，一般在浏览器中显示和供用户操作。一个 Web 应用程序是由完成特定任务的各种 Web 组件（Web Components）构成的，并通过网络将服务展示给外界，所有这些组件相互协调为用户提供一组完整的服务。

在 Web 应用程序开发中主要有以下基本概念。

1. 互联网

互联网（Internet），又称国际网络，指的是网络与网络之间所串连成的庞大网络，这些网络以 组通用的协议相连，形成逻辑上的单一巨大国际网络。

互联网始于 1969 年美国的阿帕网。这种将计算机网络互相连接在一起的方法可称作“网络互联”，在这基础上发展出的覆盖全世界的全球性互联网络称互联网，即是互相连接一起的网络结构。互联网并不等同万维网，万维网只是一建基于超链接而形成的全球性系统，是互联网所能提供的各项服务之一。

2. Web 服务器

Web 服务器是指驻留于因特网上的某种类型计算机的程序。当 Web 浏览器（客户端）连到 Web 服务器上并请求文件时，Web 服务器处理该请求并将处理结果以 HTML 格式反馈到浏览器上，附带的文件类型信息会告诉浏览器如何查看该文件。Web 服务器不仅能够存储信息，还能在用户通过 Web 浏览器提供的信息的基础上运行脚本和程序。

3. 网络协议

网络协议指的是计算机网络中互相通信的对等实体之间交换信息时所必须遵守的规则的集合。对等实体通常是指计算机网络体系结构中处于相同层次的信息单元。一般网络协议包括五个部分：通信环境，传输服务，词汇表，信息的编码格式，时序、规则和过程。

TCP/IP 是因特网的正式网络协议，是一组在许多独立主机系统之间提供互联功能的协议，规范因特网上所有计算机互联时的传输、解释、执行、互操作，解决计算机系统的互联、互通、操作性等问题，是被公认的网络通信协议的国际工业标准。TCP/IP 是分组交换协议，信息被分成多个分组在网上传输，到达接收方后再把这些分组重新组合成原来的信息。除 TCP/IP 外，常用的网络协议还有 PPP、SLIP 等。

HTTP 协议是一个简单的请求–响应协议，用于基于 Web 的信息传递，运行在 TCP 之上，它指定了客户端可能发送给服务器什么样的请求以及得到什么样的响应。请求和响应消息的头以 ASCII 码形式给出，而消息内容则以一个类似 MIME 的格式给出。这个模型对于 Web 的成功非常重要，因为它使得开发和部署非常简洁。HTTP 是基于 B/S 架构进行通信的。HTTP 协议的服务器端实现程序有 httpd、tomcat 等，其客户端的实现程序主要是各种 Web 浏览器，如 Firefox、InternetExplorer、Google chrome、Safari、Opera 等。Web 服务是基于 TCP 的，因此为了能够随时响应客户端的请求，Web 服务器需要监听 TCP 的 80 端口，接收并处理客户端请求，并将结果返回给客户端，这样客户端浏览器和 Web 服务器之间就可以通过 HTTP 协议进行通信了。

在 HTTP 的基础上，又产生了 HTTPS （Hyper Text Transfer Protocol over SecureSocket Layer），该协议是以安全传输为目标的 HTTP 协议，它在 HTTP 的基础上加入 SSL 层，实现了传输加密和身份认证，从而保证了传输过程的安全性。HTTPS 存在不同于 HTTP 的默认端口及在 HTTP 与 TCP 之间的一个加密/身份验证层，被广泛用于万维网上安全敏感的通信，如交易支付等方面。

4. IP 地址

网际互联协议（Internet Protocol，IP）是 TCP/IP 体系中的网络层协议，设计 IP 的目的是提高网络的可扩展性：一是解决互联问题，实现大规模、异构网络的互联互通；二是分割顶层网络应用和底层网络技术之间的耦合关系，以利于两者的独立发展。根据端到端的设计原则，IP 只为主机提供一种无连接、不可靠的、尽力而为的数据包传输服务。

IP 协议规定网络上所有的设备都必须有一个独一无二的 IP 地址，就像邮件上都必须注明收件人地址，邮递员才能将邮件送到目的地一样，每个 IP 信息包都必须包含有目的设备的 IP 地址，信息包才可以正确地送到目的地。同一设备在安装多网卡的情况下，可以拥有多个 IP 地址。

5. 端口

端口（Port）是设备与外界通信交流的出口，可分为虚拟端口和物理端口。其中，虚拟端口指计算机内部或交换机路由器内的端口，不可见，如计算机中的 80 端口、21 端口、23 端口等；物理端口又称为网络接口，是可见端口，如计算机背板的 RJ45 网口，交换机、路由器、集线器的 RJ45 端口。

如果把 IP 地址比作一间房子，端口就是出入这间房子的门，通过端口号进行标记。一个 IP 地址的端口号是整数，范围是从 0 到 65535（$2^{16}-1$）。

6. 域名和 DNS

由于 IP 地址具有不方便记忆并且不能显示组织的名称和性质等缺点，人们设计出了域名，并通过域名系统（Domain Name System，DNS）来将域名和 IP 地址相互映射，使人更方便地访问互联网，而不用去记住能够被机器直接读取的 IP 地址数串。

域名（Domain Name），是一串用点分隔字符串，它代表了因特网上某一台计算机或计算机组的名称，用于在数据传输时对计算机进行标识。

域名服务器是指保存有该网络中所有主机的域名和对应 IP 地址，并具有将域名转换为 IP 地址功能的服务器。域名必须对应一个 IP 地址，一个 IP 地址可以有多个域名，而 IP 地址不一定有域名。域名系统采用类似目录树的等级结构。域名服务器通常为客户机/服务器模式中的服务器方，主要有两种形式：主服务器和转发服务器。将域名映射为 IP 地址的过程就称为“域名解析”。

7. URL

统一资源定位系统（Uniform Resource Locator，URL）是因特网的万维网服务程序上用于指定信息位置的表示方法。互联网上的每个文件都有唯一的 URL，它包含的信息指出文件的位置以及浏览器应该怎么处理它。

基本 URL 包含模式（或称协议）、服务器名称（或 IP 地址）、路径和文件名，如“协议://授权/路径?查询”，完整的、带有授权部分的普通统一资源标识符语法格式如下：

```
协议://用户名:密码@子域名.域名.顶级域名:端口号/目录/文件名.文件后缀?参数=值#标志
```

例如：

```
http://www.wensiyuan.com:8080/article/index.asp?id=5&page=1#title
```

8.2　Java EE 架构

Java EE 是 J2EE 的一个新的名称，目的在于强调 Java EE 是一套使用 Java 进行企业级 Web 应用开发的大家一致遵循的工业标准。Java EE 平台提供了一个基于组件的方法来加快设计、开发、装配及部署企业应用程序。

1. Java EE 的三层架构

Java EE 有以下三层架构。

- 表现层（User Interface）：通俗地讲，该层就是展现给用户的界面，即用户在使用一个系统时的所见所得。
- 业务逻辑层（Business Logic Layer）：该层针对具体问题的操作，也可以说是对数据层的操作、对数据业务逻辑的处理。
- 数据访问层（Data Access Layer）：该层所做事务直接操作数据库，针对数据的增添、删除、修改、查找等。

Java EE 架构如图 8-1 所示。

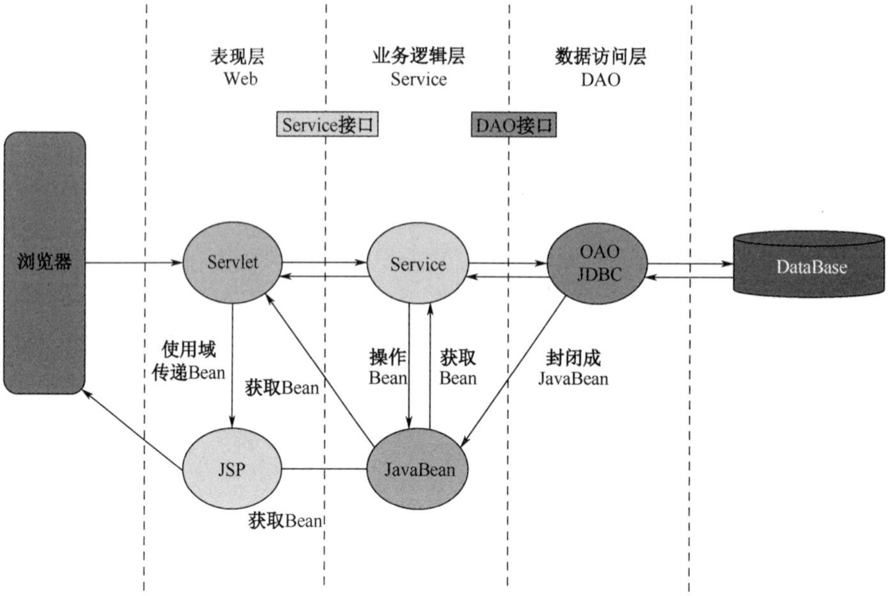

图 8-1　Java EE 架构

2. MVC 模式

在 MVC 模式中，应用程序被划分为模型层（Model）、视图层（View）、控制层（Controller）三部分。

MVC 模式把一个应用程序的开发按照业务逻辑、数据、视图进行分离分层并组织代码。MVC 模式要求把应用的模型按一定的层次规则抽取出来，将业务逻辑聚集到一个部件里面，在改进和个性化定制界面，以及与用户交互的同时，不需要重新编写业务逻辑。

模型层负责封装应用的状态，并实现功能；视图层负责将内容呈现给用户；控制层负责控制视图层发送的请求及程序的流程。

Servlet+JSP+JavaBean 是一种比较适合开发复杂的 Web 应用的 MVC 模式，在这种模式下，Servlet 负责处理用户请求，JSP 负责数据显示，JavaBean 负责封装数据，如图 8-2 所示。

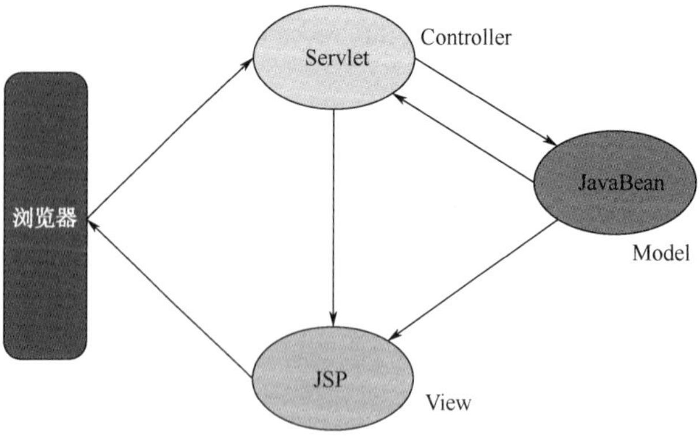

图 8-2　MVC 模式

3. 基于 Java EE 架构模式下的 MVC

在 Java EE 架构模式下，模型层（Model）定义了数据模型和业务逻辑。为了将数据访问与业务逻辑分离，降低代码之间的耦合，提高业务精度，模型层又具体划分为了 DAO 层和业务层。

DAO（Data Access Object）层的主要职能是将访问数据库的代码封装起来，让这些代码不会在其他层出现或者暴露给其他层，供业务层在业务处理过程中会访问原始数据或产生新数据。DAO 层提供的 DAO 类能很好地帮助业务层完成数据处理。DAO 层不处理业务逻辑，只为业务层提供辅助，完成获取原始数据或持久层数据等操作。

业务层是整个系统最核心也是最具有价值的一层，侧重于对客户需求的理解和业务规则的适应。该层封装应用程序的业务逻辑处理代码，实现用户需求。

Java EE 架构模式下的 MVC 如图 8-3 所示。

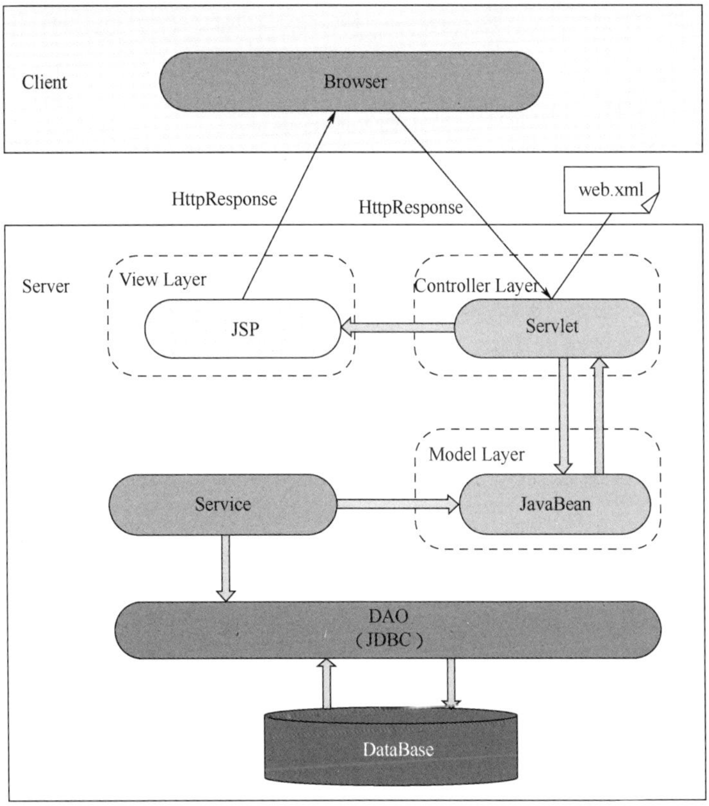

图 8-3 Java EE 架构模式下的 MVC

8.3 Eclipse Java EE 集成开发环境

Eclipse 是著名的跨平台的自由集成开发环境（IDE），最初主要用来进行 Java 语言开发，但是目前亦有人通过插件使其作为其他计算机语言（如 C++和 Python）的开发工具。

Eclipse 的本身只是一个框架平台，但是众多插件的支持使得 Eclipse 拥有其他功能相对固定的 IDE 软件很难具有的灵活性，许多软件开发商以 Eclipse 为框架开发自己的 IDE。

Eclipse 界面如图 8-4 所示。

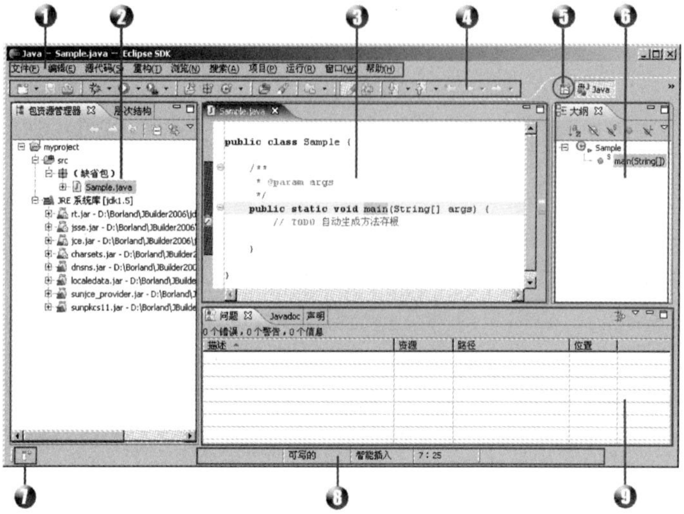

图 8-4 Eclipse 界面

1——主菜单：包括“文件”“编辑”“源代码”“搜索”“运行”与“窗口”等菜单，大部分的向导和各种配置对话框都可以从主菜单中打开。

2——包源管理器视图：用于显示 Java 项目中的源文件、引用的库等。

3——代码编辑器：用于代码的编辑。

4——工具栏：包括文件工具栏、调试、运行、搜索、浏览工具栏，工具栏中的按钮都是相应的菜单的快捷方式。

5——透视图快捷按钮：用来切换到提供的各个透视图，共有 8 种透视图，分别为：CVS 资源库研究、Java（缺省值）、Java 类型层次结构、Java 浏览、插件开发、调试、小组同步和资源透视图。

注：透视图是一个包含一系列视图和内容编辑器的可视容器，Eclipse 窗口可以打开多个透视图，但在同一时间只能有一个透视图处于激活状态，用户可以在两个透视图之间切换。

6——大纲视图：用于显示代码的纲要结构，单击结构树的各结点可以在编辑器中快速定位代码。

7——视图快捷按钮：用来切换到其他视图。

8——状态栏：包含鼠标所单击位置的一些信息，如鼠标单击编辑器时，状态栏会显示编辑器所显示的文件是否可编辑，以及鼠标所处位置在编辑器中的行列号 。

9——问题视图：用于显示代码或项目配置的错误，双击错误项可以快速定位代码。

8.4 使用 Eclipse IDE 创建 Java Web 应用程序

8.4.1 为 Eclipse 配置 JRE

在菜单栏选择“Window”→“Prefereneces”→“Java”→“Installed JREs”命令，单击“Add”按钮添加 JRE，如图 8-5 所示。

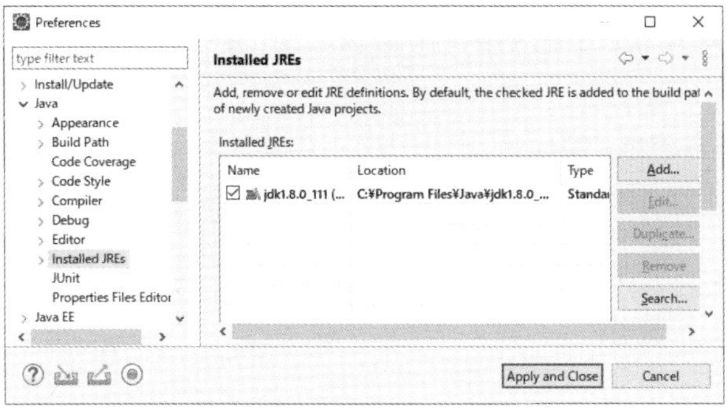

图 8-5　为 Eclipse 配置 JRE

8.4.2　为 Eclipse 集成 Tomcat 服务器

登录 Apache Tomcat 官方网站（https://tomcat.apache.org/）下载要使用的版本，本书案例使用 Apche Tomcat v8.0。

在 Eclipse 中，选择“Window”→“Prefereneces”→“Server”→“Runtime Environments”命令，然后在对话框的右侧单击“Add”按钮，如图 8-6 所示。

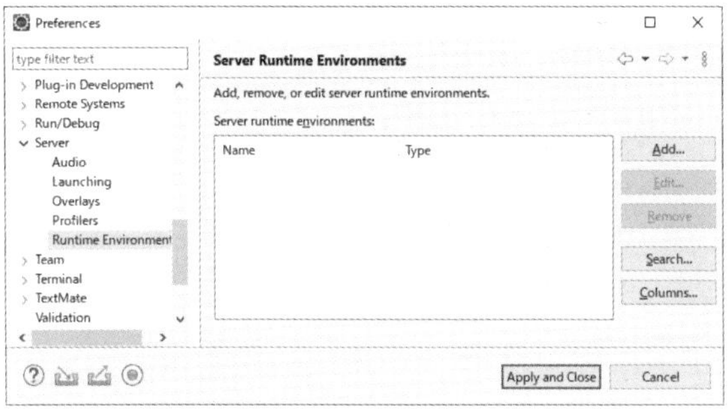

图 8-6　为 Eclipse 集成 Tomcat 服务器-1

选择要使用的 Apache Tomcat 版本，单击“Next”按钮，如图 8-7 所示。

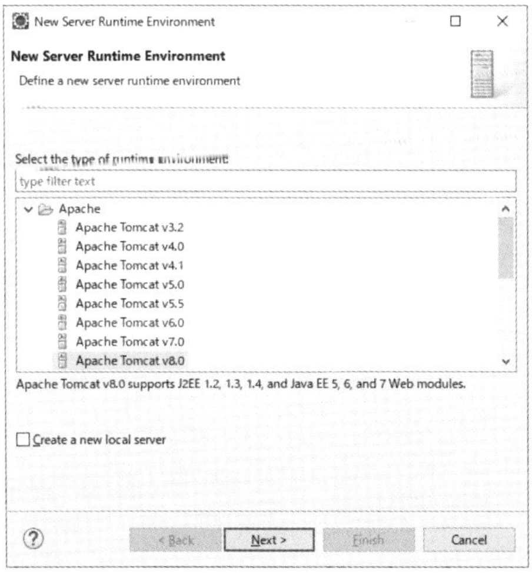

图 8-7　为 Eclipse 集成 Tomcat 服务器-2

可更改服务器的名称，若不更改则使用默认名称，如图 8-8 所示。

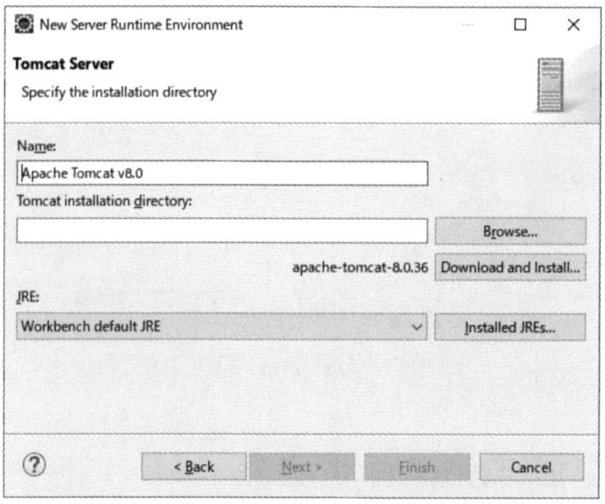

图 8-8　为 Eclipse 集成 Tomcat 服务器-3

单击“Browse”按钮，选择“Apache Tomcat v8.0”的目录，单击“Finish”按钮完成设置，如图 8-9 所示。

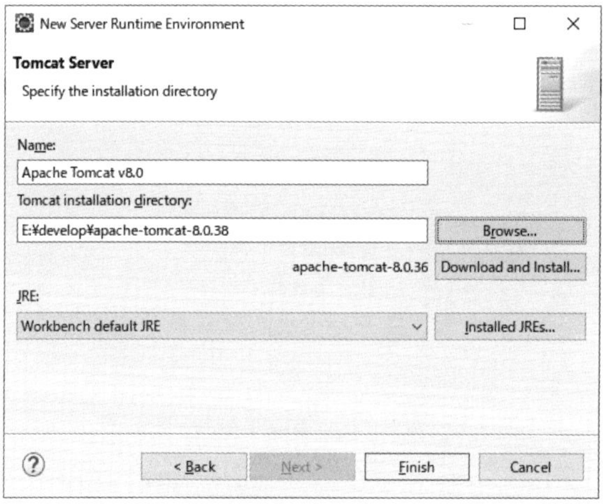

图 8-9　为 Eclipse 集成 Tomcat 服务器-4

8.4.3　用 Eclipse 编写 Web 应用程序

1. 构建 UTF-8 开发环境

UTF-8 编码能对应世界各国语言，推荐使用 UTF-8 编码进行开发。选择“Window”→“Prefereneces”→“Web”→“JSP Files”命令，可修改字符编码格式，如图 8-10 所示。

2. 创建 Web 应用程序

选择“File”→“New”→“Project”命令，选择“Dynamic Web Project”选项，单击“Next”按钮，如图 8-11 所示。

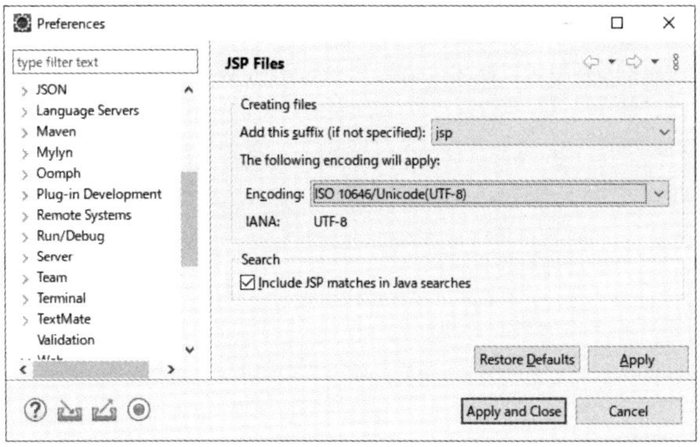

图 8-10　用 Eclipse 修改字符编码格式

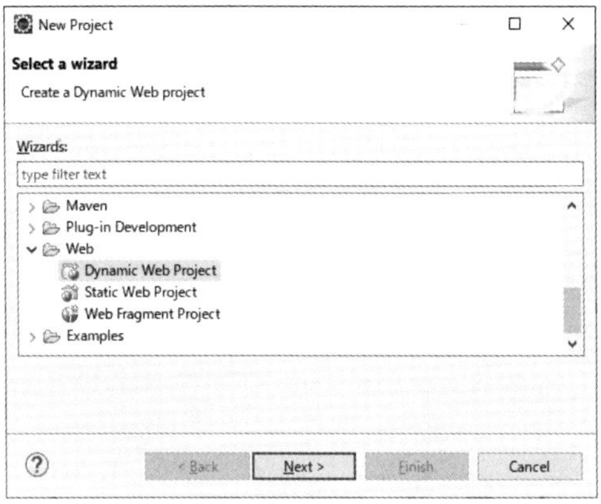

图 8-11　创建 Web 应用程序

输入工程名“Project name”，确认 Target Runtime 是否为 Apache Tomcat v8.0，其他项默认即可，单击“Finish”按钮完成设置，如图 8-12 所示。

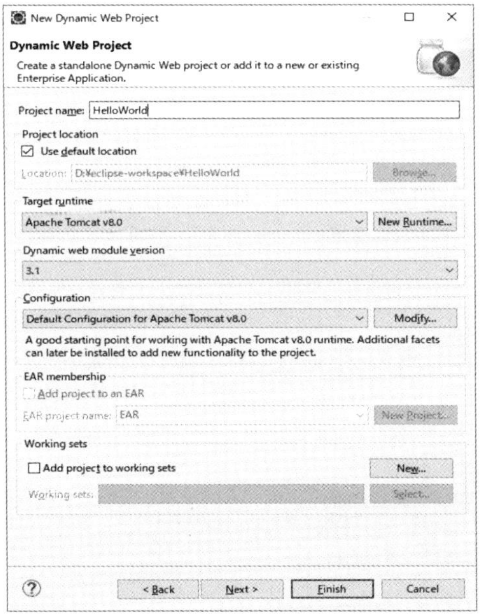

图 8-12　创建 Web 应用程序

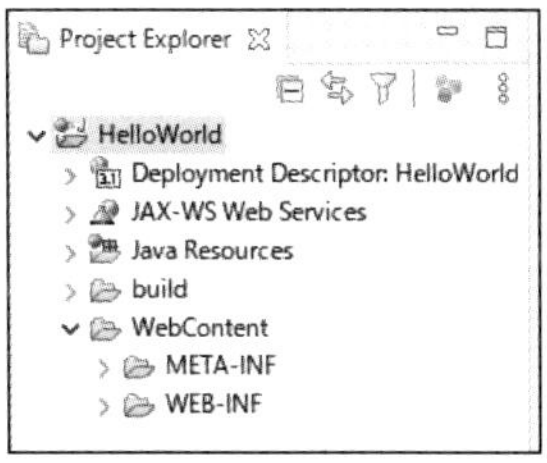

图 8-13　Web 项目目录

Web 项目目录如图 8-13 所示。

在 WebContent 下新建代码文件 index.jsp，代码如下：

```
<%@ page language="java" contentType="text/html; charset=UTF-8"
   pageEncoding="UTF-8"%>
<!DOCTYPE html>
<html>
<head>
<meta charset="UTF-8">
<title>Hello, world</title>
</head>
<body>
Hello, world!
</body>
</html>
```

3. 运行 Web 应用程序

在项目工程上单击鼠标右键，选择“Run As”→“Run on Server”命令，选择要部署的 Tomcat 服务器。

本例选择上面配置好的 Apache Tomcat v8.0 服务器，选择完成后单击“Finish”按钮运行 Web 应用程序，如图 8-14 所示。

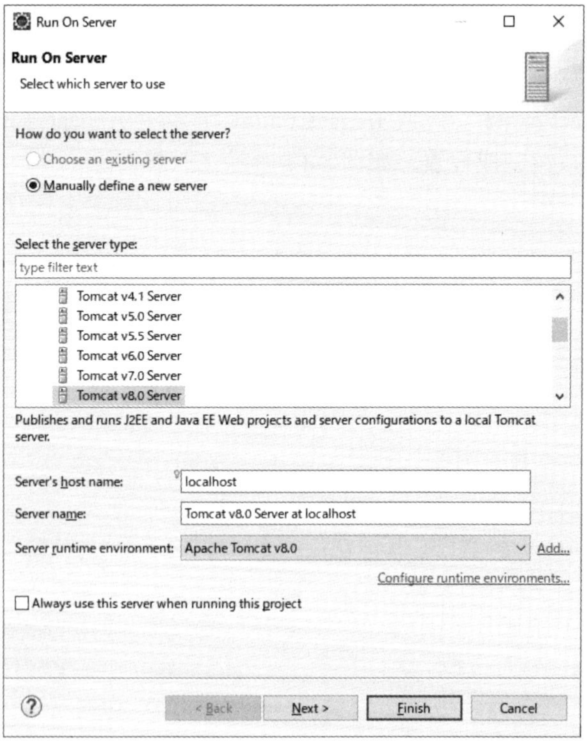

图 8-14　运行 Web 应用程序

Eclipse 会自动启动 Tomcat 服务器，并打开内置浏览器，显示 Web 应用程序的运行结果，如图 8-15 所示，这样我们就完成了一个简单的 Web 应用程序的开发。

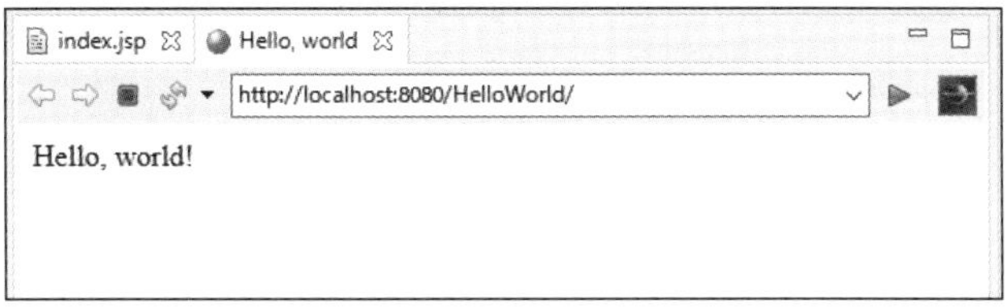

图 8-15 Web 应用程序的运行结果

8.5 用 Eclipse 实现 Web 应用示例

以下实现一个简单的快递管理信息系统的 Web 页面，其中涉及的 JSP 的相关知识将在本书第九章详细介绍。本案例主要使用 JSP 文件展示一个页面，用到的知识主要是 HTML 的标签和 CSS 语法。

8.5.1 Web 页面效果

Web 页面效果如图 8-16 所示。

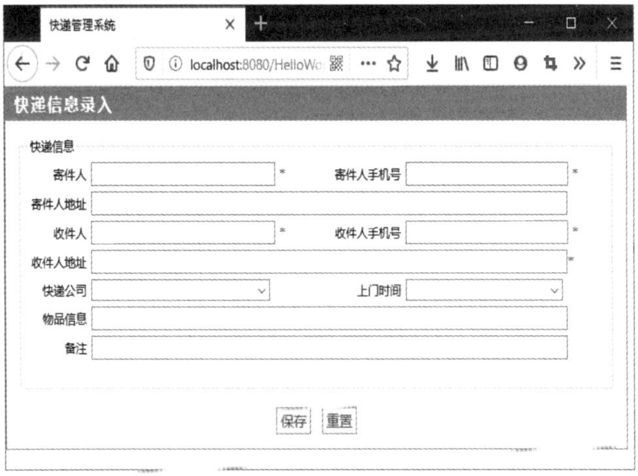

图 8-16 Web 页面效果

8.5.2 新建 JSP 文件

在上面 HelloWorld 工程中的 WebContent 目录下新建 express.jsp，如图 8-17 所示。

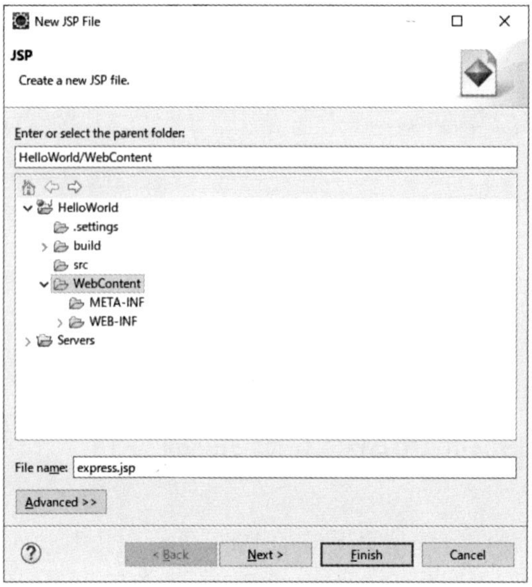

图 8-17　新建 JSP 文件

8.5.3　添加 CSS 样式

CSS 部分代码如下：

```
/*页面共同式样*/
body{ margin:0px; }
html {
 scrollbar-face-color:#CCD0DB;
 scrollbar-highlight-color:#fff;
 scrollbar-shadow-color:#fff;
 scrollbar-3dlight-color:#6795B4;
 scrollbar-arrow-color:#20669A;
 scrollbar-track-color:#fff;
 scrollbar-darkshadow-color:#6795B4;
 border:0;
}
html { overflow-x: hidden; overflow-y: auto; }
td{ font-size: 12px; }
/*快递信息样式*/
.CContent{
 border-top: 1px solid #5F8FB0;
 border-right: 1px solid #5F8FB0;
 border-bottom: 1px solid #5F8FB0;
 border-left: 1px solid #5F8FB0;
 background-color: #FFFFFF;
```

```
}

.CPanel{
 padding:5px;
 font-size:12px;
 font-family: Verdana, Arial, Helvetica, sans-serif;
}

/*标题样式*/
.title{
 background:#6795B4;
 padding:5px;
 text-align:left;
 color:#FFFFFF;
 font-family: Verdana, Arial, Helvetica, sans-serif;
 height: 20px;
 font-style: normal; font-variant: normal; font-weight: bold; font-size:
16px;letter-spacing: 2px; padding-left: 10px;
}

/*内容框样式*/
fieldset{
 border-top: 1px solid #C8D9E4;
 border-right: 1px solid #C8D9E4;
 border-bottom: 1px solid #C8D9E4;
 border-left: 1px solid #C8D9E4;
 margin-top: 10px;
 margin-left:10px;
 margin-right:10px;
}
fieldset div{
 padding:0px;
}
fieldset td {
 font-size:12px;
}
/*按钮样式*/
input.button{
 backgroud:#6795B4;border:1px solid #C28F27;padding:2px 4px 2px 4px;margin:
4px; border-width:1px;font-size: 14px;color: #A74300;
```

```
}

/*必须输入标志样式*/
.red{color: #f00;}
```

CSS 样式需要放在下面的 HTML 标签里，放在 HEAD 部。

```
<style type="text/css">
 /*CSS 样式*/
</style>
```

CSS 代码一般会单独存放在外部 CSS 文件中，本案例仅为展示 Web 页面，没有把 CSS 相关代码单独作为外部文件。

8.5.4 在 BODY 部分添加界面代码

在 BODY 部分添加界面代码，界面代码部分如下：

```
<table width="99%" border="0" cellpadding="0" cellspacing="0" class=
"CContent">
<tr>
  <th class="title">快递信息录入</th>
</tr>
<tr>
  <td class="CPanel">
    <fieldset style="height: 100%;">
      <legend>快递信息</legend>
      <table border="0" cellpadding="2" cellspacing="1" style="width: 100%">
        <tr>
          <td nowrap align="right" width="10%">寄件人</td>
          <td width="40%"><input name="sendName" type="text" style="width:
80%"> <span class="red">*</span></td>
          <td width="15%"><div align="right">寄件人手机号</div></td>
          <td width="35%"><input name="sendPhone" type="text" style="width:
80%" id="basic" /> <span class="red">*</span>
        </tr>
        <tr>
          <td nowrap align="right" width="10%">寄件人地址</td>
          <td colspan="3"><input name="sendAddr" type="text" style="width:
92%" id="eat"></td>
        </tr>
              <tr>
          <td nowrap align="right" width="10%">收件人</td>
```

```
            <td width="40%"><input name="receiveName" type="text" style="width:
80%"> <span class="red">*</span></td>
            <td width="15%"><div align="right">收件人手机号</div></td>
            <td  width="35%"><input  name="receivePhone"  type="text"  style=
"width: 80%" id="basic" /> <span class="red">*</span>
          </tr>
          <tr>
            <td nowrap align="right" width="10%">收件人地址</td>
            <td colspan="3"><input name="receiveAddr" type="text" style="width:
92%" id="eat"><span class="red">*</span></td>
          </tr>
          <tr>
            <td><div align="right">快递公司</div></td>
            <td>
              <select name="scot" style="width: 80%" id="expressCompany">
                <option value="-1"></option>
                <option value="0">顺丰快递</option>
                <option value="1">中通快递</option>
                <option value="2">圆通快递</option>
                <option value="99">其他快递</option>
              </select>
            </td>
            <td><div align="right">上门时间</div></td>
            <td>
              <select name="scot" style="width: 80%" id="serviceTime">
                <option value="-1"></option>
                <option value="0">2 小时内上门</option>
                <option value="1">本日内</option>
                <option value="2">明日</option>
                <option value="99">不限</option>
              </select>
            </td>
          </tr>
          <tr>
            <td nowrap align="right">物品信息</td>
            <td colspan="3"><input name="other" type="text" style="width: 92%"
id="goodsInfo"></td>
          </tr>
                <tr>
            <td nowrap align="right">备注</td>
            <td colspan="3"><input name="granttime" type="text" style="width:
```

```
92%" id="remark"></td>
          </tr>
        </table>
        <br />
      </fieldset>
    </td>
  </tr>
  <tr>
    <td colspan="2" align="center" height="50px"><input name="提交"
      type="submit" class="button" value="保存" /> <input name="重置"
      type="reset" class="button" value="重置" /></td>
  </tr>
  </table>
```

8.5.5 运行

参照 8.4 节启动服务后，在地址栏输入 http://localhost:8080/HelloWorld/express.jsp 即可查看运行时的 Web 页面，如图 8-18 所示。

图 8-18　运行时的 Web 页面

第 9 章　JSP 基础

JSP（Java Server Pages）是由 Sun 公司倡导、许多公司参与一起建立的一种动态网页技术标准，它可以在传统的 HTML 文件（静态页面、.html、.htm）中插入 Java 程序段（Scriptlet）和 JSP 标记（Tag），形成 JSP 文件（.jsp），从而实现 Web 应用程序的跨平台部署。

JSP 技术使用 Java 语言编写类似 XML 的 Tags 和 Scriptlets，来封装产生动态网页的处理逻辑，还可以访问存在于服务端的资源，JSP 将网页逻辑同网页设计和显示分离，支持可重用的基于组件的设计，使基于 Web 应用程序的开发迅速和容易。

本章将简要说明 JSP 的基本原理及其语法，并通过案例对 JSP 主要内置对象（Request、Response、Out、Session、Application、Config、Exception 等）的作用和使用方法进行详细阐述，并就在 JSP 中利用 JDBC 访问数据库的方法进行系统说明，最后用订单显示案例进行综合演示。

重点和难点：

⊙ JSP 基本原理、执行过程和基本语法规范
⊙ JSP 主要内置对象的作用与使用方法
⊙ 在 JSP 中利用 JDBC 访问数据库的通用方法

9.1　JSP 简介与技术原理

9.1.1　JSP 简介

JSP 是一种动态网页技术标准，它使用 JSP 标签在 HTML 网页中插入 Java 代码，通常以<% %>作为开始标签和结束标签。

JSP 可实现将 Java 代码和特定变动内容嵌入静态的页面中，实现以静态页面为模板，动态生成其中的部分内容。JSP 引入了被称为“JSP 动作”的 XML 标签，用来调用内建功能。另外，可以创建 JSP 标签库，然后像使用 HTML 或 XML 标签一样使用它们，标签库能增强功能和服务器性能，而且不受跨平台问题的限制。

JSP 文件在运行时会被 JSP 编译器转换成更原始的用 Java 语言写的 Servlet 代码，然后再由 Java 编译器来编译成能快速执行的字节码。

JSP 具有以下特点：

- 具有 Java 语言的易用性，工具支持良好；
- 具有 Java 的跨平台优势，实现“一次编写，处处运行”。开发人员可以随意选择适合的系统平台进行 JSP 开发，不同环境下开发的 JSP 项目，在所有客户端上都能顺利访问；
- 能以模板化的方式简单、高效地添加动态网页内容；
- 可利用 JavaBean 和标签库技术复用常用的功能代码——组件，实现代码的重复利用，

减少重复劳动，标签库不仅具备通用的内置标签（JSTL)，而且支持用户扩展自定义标签；

- 页面中的动（控制变动内容的部分）、静（内容不需变动的部分）区域以分散但又有序的形式组合在一起，能使人更直观地看出页面代码的整体结构，也使得设计页面效果（外观视图）和程序逻辑（逻辑视图）这两部分内容的开发分离，从而便于软件工程中的工作分工。

9.1.2 JSP 技术原理

JSP 的运行过程如图 9-1 所示。

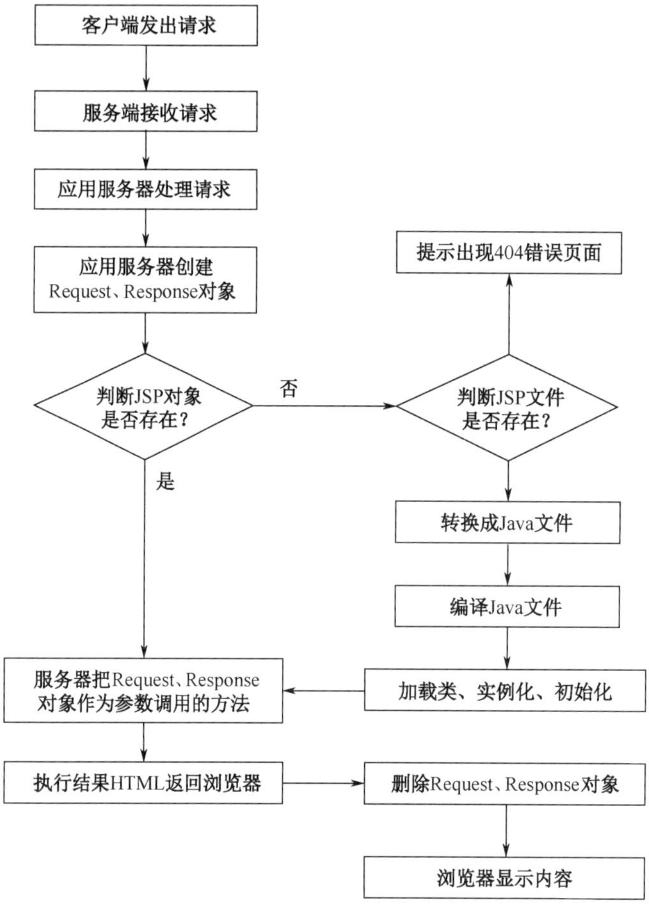

图 9-1 JSP 运行原理图

第 1 步：当第一次访问 JSP 页面时，容器会根据你访问的页面名称，查找对象的文件，翻译成 Java 代码，再编译成字节码，然后执行字节码，在字节码中将服务器的响应信息通过 Response 对象返回给客户浏览器。由于 JSP 页面的第一次访问需要编译，速度会比较慢，但从第二次访问开始编译器会检查 JSP 是否修改过，如果没有修改，则直接执行 Class 字节码文件。

JSP 引擎（一个 Servlet）在转换过程中，若 JSP 文件存在语法错误并且被发现，则过程会被中断，并且将错误信息输出到服务端和客户端。

第 2 步：JSP 被请求时，会自动创建一个 Servlet 的实例，并且自动执行该实例的 jspinit()方法，该方法在整个 Servlet 的生命周期中只会执行一次。

第 3 步：创建并启动一个新的线程，新线程调用实例的 jspService()方法，对于每一个请求，JSP 引擎会创建一个新的线程来处理该请求，如果有多个客户端同时请求该 JSP 文件，则 JSP 引擎会创建多个线程，每个客户端请求对应一个线程。

第 4 步：浏览器在访问 JSP 文件时，Servlet 容器会把浏览器的请求和对浏览器的回应封装成 HttpServletRequest 和 HttpServletResponse 对象，同时调用对应的 Servlet 实例中的 jspService()方法，把这两个对象作为参数传递到 jspService()方法中。

第 5 步：jspService()方法执行后将 HTML 内容返回给客户端。

第 6 步：如果 JSP 文件被修改了，服务器将根据设置决定是否对该文件进行重新编译。如果需要重新编译，则将编译结果取代内存中的 Servlet，并继续执行上述处理过程。如果在任何时候由于系统资源不足，则 JSP 引擎将以某种不确定的方式将 Servlet 从内存中移去，当这种情况发生时，jspDestroy()方法首先被调用，然后 Servlet 实例便被标记加入“垃圾收集”处理中。

9.2　JSP 的基本语法

JSP 页面通常由 5 种基本元素组成，分别为：HTML 页面代码、JSP 注释、JSP 指令、JSP 脚本元素及 JSP 动作元素。

1. HTML 页面代码

HTML 页面代码为组成页面的基本内容之一，主要由 HTML 基本标签和内容组成，代码示例如下：

```
<html>
<head>
<meta http-equiv="Content-Type" content="text/html; charset=UTF-8">
<title>TEST JSP</title>
</head>
<body>
    <span>这是一个 JSP 页面的 HTML 页面代码</span>
</body>
</html>
```

2. JSP 注释

JSP 注释分为客户端注释和服务器端注释两部分。

1）客户端注释

客户端注释是可以在客户端显示的注释，也被称为 HTML 注释，其表现形式主要为：<!—注释内容 -->，示例如下：

```
<html>
<head>
<meta http-equiv="Content-Type" content="text/html; charset=UTF-8">
<title>TEST JSP</title>
</head>
<body>
    <!-- 这是客户端注释 -->
    <span>这是一个 JSP 页面的 HTML 页面代码</span>
</body>
</html>
```

2）服务器端注释

服务器端注释是发送到服务器端的，在客户端不能显示，也被称为 JSP 注释，主要包括以下三种方式。

（1）第一种方式，注释内容可以为多行，示例如下：

```
<html>
<head>
<meta http-equiv="Content-Type" content="text/html; charset=UTF-8">
<title>TEST JSP</title>
</head>
<body>
    <%--我是服务器端注释，我可以写多行，
        这里就是第二行，客户端看不到我--%>
    <span>这是一个 JSP 页面的 HTML 页面代码</span>
</body>
</html>
```

（2）第二种方式，注释内容只能是单行，示例如下：

```
<html>
<head>
<meta http-equiv="Content-Type" content="text/html; charset=UTF-8">
<title>TEST JSP</title>
</head>
<body>
    <%//单行服务器端注释，只能是单行的，在浏览器中不可见%>
    <span>这是一个 JSP 页面的 HTML 页面代码</span>
</body>
</html>
```

（3）第三种方式，注释内容可以为多行，也可以为单行注释，示例如下：

```
<html>
```

```
<head>
<meta http-equiv="Content-Type" content="text/html; charset=UTF-8">
<title>TEST JSP</title>
</head>
<body>
    <%/**
    这是服务器端注释
    在浏览器中不可见
    本注释可以是多行的
    **/%>
    <span>这是一个 JSP 页面的 HTML 页面代码</span>
</body>
</html>
```

3. JSP 指令

JSP 指令是 JSP 的引擎，由<%@　?%>进行标记，主要作用是用来设置整个 JSP 页面相关的属性，通常包含页面的编码方式和页面的脚本语言。JSP 指令可以有很多个元素，它们以键值对的形式存在，并且用逗号隔开，常用的指令有三种：page、taglib 和 include。

1）page 指令

page 指令是 JSP 指令中最复杂的一个指令，主要包含以下属性：import、contentType、pageEncoding、session、isELIgnored（只限 JSP 2.0）、buffer、autoFlush、info、errorPage、isErrorPage、isThreadSafe、extends 和 language。

（1）import 属性。

import 属性通常用于 JSP 页面导入 jar 包文件，是 page 指令中唯一可重复出现的属性，属性值可以用逗号进行分割，也可以使用多个属性进行导入，如下所示：

```
<!-- 我可以重复使用，用逗号隔开即可 -->
<%@ page import="java.util.*,java.sql.*" %>
<!-- 我可以多次导入 -->
<%@ page import="java.util.*" %>
<%@ page import="java.sql.*" %>
```

（2）contentType 和 pageEncoding 属性。

contentType 属性设置响应报头，标明即将发送到客户程序的文档的 MIME 类型，使用 contentType 属性时，可以采用下面两种形式：

```
<%@ page contentType="MIME-TYPE" %>
<%@ page contentType="MIME-Type; charset=Character-Set" %>
```

指令代码如下：

```
<%@ page contentType="application/vnd.ms-excel" %>
```

与下面的 Scriptlet 所起到的作用基本相同，指令代码如下：

```
<% responce.setContentType("application/vnd.ms-excel"); %>
```

两种形式的第一点不同是，response.setContentType 使用明确的 Java 代码（这是一些开发人员力图避免使用的方式），而 page 指令只用到 JSP 语法；第二点不同是，page 指令被特殊处理，它们不是在出现的位置直接成为 JSP 代码。这意味着 response.setContentType 能够有条件地调用，而 page 指令不能。条件性地设置内容的类型主要用在同一内容能够以多种不同的形式进行显示的情况下。

不同于常规 Servlet（默认的 MIME 类型为 text/plain），JSP 页面的默认 MIME 类型是 text/html（默认字符集为 ISO-8859-1）。因此，如果 JSP 页面以 Latin 字符集输出 HTML，则根本无须使用 contentType；如果希望同时更改内容的类型和字符集，可以使用下面的语句。

```
<%@ page contentType="someMimeType; charset=someCharacterSet" %>
```

但是，如果只想更改字符集，使用 pageEncoding 属性更为简单。例如，中文 JSP 页面可以使用下面的语句：

```
<%@ page pageEncoding="GBK" %>
```

（3）session 属性。

session 属性控制页面是否参与 HTTP 会话，采用以下两种形式使用这个属性：

```
<%@ page session="true" %> <%--默认--%>
<%@ page session="false" %>
```

true 值（默认）表示，如果存在已有会话，则预定义变量 session（类型为 HttpSession）应该绑定到现有的会话；否则，创建新的会话并将其绑定到 session。false 值表示不自动创建会话，在 JSP 页面转换成 Servlet 时，对变量 session 的访问会导致错误。

对于高流量的网站，使用 session="false" 可以节省大量的服务器内存。但要注意，session="false" 并不禁用会话跟踪，它只是阻止 JSP 页面为那些尚不拥有会话的用户创建新的会话。由于会话针对用户，不针对页面，所以，关闭某个页面的会话跟踪没有任何益处，除非有可能在同一客户会话中访问到的相关页面都关闭会话跟踪。

（4）isELIgnored 属性。

isELIgnored 属性若设为 true，则 JSP 中的表达式被当作字符串处理；若设为 false，则 JSP 中的表达式被按 EL 表达式处理。这是 JSP 2.0 新引入的属性；在只支持 JSP 1.2 及早期版本的服务器中，使用这项属性是不合法的。这个属性的默认值依赖于 Web 应用所使用的 web.xml 的版本。如果 web.xml 指定 Servlet 2.3（对应 JSP 1.2）或更早版本，默认值为 true（但变更默认值依旧是合法的，JSP 2.0 兼容的服务器中都允许使用这项属性，不管 web.xml 的版本如何）。如果 web.xml 指定 Servlet 2.4（对应 JSP 2.0）或之后的版本，那么默认值为 false。使用这个属性时，可以采用下面两种形式：

```
<%@ page isELIgnored="false" %>
<%@ page isELIgnored="true" %>
```

（5）buffer 和 autoFlush 属性。

buffer 属性指定 out 变量（类型为 JspWriter）使用的缓冲区的大小。使用这个属性时，可以采用下面两种形式：

```
<%@ page buffer="sizekb" %>
<%@ page buffer="none" %>
```

服务器实际使用的缓冲区可能比指定的更大，但不会小于指定的大小。例如，<%@ page buffer="32kb" %> 表示应该对文档的内容进行缓存，除非累积至少为 32KB、页面完成或明确地对输出执行清空（如使用 response. flushBuffer），否则不将文档发送给客户。

默认的缓冲区大小与服务器相关，但至少 8KB。如果要将缓冲功能关闭，应该十分小心：这样做要求设置报头或状态代码的 JSP 元素都要出现在文件的顶部，位于任何 HTML 内容之前。另一方面，有时输出内容的每一行都需要较长的生成时间，此时禁用缓冲或使用小缓冲区会更有效率；这样，用户能够在每一行生成之后立即看到它们，而不是等待更长的时间看到成组的行。

autoFlush 属性控制当缓冲区充满之后，是应该自动清空输出缓冲区（默认），还是在缓冲区溢出后抛出一个异常（autoFlush="false"）。采用下面两种形式使用 autoFlush 属性：

```
<%@ page autoFlush="true" %> <%--默认--%>
<%@ page autoFlush="false" %>
```

在 buffer="none" 时，false 值是不合法的。如果客户程序是常规的 Web 浏览器，那么 autoFlush="false" 的使用极为罕见。但是，如果客户程序是定制应用程序，可能希望确保应用程序要么接收到完整的消息，要么根本没有消息。false 值还可以用来捕获产生过多数据的数据库查询，但是，一般说来，将这些逻辑放在数据访问代码中（而非表示代码）要更好一些。

（6）info 属性。

info 属性定义一个可以在 Servlet 中通过 getServletInfo 方法获取的字符串，使用 info 属性时，采用下面的形式，代码如下：

```
<%@ page info="Some Message" %>
```

（7）errorPage 和 isErrorPage 属性。

errorPage 属性用来指定一个 JSP 页面，由该页面来处理当前页面中抛出但未被捕获的任何异常（类型为 Throwable 的对象）。它的使用方式如下：

```
<%@ page errorPage="Relative URL" %>
```

指定的错误页面可以通过 exception 变量访问抛出的异常。

isErrorPage 属性表示当前页是否可以作为其他 JSP 页面的错误页面。采用以下两种形式使用 isErrorPage 属性：

```
<%@ page isErrorPage="true" %>
<%@ page isErrorPage="false" %> <%--默认--%>
```

（8）isThreadSafe 属性。

isThreadSafe 属性控制由 JSP 页面生成的 Servlet 是允许并行访问（默认），还是同一时间不允许多个请求访问单个 Servlet 实例（isThreadSafe="false"），采用以下两种形式使用 isThreadSafe 属性：

```
<%@ xpage isThreadSafe="true" %> <%--默认--%>
<%@page isThreadSafe="false" %>
```

阻止并发访问的标准机制是实现 SingleThreadModel 接口。尽管在早期推荐使用 SingleThreadModel 和 isThreadSafe="false"，但最近的经验表明 SingleThreadModel 的设计很差，使得它基本上毫无用处。因而，应该避免使用 isThreadSafe，采用显式的同步措施取而代之。

（9）extends 属性。

extends 属性指定 JSP 页面所生成的 Servlet 的超类（superclass）。它采用下面的形式：

```
<%@ page extends="package.class" %>
```

这个属性一般为开发人员或提供商保留，由他们对页面的运作方式做出根本性的改变（如添加个性化特性）。一般人应该避免使用这个属性，除非引用由服务器提供商专为这种目的提供的类。

（10）language 属性。

从某种角度讲，language 属性的作用是指定页面使用的脚本语言，如下所示：

```
<%@ page language="java" %>
```

2）taglib 指令

taglib 指令用于引入一个自定义标签集合的定义，包括库路径、自定义标签。在 JSP API 中允许用户自定义标签，一个自定义标签库就是自定义标签的集合，属性包含 uri 和 prefix，其中 prefix 是标签库的别名，用来指定标签库的前缀，uri 用来确定标签库位置，示例如下：

```
<!-- 我用来引入自定义标签库 -->
<%@ taglib  uri="http://java.sun.com/jsp/jstl/core" prefix="c" %>
```

3）include 指令

include 指令用来在 JSP 中包含其他文件。被包含的文件可以是 JSP 文件、HTML 文件或文本文件。包含的文件就好像是该 JSP 文件的一部分，会被同时编译执行，示例如下：

```
<!-- 包含一个 JSP 文件 -->
<%@ include file="/jsp/common/common.jsp"%>
<!-- 包含一个 HTML 文件 -->
<%@ include file="/jsp/common/common.html"%>
```

4. JSP 脚本元素

在 JSP 页面中有三种脚本元素（Scripting Elements）：JSP 声明、JSP 小脚本和 JSP 表达式。

1）JSP 声明

声明（declaration）用来在 JSP 页面中声明变量和定义方法。声明是以<%!开头，以%>结束的标签，其中可以包含任意数量的合法的 Java 声明语句。

例如，<%! int number = 1; %>。

在一个标签中声明一个变量：

```
<%!
    String size[] = {"big", "middle", "small"};
%>
```

在一个标签中声明一个方法：

```
<%!
    String getSize(int i){
        return size[i];
    }
%>
```

一个标签也可以同时声明变量跟方法：

```
<%!
    String size[] = {"big", "middle", "small"};
    String getSize(int i){
        return size[i];
    }
%>
```

2）JSP 脚本

小脚本（scriptlets）是嵌入在 JSP 页面中的 Java 代码段，以<%开头，以%>结束的标签。例如，<% number++; %>。

小脚本在每次访问页面时都被执行，因此 number 变量在每次请求时都增 1。由于小脚本可以包含任何 Java 代码，所以它通常用来在 JSP 页面嵌入计算逻辑。同时还可以使用小脚本打印 HTML 模板文本。

3）JSP 表达式

JSP 表达式（expression）是以<%=开头，以%>结束的标签，作为 Java 语言表达式的占位符，如，<%= number %>包含一个符合 Java 语法的表达式。

表达式的元素在运行后被自动转化为字符串，然后插入到这个表达式的 JSP 文件的位置显示。因为这个表达式的值已经转化为字符串，所以能在一行文本中插入这个表达式。表达式是一个简化了的 out.println 语句。

在页面每次被访问时都要计算表达式，然后将其值嵌入到 HTML 的输出中，与变量声明不同，表达式不能以分号结束，因此下面的代码是非法的：

```
<%= number; %>
```

使用表达式可以向输出流输出任何对象或任何基本数据类型的值，也可以打印任何算术表达式、布尔表达式或方法调用返回的值；在 JSP 表达式的百分号和等号之间不能有空格。

5. JSP 动作元素

与 JSP 指令元素不同的是，JSP 动作元素在请求处理阶段起作用。JSP 动作元素是用 XML 语法写成的。

利用 JSP 动作元素可以动态地插入文件、重用 JavaBean 组件、重定向当前页面、为 Java 插件生成 HTML 代码。

JSP 动作元素基本上都是预定义的函数，JSP 规范定义了一系列的标准动作，用 jsp 作为前缀。可用的 JSP 标准动作元素如表 9-1 所示。

表 9-1 可用的 JSP 标准动作元素

动作元素	描　述
<jsp:include>	在页面被请求的时候引入一个文件
<jsp:useBean>	寻找或者实例化一个 JavaBean
<jsp:setProperty>	设置 JavaBean 的属性
<jsp:getProperty>	输出某个 JavaBean 的属性
<jsp:forward>	把请求转到一个新的页面
<jsp:plugin>	根据浏览器类型为 Java 插件生成 OBJECT 或 EMBED 标记
<jsp:element>	定义动态 XML 元素
<jsp:attribute>	设置动态定义的 XML 元素属性
<jsp:body>	设置动态定义的 XML 元素内容
<jsp:text>	在 JSP 页面和文档中使用写入文本的模板

1）<jsp:include>动作元素

<jsp:include>动作元素用来包含静态和动态的文件。

语法格式：

```
<jsp:include page="相对 URL 地址" flush="true" />
```

<jsp:include>动作元素相关的属性如表 9-2 所示。

表 9-2 <jsp:include>动作元素相关的属性

属性	描　述
page	必填项，表示所包含文件的 URL
flush	取值为 true 或 false。取值为 true 时，若缓冲区已满，则清空缓冲区

2）<jsp:useBean>动作元素

<jsp:useBean>动作元素用来加载一个将在 JSP 页面中使用的 JavaBean。

语法格式：

```
<jsp:useBean id="name" class="package.class" />
```

<jsp:useBean>动作元素相关的属性如表 9-3 所示。

表 9-3　<jsp:useBean>动作元素相关的属性

属性	描　述
id	命名引用该 Bean 的变量
class	指定 Bean 的完整包名
scope	指定 Bean 在哪种上下文内可用，可以取下面的四个值之一：page、request、session 和 application。 （1）默认值是 page，表示该 Bean 只在当前页面内可用（保存在当前页面的 PageContext 内）。 （2）request 表示该 Bean 在当前的客户请求内有效（保存在 ServletRequest 对象内）。 （3）session 表示该 Bean 对当前 HttpSession 内的所有页面都有效。 （4）application 则表示该 Bean 对所有具有相同 ServletContext 的页面都有效
type	指定引用该对象的变量的类型，它必须是 Bean 类的名字、超类名字、该类所实现的接口名字之一。请记住变量的名字是由 id 属性指定的
beanName	指定 Bean 的名字。如果提供了 type 属性和 beanName 属性，允许省略 class 属性

3）<jsp:setProperty>动作元素

<jsp:setProperty>动作元素用来和<jsp:useBean>动作元素一起协作，设置已经实例化的 Bean 对象的属性。

语法格式：

```
<jsp:setProperty name = "JavaBean实例名"  property = "*"/>
```

<jsp:setProperty>动作元素相关的属性如表 9-4 所示。

表 9-4　<jsp:setProperty>动作元素相关的属性

属性	描　述
name	name 属性是必需的。它表示要设置属性的是哪个 Bean
property	property 属性是必需的。它表示要设置哪个属性。有一个特殊用法：如果 property 的值是"*"，表示所有名字和 Bean 属性名字匹配的请求参数都将被传递给相应的属性 set 方法
value	value 属性是可选的。该属性用来指定 Bean 属性的值。字符串数据会在目标类中通过标准的 valueOf 方法自动转换成数字、boolean、Boolean、 byte、Byte、char、Character。value 和 param 不能同时使用，但可以使用其中任意一个
param	param 是可选的。它指定用哪个请求参数作为 Bean 属性的值。如果当前请求没有参数，则什么事情也不做，系统不会把 null 传递给 Bean 属性的 set 方法。因此，你可以让 Bean 自己提供默认属性值，只有当请求参数明确指定了新值时才修改默认属性值

4）<jsp:getProperty>动作元素

<jsp:getProperty>动作元素用于获取被加载到当前页面中的 JavaBean 中某个属性的值，并将之转化为一个字符串，然后插入到页面中。

语法格式：

```
<jsp:getProperty name="entityName" property="propertyName" />
```

<jsp: getProperty >动作元素相关的属性如表 9-5 所示。

表 9-5 <jsp: getProperty >动作元素相关的属性

属性	描 述
name	要检索的 Bean 属性名称。Bean 必须已定义
property	表示要提取 Bean 属性的值

5）<jsp:forward>动作元素

<jsp:forward>动作元素用于将当前请求转发到可以处理这个请求的文件上，该文件由 page 指定。既可以转发到静态的 HTML 页面，也可以转发到动态的 JSP 页面，或者转发到容器中的 Servlet。

语法格式：

```
<jsp:forward page="相对 URL 地址" />
```

<jsp:forward>动作元素相关的属性如表 9-6 所示。

表 9-6 <jsp:forward>动作元素相关的属性

属性	描 述
page	page 属性包含的是一个相对 URL。page 的值既可以直接给出，也可以在请求的时候动态计算，可以是一个 JSP 页面或者一个 Java Servlet

6）<jsp:plugin>动作元素

<jsp:plugin>动作元素用来产生客户端浏览器的特别标签（object 或 embed），可以使用它来插入 Applet 或 JavaBean。如果需要的插件不存在，那么会下载插件，然后执行 Java 组件。Java 组件可以是一个 applet 或一个 JavaBean。

7）<jsp:element>动作元素

<jsp:element>动作元素动态定义 XML 元素。动态是非常重要的，这就意味着 XML 元素在编译时是动态生成的而非静态的。

语法格式：

```
<jsp:element name="elementName"></jsp:element>
```

8）<jsp:attribute>动作元素

<jsp:attribute>动作元素当使用在<jsp:element>之中时，设置动态定义的 XML 元素属性。

语法格式：

```
<jsp:element name=" xmlElement ">
  <jsp:attribute name=" xmlElementAttribute " trim="true">属性值</jsp:attribute>
</jsp:element>
```

<jsp:attribute>动作元素相关的属性如表 9-7 所示。

表 9-7　<jsp:attribute>动作元素相关的属性

属性	描　述
name	标签的属性名称
trim	trim 可为 true 或 false。假若为 true 时，<jsp:attribute>本体内容的前后空白将被忽略；反之，若为 false，前后空白将不被忽略。trim 的默认值为 true

9）<jsp:body>动作元素

<jsp:attribute>动作元素当使用在<jsp:element>之中时，设置动态定义的 XML 元素内容。

语法格式：

```
<jsp:element name="xmlElement">
<jsp:attribute name="xmlElementAttribute">
  属性值
</jsp:attribute>
<jsp:body>
  XML 元素的主体
</jsp:body>
</jsp:element>
```

10）<jsp:text>动作元素

<jsp:text>动作元素允许在 JSP 页面和文档中使用写入文本的模板。

语法格式：

```
<jsp:text>模板数据</jsp:text>
```

9.3　JSP 的内置对象

JSP 内置对象包括 request 对象、response 对象、out 对象、session 对象、application 对象、config 对象、pageContext 对象、page 对象、exception 对象，如表 9-8 所示。

表 9-8　JSP 内置对象

对象	描　述
request	HttpServletRequest 接口的实例
response	HttpServletResponse 接口的实例
out	JspWriter 类的实例，用于把结果输出至网页上
session	HttpSession 类的实例
application	ServletContext 类的实例，与应用上下文有关
config	ServletConfig 类的实例
pageContext	pageContext 类的实例，提供对 JSP 页面所有对象以及命名空间的访问
page	类似于 Java 类中的 this 关键字
exception	exception 类的对象，代表发生错误的 JSP 页面中对应的异常对象

JSP 的内置对象具有以下特点：

- 由 JSP 规范提供，不用编写者实例化；
- 通过 Web 容器实现和管理；
- 所有 JSP 页面均可使用；
- 只有在脚本元素的表达式或代码段中才可使用（<%=使用内置对象%>或<%使用内置对象%>）。

9.3.1 输出输入对象

输出输入对象包括 request 对象、response 对象、out 对象。

1. request 对象

request 对象的有效范围是在一个 JSP 页面向另一个 JSP 页面提出请求到请求完成之间，在完成请求后此范围即结束。

request 对象的主要方法如表 9-9 所示。

表 9-9 request 对象的主要方法

方法	描　述
getProtocol()	返回请求用的协议类型及版本号
getMethod()	获取 HTTP 请求消息中的请求方式（如 get、post 等）
getRequestURI()	获取请求行中资源名称部分，即位于 URL 的主机和端口之后、参数部分之前的内容
getServletConfig().getServletContext().getServerInfo()	服务器信息
getRemoteAddr()	返回发送此请求的客户端 IP 地址
getRemoteHost()	返回发送此请求的客户端 IP 地址
getCharacterEncoding()	返回字符编码方式
getContentLength()	返回请求体的长度（以字节数）
getContentType()	得到请求体的 MIME 类型
getAuthType()	获取 Authorization 头
getMethod()	获取请求类型
getPathInfo()	获取 URL 中的附加路径信息
getPathTranslated()	映射到服务器实际路径之后的路径信息
getQueryString()	获取请求行中的参数部分，也就是资源路径后面问号之后的所有内容
getRequestedSessionId()	输出 SessionId
getServletPath()	URL 中调用 Servlet 的那一部分，不包含附加路径信息和查询字符串
getHeader()	获取请求头部信息
getServerName()	返回接受请求的服务器主机名
getServerPort()	返回服务器接受此请求所用的端口号
getInputStream()	得到请求体中一行的二进制流
getScheme()	返回请求用的计划名

续表

方法	描 述
getReader()	返回解码的请求体
setAttribute(String key,Object obj)	设置属性的属性值
getRealPath(String path)	返回一虚拟路径的真实路径
getParameter(String name)	返回 name 指定参数的参数值
getParameterNames()	返回可用参数名的枚举
getParameterValues(String name)	返回包含参数 name 的所有值的数组
getContextPath()	获取工程名
getServletPath()	获取当前页面所在目录下全名称
getRequestURL()	获取地址

2. response 对象

response 对象是 javax.servlet.http.HttpServletResponse 接口实现类的对象，当服务器创建 request 对象时会同时创建用于响应这个客户端的 response 对象。

response 对象也定义了处理 HTTP 头模块的接口，通过这个对象，开发者们可以添加新的 cookies、时间戳、HTTP 状态码等。

response 对象的主要方法如表 9-10 所示。

表 9-10 response 对象的主要方法

方法	描 述
getCharacterEncoding()	返回字符编码
getOutputStream()	返回一个二进制输出流
addCookie(Cookie cook)	添加一个 Cookie 对象，用来保存客户端用户信息
addHeader(String name,String value)	添加 HTTP 文件头信息，该 Header 将传到客户端去，如果已经有相同的 Header 存在，则覆盖已有的 Header
getWriter()	返回向客户端输出字符的一个对象
setContentLength(int len)	设置响应头长度
sendError(int i)	向客户端发送错误的信息
setContentType(String type)	设置响应的 MIME 类型
sendRedirect(String location)	重新定向客户端的请求
containsHeader(String name)	判断指定名字的 HTTP 文件头是否已经存在，然后返回真假布尔值
setHeader(String name,String value)	设置指定的 HTTP 文件的值，如果该值已经存在，则新值会覆盖原有的旧值

3. out 对象

out 对象是在 Web 应用开发过程中使用最多的一个对象，其功能就是动态地向 JSP 页面输出字符流，从而把动态的内容转化成 HTML 形式来展示，这个对象在任何 JSP 页面中都可以自由访问。

out 对象的主要方法如表 9-11 所示。

表 9-11 out 对象的主要方法

方法	描 述
clear()	清除缓冲区中的内容，不将数据发送至客户端
clearBuffer()	将数据发送至客户端后，清除缓冲区中的内容
close()	关闭输出流
flush()	输出缓冲区中的数据
getBufferSize()	获取缓冲区的大小。缓冲区的大小可用<%@ page buffer="size" %>设置
getRemainning()	获取缓冲区剩余空间的大小
isAutoFlush()	获取用<%@ page is AutoFlush="true/false"%>设置的 AutoFlush 值
newLine()	输出一个换行字符，换一行
print()	显示各种数据类型的内容
println()	分行显示各种数据类型的内容

9.3.2 通信控制对象

通信控制对象包括 pageContext 对象、session 对象、application 对象。

1. pageContext 对象

pageContext 对象是 javax.servlet.jsp.PageContext 类的实例对象，用来代表整个 JSP 页面。它代表页面上下文，该对象主要用于访问 JSP 之间的共享数据，使用 pageContext 可以访问 page、request、session、application 范围的变量。

pageContent 对象的主要方法如表 9-12 所示。

表 9-12 pageContent 对象的主要方法

方法	描 述
getOut()	返回当前客户端响应被使用的 JspWriter 流（out）
getSession()	返回当前页面中 HttpSession 对象（session）
getPage()	返回当前页面的 page 对象
getRequest()	返回当前页面的 ServletRequest 对象（request）
getResponse()	返回当前页面的 ServletResponse 对象（response）
setAttribute(String name,Object attribute)	设置属性及属性值
getAttribute(String name,int scope)	在指定范围内取属性的值
getAttributeScope(String name)	返回某属性的作用范围
forward(String relativeUrlPath)	使当前页面重导到另一页面
include(String relativeUrlPath)	在当前位置包含另一文件
getException()	返回当前页面的 Exception 对象
getServletConfig()	返回当前页面的 Config 对象
getServletContext()	返回当前页面的 application 对象

2. session 对象

session 有效范围是整个用户会话的生命周期内，每个用户请求访问服务器时一般就会创建一个 session 对象，用户断开退出时 session 对象失效。

服务器对 session 对象有默认的时间限定，如果超过该时间限制，则 session 会自动失效，而不管用户是否已经终止连接，这主要是出于安全性的考虑。

session 对象的主要方法如表 9-13 所示。

表 9-13 session 对象的主要方法

方法	描 述
getAttribute(String name)	返回 session 对象中与指定名称绑定的对象，如果不存在则返回 null
getAttributeNames()	返回 session 对象中所有的对象名称
getCreationTime()	返回 session 对象被创建的时间，以毫秒为单位
getId()	返回 session 对象的 ID
getLastAccessedTime()	返回客户端最后访问的时间，以毫秒为单位
getMaxInactiveInterval()	返回最大时间间隔，以秒为单位，Servlet 容器将会在这段时间内保持会话打开
invalidate()	将 session 无效化，解绑任何与该 session 绑定的对象
isNew()	返回是否为一个新的客户端，或者客户端是否拒绝加入 session
removeAttribute(String name)	移除 session 中指定名称的对象
setAttribute(String name, Object value)	使用指定的名称和值来产生一个对象并绑定到 session 中
setMaxInactiveInterval(int interval)	用来指定时间，以秒为单位，Servlet 容器将会在这段时间内保持会话有效

3. application 对象

application 对象创建于 Web 服务器启动时，终止于 Web 服务器关闭之时。

application 对象的主要方法如表 9-14 所示。

表 9-14 application 对象的主要方法

方法	描 述
getAttribute(String name)	根据属性名称获取属性值
getAttributeNames()	获取所有的属性名称
setAttribute(String name, Object object)	设置属性，指定属性名称和属性值
removeAttribute(String name)	根据属性名称删除对应的属性
getContext(String uripath)	获取指定 URL 的 ServletContext 对象
getContextPath()	获取当前 Web 应用程序的根目录
getInitParameter(String name)	根据初始化参数名称，获取初始化参数值
getMajorVersion()	获取 Servlet API 的主版本号
getMinorVersion()	获取 Servlet API 的次版本号
getMimeType(String file)	获取指定文件的 MIME 类型
getServletInfo()	获取当前 Web 服务器的版本信息
getServletContextName()	获取当前 Web 应用程序的名称
log(String message)	将信息写入日志文件中

9.3.3 Servlet 对象

Servlet 对象包括 page 对象、config 对象。

1. page 对象

page 对象是 java.long.Object 类的实例，它指向当前 JSP 页面本身，有点像类中的 this 指针，用于设置 JSP 页面的属性，这些属性将用于和 JSP 容器通信，控制所生成的 Servlet 结构。

page 对象的有效范围为当前页面。

page 对象的主要属性如表 9-15 所示。

表 9-15　page 对象的主要属性

属性	描　述
import	page 指令中唯一容许在同一文档出现多次的属性。属性的值可以以逗号隔开。它指定 JSP 页面转换成 Servlet 应该输入的包。对于没有明确指定包的类，将根据 JSP 页面所在的包（生成的 Servlet 的目录）决定类的包的位置。这意味着，将在 JSP 页面所在的包来寻找该类。注意一定要将实用工具类和 Bean 包放在指定的包中，不要依赖于自动导入
language	用于指定在脚本元素中使用的脚本语言，默认为 Java 语言。在 JSP2.0 规范中，只能是 Java 语言
contentType	设置发送到客户端文档的响应报头的 MIME 类型和字符编码。多个使用;号分开
pageEncoding	用于更改字符编码。Servlet 默认 MIME 是 text/plain，JSP 默认 MIME 是 text/html
session	控制页面是否参与会话，默认为 true。如果存在已有会话，则预定义 session 变量，绑定到已有会话中；否则，创建新会话将其绑定到 session 中。设置 false 表示不自动创建新会话，在 JSP 页面转换为 Servlet 时，对变量 session 的访问会导致错误。设置为 false 并不是禁用会话跟踪，它只是阻止 JSP 页面为不拥有会话的用户创建新会话。注意对于不需要会话跟踪的页面那就设置为 false；当设置为 false 时，session 对象是不可访问的
isELlgnored	定义在 JSP 页面中是否执行或忽略 EL 表达式。true 表示忽略，false 表示执行。默认值依赖于 web.xml 的版本。Servlet 2.3 之前的版本默认为 true，从 Servlet 2.4 开始默认为 false。用于解决 JSP 版本不一致所导致的 EL 表达式使用问题。使用方式：isELlgnored="true"
buffer	指定 out 对象（JspWriter）使用的缓冲区大小，以 KB 为单位，默认为 8KB，none 表示不使用缓冲区。这样要求设置报头或状态代码的 JSP 元素要出现在文件的顶部、任何 HTML 内容之前
autoFlush	控制当缓冲区满了后，是自动清空输出缓冲区（默认 true），还是在缓冲区溢出后抛出异常（false）。在 buffer=none 的时候，autoFlush=false 是错误的
info	定义一个可以在 Servlet 中通过 getServletInfo 方法获取的字符串。JSP 容器做的是在 Servlet 中生成 getServletInfo 方法，返回 info 属性指定的 String
errorPage	用来指定一个 JSP 页面，由该页面来处理当前页面中抛出但没有捕获的任何异常。指定的页面可以通过 exception 变量访问异常信息
isErrorPage	表示当前页是否可以作为其他 JSP 页面的错误页面，true 或 false。错误页面应该放在 Web-INF 目录下面，只让服务器访问，也不会生成转发的调用，客户端只能看到最初的请求页面 URL，看不到错误页面的 URL。 如果为整个 Web 应用程序指定错误页面，或为应用中不同类型的错误指定错误处理页面，使用 Web.xml 中的 error-page 元素。如果一个页面通过该属性定义了专有的错误页面，那么在 Web.XML 文件中定义的任何错误页面不会被使用。只能够在错误处理页面中使用错误对象 exception

续表

属性	描　述
isThreadSafe	控制由 JSP 页面生成的 Servlet 是否允许并发访问（默认 true 允许）。这种阻止并发访问的实现是基于 SingleThreadModel 接口的。所以，避免使用 isThreadSafe 属性
extends	尽量避免使用。这是服务器提供商该做的事情。父类必须是对 HttJspPage 接口的实现类。而 HttJspPage 是应用于 HTTP 协议的请求和响应的 JspPage 扩展接口

page 对象的主要方法如表 9-16 所示。

表 9-16　page 对象的主要方法

方法	描　述
getClass()	返回此 Object 的类
hashCode()	返回此 Object 的 hash 码
equals(Object obj)	判断 Object 是否与指导的 Object 对象相等
copy(Object obj)	把此 Object 拷贝到指定的 Object 对象中
clone()	克隆此 Object 对象
toString()	把此 Object 对象转换成 String 类的对象
notify()	唤醒一个等待的线程
notifyAll()	唤醒所有等待的线程
wait(int timeout)	使一个线程处于等待直到 timeout 结束或唤醒
wait()	使线程处于等待直到被唤醒

2. config 对象

config 对象代表当前 JSP 配置信息，实质上是 ServletConfig 的一个实例，常用来获取 Servlet 的初始化参数。

config 对象主要方法如表 9-17 所示。

表 9-17　config 对象主要方法

方法	描　述
getServletName()	获取这个 Servlet 实例的名称
getInitParameter(String name)	根据 name，获取初始化信息
getInitParameterNames()	获取所有初始化信息的名称
getServletContext()	获取 ServletContext 对象

9.3.4　错误处理对象

错误处理对象为 exception 对象。

exception 对象表示的就是 JSP 引擎在执行代码过程中抛出的种种异常，只有在用 page 指令设置 isErrorPage="true"的页面中才能使用。

1. exception 对象的主要方法

exception 对象的主要方法如表 9-18 所示。

表 9-18 exception 对象的主要方法

方法	返回类型	描述
getMessage ()	String	返回描述异常的消息
ThrowablegetCause()	Throwable	返回引起异常的原因
toString()	String	返回关于异常的简短描述消息
printStackTrace()	void	显示异常及其栈轨迹
FillInStackTrace()	Throwable	重写异常的执行栈轨迹

2. JSP 异常处理方法

（1）在可能出现异常的 Java 脚本中，加上 try catch：

```
<%
  try{
    // 可能要出现异常的代码
}catch(/*异常*/){
    // 异常处理
  }
%>
```

（2）在 page 指令中添加 errorPage 属性：

```
<%@ page  errorPage="/error.jsp" isErrorPage="true" %>
```

如果我们指定了 errorPage 属性的值为 error.jsp，那么在访问出现错误时，就会跳转到 error.jsp（是转发过去的），如果想要了解异常的信息和对其进行处理，那么就要在 error.jsp 中设置 page 指令的 isErrorPage 属性。

isErrorPage="true"，就可以调用 exception 隐式对象。如果没有将 isErrorPage 属性设置为 true 的话，exception 隐式对象是不可以调用的。

（3）在 Web.xml 配置文件中对异常处理做出全局的配置：

```
<error-page>
    <exception-type>java.lang.ArithmeticException</exception-type>
    <location>/error.jsp</location>
</error-page>
```

9.4 在 JSP 中访问数据库

在 JSP 中，可以使用 JDBC 访问数据库。

1. 操作步骤

第 1 步：加载驱动。

第 2 步：获取连接对象。

第 3 步：创建 Statement 对象传递 SQL 语句到数据库执行。

第 4 步：接收 ResultSet 查询结果。

第 5 步：释放资源。

2. JSP 代码

```
<%@ page contentType="text/html;charset=UTF-8" language="java" %>
<html>
<head>
   <title>连接数据库</title>
</head>
<body>
<h3>连接数据库</h3>
<%@page import="java.sql.*"%>
<%
  //驱动
   String DRIVER_PATH = "com.microsoft.sqlserver.jdbc.SQLServerDriver";
   // url
  String URL="jdbc:sqlserver://localhost:3306;DatabaseName=数据库名";
  //数据库用户名
  String USER_NAME = "用户名";
  //数据库密码
  String PASSWORD = "密码";
  Connection conn = null;
  PreparedStatement preparedStatement =null;
  ResultSet resultSet =null;
%>
<%
  try{
    Class.forName(DRIVER_PATH);
    conn = DriverManager.getConnection(URL,USER_NAME,PASSWORD);
    // 判断数据库是否连接成功
    if (conn!= null){
         out.println("数据库连接成功");
    }else {
         out.println("数据库连接失败");
    }
    String sql = "SELECT * FROM tableName";
    preparedStatement = conn.prepareStatement(sql);
     resultSet = preparedStatement.executeQuery();
 }catch(SQLException e){
```

```
      e.printStackTrace();
    }
  %>
<%
  //打印获取到的数据库的内容
  while (resultSet.next()){
%>

<p>column1:<% out.print(resultSet.getString("column1"));%></p>
<p>column2:<%=resultSet.getString("column2")%></p>
<hr>
<%
  }
  //关闭数据库
  resultSet.close();
  preparedStatement.close();
%>
</body>
</html>
```

9.5 JSP 开发示例

本案例使用 JSP 实现在浏览器中显示快递数据库中的订单信息，数据库表结构参见附录 A。

1. 业务介绍

打开浏览器，在表格中加载当前数据库中的订单主表数据，运行效果如图 9-2 所示。

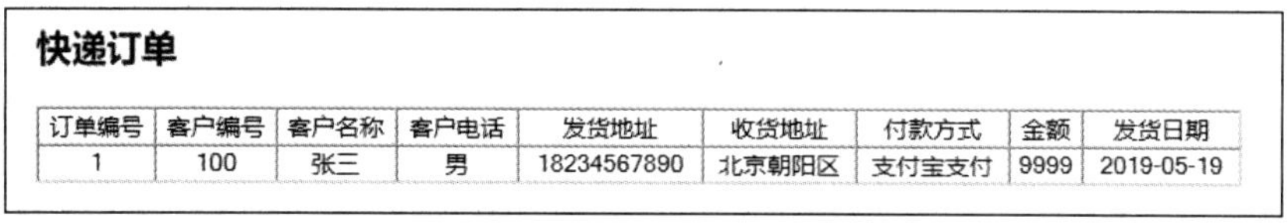
快递订单

订单编号	客户编号	客户名称	客户电话	发货地址	收货地址	付款方式	金额	发货日期
1	100	张三	男	18234567890	北京朝阳区	支付宝支付	9999	2019-05-19

图 9-2　运行效果

2. 业务代码

```
<!DOCTYPE html>
<html lang="en">
<head>
   <meta http-equiv="Content-Type" content="text/html; charset=utf-8"/>
    <title>快递订单</title>
    <style>
        *{margin: 0;padding: 0;list-style: none;}
        .main{width:  1200px;margin:  0  auto;padding-top:30px;font-size:
```

```
14px;font-family: "Microsoft Sans Serif";}
            .header{ width: 700px;margin: 0 auto }
            .header a{ width:60px;height: 30px;line-height: 30px; font-size:
14px; margin-right: 250px;text-decoration: none;  border-radius: 20px; background:
#5580ff;color:#fff;display:inline-block;text-align: center;border: 1px solid #5580ff }
            .header  a:hover{background:#fff;color:#5580ff;border:  1px  solid
#5580ff}
            .tableList{ border: 1px solid #ddd;  width: 700px;  margin: 20px auto;
text-align: center;  }
            .layer{ position: fixed;  top: 0;  left: 0;  bottom: 0;  right: 0;
width: 100%;  height: 100%;  background: rgba(0,0,0,0.6);display: none}
            .form-title{text-align: center;border-bottom: 1px solid #ccc;width:
80px;height: 30px;line-height: 30px;font-size: 18px;  color: blue;margin: 20px
auto;}
            .form-title .closeBtn{ position: absolute;  right: 15px;  top: 5px;
text-decoration: none;  color: #333;}
            .formInfo{width: 400px;margin: 20px auto;border: 1px solid #ddd;
background: #fff;position: relative}
            .formInfo p{margin: 0 0 15px 45px;}
            .formInfo p label{width: 80px;display: inline-block; text-align:
right}
            .formInfo p input{height: 25px;  padding-left: 10px;}
            .formInfo p select{height: 28px; width: 180px;  padding-left: 10px;}
            .formInfo .sexItem input{ top: 7px;  position: relative;}
            .formInfo p .submitBtn{background: #5580ff;border: 0; color: #fff;
width: 60px; height: 30px;text-align: center;margin-left: 140px;padding: 0;cursor:
pointer;
            }
        </style>
    </head>
    <body>
    <div class="main">
        <h2 class="header">快递订单</h2>
        <table id="tableList" class="tableList" border="1" cellspacing="0" >
        </table>
    </div>
    </body>
    <script src="https://cdn.staticfile.org/jquery/1.10.2/jquery.min.js"></script>
    <script>
        // 页面加载，获取表格数据
        $(document).ready(function(){
            getList()
        });
        function getList() {
```

```
        $.ajax({
            type: "get",
            url: "/wuliu/js/data.json",
            dataType: "json",
            success: function(data) {
                var dataResult = data.data;
                if (data.status === 200) {  // 数据拼接 渲染表格
                    $("#tableList").html(
                        "<tr>" +
                        "<td>订单编号</td>" +
                        "<td>客户编号</td>" +
                        "<td>客户名称</td>" +
                        "<td>客户电话</td>" +
                        "<td>发货地址</td>" +
                        "<td>收货地址</td>" +
                        "<td>付款方式</td>" +
                        "<td>金额</td>" +
                        "<td>发货日期</td>" +
                        "</tr>");
                    for (var i = 0; i < dataResult.length; i++) {
                        $(".tableList").append(
                            "<tr>" +
                            "<td>" + dataResult[i].id + "</td>" +
                            "<td>" + dataResult[i].userId + "</td>" +
                            "<td>" + dataResult[i].fullName + "</td>" +
                            "<td>" + dataResult[i].sex + "</td>" +
                            "<td>" + dataResult[i].phone + "</td>" +
                            "<td>" + dataResult[i].postAddress + "</td>" +
                            "<td>" + dataResult[i].PayMode + "</td>" +
                            "<td>" + dataResult[i].money + "</td>" +
                            "<td>" + dataResult[i].date + "</td>" +
                            "<tr>")
                    };

                }

            },
            error: function(data) {
                alert("连接超时");
            }
        });
    }
</script>
</html>
```

第 10 章　JavaBean 基础

在实际的 Java 语言软件系统开发中，经常会遇到处理逻辑繁多、相似度高、页面显示处理和后台业务处理逻辑混杂等开发难题。这些难题如果不能妥善解决，会导致软件系统耦合性过高、代码维护困难等不良后果。

JavaBean 技术通过组件式编程方法，封装业务逻辑的实现，对外提供属性、事件和方法，实现了画面和后台业务处理的分离，有效提高了代码的可重用性和可读性，使得系统易于维护和扩展。

本章介绍了 JavaBean 的基本概念，讲解了 JavaBean 的组成、生命周期、设计目的，通过案例，详细说明 JavaBean 在实际项目中的使用，从而加深对 JavaBean 在软件工程中的理解和运用。

重点和难点：

- ⊙ JavaBean 的组成
- ⊙ JavaBean 的生命周期
- ⊙ JavaBean 的代码编写
- ⊙ JSP 与 JavaBean 的结合使用

10.1　JavaBean 技术概述

10.1.1　JavaBean 的基本概念

JavaBean 是一种可被重复使用的轻量级组件，既可以被 Servlet/JSP 等 Java 应用程序调用，也可以被 Applet 调用，甚至还可以可视化地被 Java 开发工具使用。

JaveBean 可以理解为一辆货车，是在 Java 端和 Web 页面进行数据传递的载体，程序员可以单独传递每个变量，或者使用集合传递，但是 JavaBean 使数据更有可读性，方便开发时明确变量的意义，也使其他阅读代码的人能直接弄明白程序的意图。

JaveBean 的优点有以下几点。

- 提高代码的可复用性：对于通用的事务处理逻辑，数据库操作等都可以封装在 JavaBean 中，通过调用 JavaBean 的属性和方法可快速进行程序设计。
- 程序易于开发维护：实现逻辑的封装，使事务处理和显示互不干扰。
- 支持分布式运用：多用 JavaBean，尽量减少 Java 代码和 Html 的混编。

JavaBean 通过 Java 虚拟机（Java Virtual Machine）可以得到正确的执行，运行 JavaBean 最小的需求是 JDK1.1 或者以上的版本。

10.1.2 JavaBean 的任务与设计原则

1. JavaBean 的任务

一个开发良好的软件组件应该是一次性编写的，而不需要再重新编写代码以增强或完善功能。JavaBean 的任务就是"一次性编写，任何地方执行，任何地方重用（Write once, run anywhere, reuse everywhere），实际上就是提供一个简单的、紧凑的和优秀的问题解决方案，解决困扰软件工程中日益增加的复杂性问题。

JavaBean 组件在任意地方运行是指组件可以在任何环境和平台上使用，可以满足各种交互式平台的需求。由于 JavaBean 是基于 Java 的，所以它可以很容易地得到交互式平台的支持。JavaBean 组件在任意地方执行不仅是指组件可以在不同的操作平台上运行，还包括在分布式网络环境中运行。

JavaBean 组件在任意地方的重用是指它能够在包括应用程序、其他组件、文档、Web 站点和应用程序构造器工具的多种方案中再利用。这也许是 JavaBean 组件的最为重要的任务，因为这正是 JavaBean 组件区别于 Java 程序的特点之一。

2. JavaBean 的设计原则

为满足 JavaBean 的以上任务要求，其设计需要满足以下原则。

1）紧凑方便地创建和使用

JavaBean 紧凑性的需求基于 JavaBean 组件，常常用于分布式计算环境中，这使得 JavaBean 组件常常需要在有限的带宽连接环境下进行传输。显然，为了适应传送的效率和速度，JavaBean 组件必须是越紧凑越好。另外，为了更好地创建和使用组件，就应该使其越简单越好。通常为了提高组件的简易性和紧凑性，设计过程所需投入相对较大。

现有的组件软件技术通常是使用复杂的 API，这常常搞得开发者在创建组件时晕头转向。因此，JavaBean 组件必须不仅容易使用，而且必须便于开发。这对于组件开发者而言是至关重要的，因为这可以使得开发者不必花大量功夫在使用 API 进行程序设计上，从而更好地对组件进行润饰，提高组件的可观赏性。

JavaBean 组件大部分是基于已有的传统 Java 编程的类结构上的，这对于那些已经可以熟练地使用 Java 语言的开发者非常有利，这可以使得 JavaBean 组件更加紧凑，因为 Java 语言在编程上吸收了以前的编程语言中的大量优点，已经使开发出来的程序变得相当有效率。

2）完全的可移植性

JavaBean API 与操作基础的独立于平台的 Java 系统相结合，提供了独立于平台的组件解决方案，因此，组件开发者就可以不必再为带有 Java applet 平台特有的类库而担心了，最终的结果都将是计算机界共享、可重复使用的组件，并在任何支持 Java 的系统中无须修改地执行。

3）继承 Java 的强大功能

现有的 Java 结构已经提供了多种易于应用于组件的功能。其中一个比较重要的是 Java 本身的内置类发现功能，它可以使得对象在运行时彼此动态地交互作用，这样对象就可以从开发系统或其开发历史中独立出来。

对于 JavaBean 而言，由于它是基于 Java 语言的，所以它就自然地继承了这个对于组件技术而言非常重要的功能，而不再需要任何额外开销来支持它。

JavaBean 继承的 Java 功能中还有一个重要的方面，就是持久性，JavaBean 保存对象并获得对象的内部状态，通过 Java 提供的序列化（serialization）机制，持久性可以由 JavaBean 自动进行处理，当然，在需要的时候，开发者也可以自己建立定制的持久性方案。

4）支持应用程序构造器

JavaBean 的一个设计目标是设计环境的问题和开发者如何使用 JavaBean 创建应用程序。JavaBean 体系结构支持指定设计环境属性和编辑机制以便于 JavaBean 组件的可视化编辑。这样开发者可以使用可视化应用程序构造器无缝地组装和修改 JavaBean 组件。就像 Windows 平台上的可视化开发工具 VBX 或 OCX 控件处理组件一样。通过这种方法，组件开发者可以指定在开发环境中使用和操作组件的方法。

5）支持分布式计算

JavaBean 使 Java 开发者可以在任何时候使用分布式计算机制，并且由于 JavaBean 组件的紧凑性，避免了分布式计算架构的核心支持所带来的大量额外计算开销。

10.1.3 JavaBean 的分类和组成

JavaBean 可分为两种：一种是有用户界面的（有 UI 的）；另一种是没有用户界面的（无 UI 的）。在 JSP 程序中常采用的是第二种，用来封装事务逻辑、数据库操作等，可以很好地实现业务逻辑和前台程序（如 JSP 文件）的分离，使得系统具有更好的健壮性和灵活性。

一个 JavaBean 由以下 3 部分组成。

1. 属性（Properties）

JavaBean 的属性与一般 Java 类中所指的属性，或者说与所有面向对象的程序设计语言中对象的属性是一个概念，在程序中的具体体现就是类中的私有（Private）成员变量。

在 JavaBean 设计中，按照属性的不同作用又可将属性细分为 4 类：Simple 属性、Indexed 属性、Bound 属性、Constrained 属性。

Simple 属性是一种存储简单数据类型数据的属性，用来存储 int、String 等非集合类数据。

Indexed 属性是一种存储数组类型数据的属性，通过 getter/setter 既可以访问其中一个元素，也可以对整个数组型进行访问。

Bound 属性是一种当该属性的值发生变化时要通知其他对象的属性。也就是说，每次属性值改变时，这种属性就触发一个 PropertyChange 事件，来通知需要通知的对象。

Constrained 属性是一种当这个属性的值要发生变化时，与这个属性已建立了某种连接的其他 Java 对象可否决此次改变的属性。Constrained 属性的监听者通过抛出 PropertyVeto-Exception 来阻止该属性值的改变。

2. 方法（Method）

JavaBean 中的方法就是通常的 Java 方法，它是公开的（Public），可以被其他组件调用，也可以在脚本环境中被调用。

JavaBean 虽然可以提供能够被调用的方法，但设计良好的 JavaBean 应该将绝大部分功能反映在 JavaBean 的属性和事件中，而不是反映在人工调用的方法中。

3. 事件（Event）

事件处理是 JavaBean 体系结构的核心之一，通过事件处理机制，JavaBean 组件成为事件源，发出可被 JDK 或其他组件接收的通知。

10.1.4 JavaBean 生命周期

每个 JavaBean 都有一个生命周期，只有在定义的生命周期范围（作用域）里才能使用，在它的生命周期范围外将无法访问到它。JSP 为它设定的生命周期范围有 page、request、session 和 application，可以在<jsp:userBean>标签中利用 Scope 属性来声明 JavaBean 的生命周期范围。具体说明如下。

1. page 范围

设置 Scope 属性为 page 的 JavaBean 生命周期是最短的，也是 JavaBean 的默认值。作用范围为：当一个网页由 JSP 程序产生并传递到客户端后，属于 page 范围的 Bean 也将被清除，生命周期结束。使用 page 作为 Bean 的生命周期的格式如下：

```
<jsp:userBean id="Bean_name" scope="page" class="PackageName.className"/>
```

在 JSP 页面中可以无限次修改 page 范围的 Bean 的属性值，但是，当页面关闭时，所有的变动都会丢失，而恢复到最初状态。

2. request 范围

生命周期范围为 request 的 Bean 与 request 对象的生命周期相同。当在 JSP 页面中使用<jsp:forward>操作指令转向另一个 JSP 程序，或者使用<jsp:include>指令导入另外的 JSP 页面时，第一个 JSP 页面会把 request 对象传递到下一个 JSP 页面。属于 request 作用域的 JavaBean 组件也将伴随着 request 对象送出，被第二个 JSP 页面接收。

JSP 内置对象 request 存取其他对象的方法是 setAttribute()和 getAttribute()。如果一个 JavaBean 对象被设置为 request 范围时，JSP 引擎会把<jsp:useBean>标签中的 ID 属性值当作索引值，通过 setAttribute()方法将新产生的 JavaBean 对象放置在 request 对象中，当下一个 JSP 程序通过 forward 取得前面传来的 request()对象时，就可以通过 getAttribute()方法和索引值获取这个 Bean 对象。

3. session 范围

生命周期范围为 session 的 JavaBean 与 session 对象的生命周期相同，且在创建它们的会话中始终可以被引用。

4. application 范围

生命周期范围为 appllication 的 JavaBean 的生命周期是最长的。当 application 范围的 JavaBean 被实例化后，除非是特意将它删除，否则 application 范围的生命周期可以说和 JSP 相当。当某个 JavaBean 属于 application 范围时，所在同一个 JSP 引擎下的 JSP 程序都可以共享这个 JavaBean。

10.2 编写和使用 JavaBean

10.2.1 编写规则

JavaBean 类是一个公共类，并将其访问属性设置为 public，如 public class user{ …}。

JavaBean 类有一个空的构造函数：类中必须有一个不带参数的公用构造器，如 public User(){…}。

一个 JavaBean 类不应有公共实例变量，类变量都为 private，如 private int id;。

JavaBean 属性是具有 getter/setter 方法的成员变量，也可以只提供 getter 方法，这样的属性叫只读属性；也可以只提供 setter 方法，这样的属性叫只写属性。

在使用 Java 编程时，并不是所有软件模块都需要转换成 JavaBean。JavaBean 比较适合于那些具有可视化操作和定制特性的软件组件。

在 JavaBean 中限制 HTML 的产生：

理论上，JavaBean 将不会产生任何 HTML，因为这是 JSP 层负责的工作；然而，为动态消息提供一些预先准备的格式是非常有用的。产生的 HTML 将被标注的 JavaBean 方法返回。

注意：

- 不要试图在 JavaBean 返回的 HTML 中放置任何字体尺寸，因为并不是所有的浏览器都相同。很多浏览器无法处理完整的字体尺寸。
- 不要试图在 JavaBean 返回的 HTML 中放置任何脚本或者 DHTML。因为某些浏览器版本在处理不正确的脚本时会崩溃，所以直接向页面输出脚本或者 DHTML 非常危险，如果用户的 JavaBean 在运行时是动态地推出复杂的 HTML 语言，用户将陷入不断调试的噩梦，另外，复杂的 HTML 也会限制 JavaBean 的寿命和灵活性。

以下通过实例演示 JavaBean 的编写和使用。

10.2.2 使用实例

1. 两个 JavaBean 实例

1）使用 Simple 属性的 JavaBean

具备 Simple 属性的 Bean，实现代码如下：

```
import java.io.Serializable;
public class SimpleBean implements Serializable
{

    /**
     * UID
     */
    private static final long serialVersionUID = 776868053419487698L;
```

```
    /**
     * 属性 userName 用户名
     */
    private String userName = "";

    /**
     * 设置用户名
     * @param newString 用户名
     */
    public void setUserName(String newString) {
        this.userName = newString;
    }

    /**
     * 获取用户名
     * @return 用户名
     */
    public String getUserName() {
        return this.userName;
    }
}
```

使用 SimpleBean：

```
/**
 *
 * @ClassName: SimpleBeanTest
 *
 * @Description: Simple 属性的使用
 *
 * @author
 *
 * @date
 *
 */
public class SimpleBeanTest {

    /**
     *
     * @param args
     *
     */
```

```
    public static void main(String[] args) {

        // 创建 Java Bean 的实例。
        SimpleBean obj = new SimpleBean();

        //设置属性的值
        System.out.println(" ***** Start *****************");
        System.out.println("Before :UserName=" + obj.getUserName());
        obj.setUserName("Tester 001");
        System.out.println("After  :UserName=" + obj.getUserName());
        System.out.println(" *****  End  *****************");
    }
}
```

运行后，输出结果：

```
***** Start *****************
Before :UserName=
After  :UserName=Tester 001
 *****  End  *****************
```

其中，getUserName 就是获取属性 UserName 的值，setUserName 就是设置属性 UserName 的值。

2）使用 Indexed 属性的 JavaBean

具备 Indexed 属性的 Bean，实现代码如下：

```
import java.io.Serializable;
/**
 *
 * @ClassName: SimpleBean
 *
 * @Description: Simple 属性实装
 *
 * @author
 *
 * @date
 *
 */
public class IndexedBean  implements Serializable{

    /**
     * UID
     */
```

```
private static final long serialVersionUID = 427967374616328227L;

/**
 * 属性
 */
private int[] arrResult={1,2,3,4,5,6}; // indexed属性

public IndexedBean() {
}

/**
 * 设置属性的值
 * 设置整个数组
 * @param arrIn
 */
public void setArrResult(int[] arrIn){
    arrResult=arrIn;
}

/**
 * 设置属性的值
 * 设置数组中的指定元素的值
 * @param index
 * @param valIn
 */
public void setArrResult(int index, int valIn){
    arrResult[index]=valIn;
}

/**
 * 获取属性的值
 * 取得整个数组值
 * @return
 */
public int[] getArrResult(){
    return arrResult;
}

/**
 * 获取属性的值
 * 取得数组中的指定元素值
```

```
     *
     * @param index
     * @return
     */
    public int getArrResult(int index){
    return arrResult[index];
    }
}
```

使用 IndexedBean：

```
/**
 *
 * @ClassName: IndexedBeanTest
 *
 * @Description: Indexed 属性的使用
 *
 * @author
 *
 * @date
 *
 */
public class IndexedBeanTest {

    /**
     *
     * @param args
     *
     */
    public static void main(String[] args)  {

        // 创建 Java Bean 的实例
        IndexedBean obj = new IndexedBean();
        int[] arrNewResult = {93, 96, 92};

        //设置属性的值
        setArrResult(obj, arrNewResult, -1, 0);
        //设置属性的值
        setArrResult(obj, arrNewResult, 1, 101);
    }

/**
```

```
         * 设置属性
         * @param obj
         * @param strVal
         */
        private static void setArrResult(IndexedBean obj, int[] arrRlt, int idx,
int val){
            StringBuilder strTmp = new StringBuilder();
            System.out.println("***** Start *****************");
            strTmp.append("Before :ArrResult=");
            for (int perResult : obj.getArrResult()){
                strTmp.append(perResult);
                strTmp.append(",");
            }
            System.out.println(strTmp.toString());

            if(idx == -1){
                obj.setArrResult(arrRlt);
            }
            else{
                obj.setArrResult(idx, val);
            }

            strTmp= new StringBuilder();
            strTmp.append("After  :ArrResult=");
            for (int perResult : obj.getArrResult()){
                strTmp.append(perResult);
                strTmp.append(",");
            }
            System.out.println(strTmp.toString());
            System.out.println("*****  End  *****************");
        }
    }
```

运行结果如下：

```
***** Start *****************
Before :ArrResult=1,2,3,4,5,6,
After  :ArrResult=93,96,92,
*****  End  *****************
***** Start *****************
Before :ArrResult=93,96,92,
After  :ArrResult=93,101,92,
```

```
***** End ****************
```

2. 使用 JavaBean 示例一

1）创建使用 Bound 属性 JavaBean 实例

具有 Bound 属性的 Bean，实现代码如下：

```
import java.io.Serializable;
import java.beans.PropertyChangeSupport;
import java.beans.PropertyChangeListener;

/**
 *
 * @ClassName: BoundBean
 *
 * @Description: Bound 属性实例
 *
 * @author
 *
 * @date
 *
 */
public class BoundBean implements Serializable
{
    /**
     * 属性 userName 改变标志
     */
    public static final String CHG_USERNAME = "BoundBean.userName";
    /**
     * 序列化用 ID
     */
    private static final long serialVersionUID = -4041822935108496250L;
    /**
     * 属性改变监听对象
     */
    private PropertyChangeSupport changes = new PropertyChangeSupport(this);

    /**
     * 属性 userName 用户名
     */
    private String userName = ""; // userName 是一个 bound 属性

    /**
```

```
     * 设置用户名
     * @param newString 用户名
     */
    public void setUserName(String newString) {
        String oldString = this.userName;
        this.userName = newString;
        //触发属性改变事件
        changes.firePropertyChange(BoundBean.CHG_USERNAME, oldString, newString);
    }
    /**
     * 获取用户名
     * @return 用户名
     */
    public String getUserName() {
        return this.userName;
    }

    /**
     * addPropertyChangeListener 方法用于添加监听器
     */
    public void addPropertyChangeListener(PropertyChangeListener listener) {
        changes.addPropertyChangeListener(listener);
    }
    /**
     * removePropertyChangeListener 方法用于移除监听器
     */
    public void removePropertyChangeListener(PropertyChangeListener listener) {
        changes.removePropertyChangeListener(listener);
    }
}
```

2）使用 JavaBean

首先准备一个监听者类：

```
import java.beans.PropertyChangeEvent;
import java.beans.PropertyChangeListener;
/**
 *
 * @ClassName: LogisticsSysListener
 *
 * @Description: 监听者类
 *
```

```
 * @author
 *
 * @date
 *
 */
public class LogisticsSysListener implements PropertyChangeListener{
    public void propertyChange(PropertyChangeEvent evt) {
      if(evt.getPropertyName().equals(BoundBean.CHG_USERNAME)){
       System.out.println(" 属性【" + BoundBean.CHG_USERNAME +"】被重新设置！ ");
        }
    }
}
```

然后使用以下代码进行测试：

```
/**
 *
 * @ClassName: BoundBeanTest
 *
 * @Description: Bound 属性的使用
 *
 * @author
 *
 * @date
 *
 */
public class BoundBeanTest {
    /**
     * JavaApplication 开始函数
     * @param args
     */
    public static void main(String[] args){
        // 创建 Java Bean 的实例
        BoundBean test = new BoundBean();

        // 添加监听者
        test.addPropertyChangeListener(new LogisticsSysListener());

        // 设置属性
        setArrResult(test, "姓名 001");
        setArrResult(test, "姓名 001");
    }
```

```
    /**
     * 设置属性
     * @param obj
     * @param strVal
     */
    private static void setArrResult(BoundBean obj, String strVal){
        System.out.println("***** START *****************");
        System.out.println("  Before :UserName=" + obj.getUserName());

        // 设置属性的值
        obj.setUserName(strVal);

        System.out.println("  After  :UserName=" + obj.getUserName());
        System.out.println("*****  END  *****************");
    }
}
```

运行结果：

```
***** START *****************
  Before :UserName=
  属性【BoundBean.userName】被重新设置!
  After  :UserName=姓名 001
*****  END  *****************
***** START *****************
  Before :UserName=姓名 001
  After  :UserName=姓名 001
*****  END  *****************
```

通过上例可以看出，当属性 UserName 的值为空时，调用了 setUserName(“姓名 001”)，触发属性改变事件；当属性 UserName 的值为[姓名 001]时，即使再次调用了 setUserName(“姓名 001”)，也不会再触发属性改变事件。

3. 使用 JavaBean 示例二

1）创建使用 Constrained 属性的 JavaBean

具有 Constrained 属性的 Bean，实现代码如下：

```
import java.beans.PropertyChangeListener;
import java.beans.PropertyChangeSupport;
import java.beans.VetoableChangeListener;
import java.beans.VetoableChangeSupport;
```

```
/**
 *
 * @ClassName: VetoableEventBean
 *
 * @Description: Constrained 属性演示类
 *          一个属性的值在变化时，如果可以被外部组件否定，
 *          也就是值的变化被其他组件取消，那么这种属性被称之为 Constrained 属性
 *          Constrained 属性必须要触发否决更改事件（fireVetoableChange）
 *          在此例属性 value 的 setter 中，先后触发否决更改事件和属性更改事件
 * @author
 *
 * @date
 *
 */
public class VetoableEventBean {

    public VetoableEventBean() {
    }

    // 定义否决更改事件支持
    private VetoableChangeSupport vetoableChanges = new VetoableChangeSupport(this);

    public void addListener(String propertyName, VetoableChangeListener listener) {
        vetoableChanges.addVetoableChangeListener(propertyName, listener);
    }

    public void removeListener(String propertyName, VetoableChangeListener
listener) {
        vetoableChanges.removeVetoableChangeListener(propertyName, listener);
    }

    // 定义属性更改事件支持
    private PropertyChangeSupport changes = new PropertyChangeSupport(this);
    /**
     *
     * 添加属性更改事件监听器
     *
     * @param propertyName
     *            待监听的属性名称
     *
     * @param listener
```

```
     *             事件监听器
     *
     */
    public void addListener(String propertyName, PropertyChangeListener
listener) {
        changes.addPropertyChangeListener(propertyName, listener);
    }

    /**
     *
     * 移除属性更改事件监听器
     *
     * @param propertyName
     *             待监听的属性名称
     *
     * @param listener
     *             事件监听器
     *
     */
    public void removeListener(String propertyName, PropertyChangeListener
listener) {
        changes.removePropertyChangeListener(propertyName, listener);
    }

    /**
     *
     * 属性value
     *
     */
    private int value;

    /**
     *
     * 获取属性value的值
     *
     * @return
     */
    public int getValue() {
        return value;
    }
```

```
    /**
     *
     * 设置属性 value 的值
     *
     * 先触发【否决更改事件】，再触发【属性更改事件】，最后设置属性 value 的值
     * 利用 try...catch 来捕获【否决更改事件】中监听者发出的否决异常
(PropertyVetoException)
     * 若有异常，则处理跳转到 catch 中；若无异常，则正常执行
     *
     * @param value
     */
    public void setValue(int value) {
        try {
            int oldValue = this.value;
            // 触发否决更改事件。
            vetoableChanges.fireVetoableChange("value", oldValue, value);
            // 【否决更改事件】中无异常发生时，触发属性更改事件
            changes.firePropertyChange("value", oldValue, value);
            // 【否决更改事件】中无异常发生时，对属性 value 的值进行改变
            this.value = value;
        } catch (Exception e) {
            // 当在【否决更改事件】中发生异常时，不对属性进行赋值
            e.printStackTrace();
        }
    }
}
```

2）使用 JavaBean

```
import java.beans.PropertyChangeEvent;
import java.beans.PropertyChangeListener;
import java.beans.PropertyVetoException;
import java.beans.VetoableChangeListener;

/**
 *
 * @ClassName: VetoableListenerTest
 *
 * @Description:
 *
 * @author
 *
```

```
     * @date
     *
     */
    public class VetoableListenerTest {
        /**
         *
         * @param args
         *
         */
        public static void main(String[] args) throws PropertyVetoException {
          // 创建 Java Bean 的实例
          VetoableEventBean obj = new VetoableEventBean();
          // 添加否决投票事件监听器
          obj.addListener("value", new VetoableChangeListener() {
              @Override
              public void vetoableChange(PropertyChangeEvent evt)
                      throws PropertyVetoException {
                  System.out.println("   VetoableChange:"
                          + "PropertyName:[" + evt.getPropertyName()
                          + "], oldValue:[" + evt.getOldValue()
                          + "], newValue:[" + evt.getNewValue()
                          + "]"
                          );

                  // 当属性值为 3 时否决
                  if (evt.getNewValue().equals(3)) {
                    throw new PropertyVetoException("new value must not equal
3\r\n", evt);
                  }
              }
          });

           // 添加属性改变事件监听器
           obj.addListener("value", new PropertyChangeListener() {
               @Override
               public void propertyChange(PropertyChangeEvent evt) {

                   // 输出属性的名称、旧值、新值
                   System.out.println("   PropertyChange:"
                           + "PropertyName:[" + evt.getPropertyName()
                           + "], oldValue:[" + evt.getOldValue()
```

```
                        + "], newValue:[" + evt.getNewValue()
                        + "]"
                        );
                }
            });

            //设置属性 value 的值为 1
            setArrResult(obj, 1);

            //设置属性 value 的值为 3
            setArrResult(obj, 3);
        }

        /**
         * 设置属性
         * @param obj
         * @param strVal
         */
        private static void setArrResult(VetoableEventBean obj, int iVal){
            System.out.println("***** START *****************");
            System.out.println("  Before :[" + obj.getValue()+"]");

            // 设置属性的值
            obj.setValue(iVal);

            System.out.println("  After  :[" + obj.getValue()+"]");
            System.out.println("*****  END  *****************");
        }
    }
```

运行结果：

```
***** START *****************
  Before :[0]
    VetoableChange:PropertyName:[value], oldValue:[0], newValue:[1]
    PropertyChange:PropertyName:[value], oldValue:[0], newValue:[1]
  After  :[1]
*****  END  *****************
***** START *****************
  Before :[1]
    VetoableChange:PropertyName:[value], oldValue:[1], newValue:[3]
java.beans.PropertyVetoException: new value must not equal 3
```

```
    at VetoableListenerTest$1.vetoableChange(VetoableListenerTest.java:45)
    at java.beans.VetoableChangeSupport.fireVetoableChange(Unknown Source)
    at java.beans.VetoableChangeSupport.fireVetoableChange(Unknown Source)
    at java.beans.VetoableChangeSupport.fireVetoableChange(Unknown Source)
    at VetoableEventBean.setValue(VetoableEventBean.java:114)
    at VetoableListenerTest.setArrResult(VetoableListenerTest.java:82)
    at VetoableListenerTest.main(VetoableListenerTest.java:69)
     After  :[1]
  *****  END  ****************
```

10.3 JSP 与 JavaBean 的结合

JSP 和 JavaBean 搭配使用可以使 Web 应用程序的构建方便地继承前人代码成果，开发更为快速，系统更加稳定。JSP 和 JavaBean 结合主要具备以下优点：

- 使得 HTML 与 Java 程序分离，这样便于维护代码，因为如果把所有的程序代码都写到 JSP 网页中，会使用代码繁杂，难以维护；
- 可以降低开发 JSP 开发人员对 Java 编程能力的要求；
- JSP 侧重于生成动态网页，事务处理由 JavaBean 来完成，这样可以充分利用 JavaBean 组件的可重用性特点，提高开发效率。

10.3.1 标准标签

在 JSP 中调用 JavaBean 有三个标准标签：<jsp:useBean>、<jsp:setProperty>、<jsp:getProperty>。

1．<jsp:useBean>标签

这个标签定义一个具有唯一 id 的 JavaBean 的实例，这个实例具有一定的生存范围，JSP 通过 id 来识别 JavaBean，也可以通过 id 的方式操作 JavaBean，语法如下：

```
<jsp:useBean id="" scope="" class=""/>。
```

<jsp:useBean>标签具有以下 5 个属性。

（1）Id：id 属性是 JavaBean 对象的唯一标志，代表了一个 JavaBean 的对象实例。它具有特定的存在范围（也就是另一个属性 scope）。在 JSP 中通过 id 来识别 JavaBean。

（2）Scope：Scope 属性代表了 JavaBean 对象的生存范围，它有 4 个值可选，分别是 Page、Request、Session 和 Application，但只能选一个。

（3）Class：Class 代表了 JavaBean 对象的类名，在使用时需要写上包名，即包名.类名。

（4）BeanName：BeanName 属性代表了 Bean 的名字，通常通过 java.beans.Beans class 的 instantiate()方法来初始化。

（5）Type：Type 属性指定了脚本变量定义的类型，默认的定义和 Class 中的属性一致，一般情况下我们都采用默认值。

2. <jsp:setProperty>标签

这个标签主要用于设置 Bean 的属性值，语法如下：

```
<jsp:setproperty Name="BeanName" property=""/>
```

其中 Name 属性代表了已经存在的并且具有生存范围的 JavaBean 实例。

<jsp:setProperty>标签有以下 4 个属性。

（1）Name：代表<jsp:useBean>标签定义的 JavaBean 对象的实例。

（2）property：这个属性想设置值的属性 property 名字，匹配 JavaBean 中相同名字的属性 property，并通过 JavaBean 中属性的 set 方法赋值 value 给这个属性。如果 value 属性为空，则不会修改 JavaBean 中的属性值。

（3）param：param 属性代表了页面请求的参数名字，<jsp:setProperty>标签不能同时使用 param 和 value。

（4）value：value 属性代表了赋给 Bean 的属性 property 的具体值。

3. <jsp:getProperty>标签

这个标签可以得到 JavaBean 实例的属性值，并将它们转换成 String 类型，最后放置在隐含的 out 对象中，JavaBean 的实例必须在<jsp:getProperty>前面定义，语法如下：

```
<jsp:getProperty name="" property="">
```

<jsp:getProperty>标签有以下两个属性。

（1）name： name 属性代表了想要获得属性值的 JavaBean 的实例，JavaBean 的实例必须在前面用<jsp:useBean>标签定义。

（2）property：Property 属性代表了想要获得值的 property 的名字。

10.3.2　JSP 与 JavaBean 结合使用示例

以下代码示例为 JSP 与 JavaBean 的结合使用。

```
<%@ page language="java" contentType="text/html;"
    pageEncoding="UTF-8"%>
<!DOCTYPE html PUBLIC"-//W3C//DTD HTML 4.01 Transitional//EN" "http://www.w3.org/
TR/html4/loose.dtd">
<html>
<head>
<meta http-equiv="Content-Type" content="text/html; charset=UTF-8">
<title>用户信息</title>
</head>
<body>
<%request.setCharacterEncoding("UTF-8"); %>
<!-- id 实例化对象的名称 -->
```

```
<jsp:useBean id="user" scope="page" class="User 的类路径"></jsp:useBean>
<!-- 用户的名字 -->
 <p><%=user.getName() %></p>
<!-- 用户的年龄 -->
<p><%=user.getAge() %><p>
<!-- 用户的性别 -->
<p><%=user.getSex() %><p>
 <-- 为 name 赋值 -->
 <jsp:setProperty name="user" property="name" value="张三"/>
 <-- 为 age 赋值 -->
 <jsp:setProperty name="user" property="age" value="19"/>
<-- 输出名字 -->
 <h3><%=person.getName() %></h3>
<-- 输出年龄 -->
 <h3><%=person.getAge() %></h3>
</body>
</html>
```

第 11 章　Servlet 基础

Applet 是运行于客户端浏览器上的 Java 小程序。Java 刚诞生的时候，以 Applet 闻名于世。不过现在 Applet 基本已经没有人使用了，而 Servlet 一直处于不断的进步和发展之中，现在已经成为很多框架的技术基础，如 Spring、Struts2 等。

Servlet（Server Applet）是 Java Servlet 的简称，称为小服务程序或服务连接器，是用 Java 编写的服务器端程序，主要功能在于交互式地浏览和修改数据，生成动态 Web 内容。

Servlet 为创建基于 Web 的应用程序提供了基于组件、独立于平台的方法，可以不受 CGI 程序的性能限制。Servlet 有权限访问所有的 Java API，包括访问企业级数据库的 JDBC API。

虽然现在的实际工作中较少直接使用 Servlet，但了解 Servlet 规范中对不同组件（Servlet、Filter、Listener 等）及 Servlet 容器的实现，对于基于 Servlet 创建 Java EE 应用的理解非常重要。

本章将讲解 Servelet 概念和技术原理、Servelet 请求和响应的处理方式，并通过示例说明使用 Java Servlet 来开发基于 Web 的应用程序的具体方法与步骤。

重点和难点：

- ⊙ Servlet 的基本概念、工作原理
- ⊙ Servlet 编程的基本技能，包括客户端输入、获取配置信息等
- ⊙ 会话管理、Servlet 间协同、Servlet 上下文等高级编程技巧

11.1　Servelet 的概念与技术原理

11.1.1　Servlet 的概念

Servlet 是一种独立于操作系统平台和网络传输协议的服务器端的 Java 应用程序，用来扩展服务器的功能，可以收集来自网页表单的用户输入，呈现来自数据库或者其他源的记录，还可以生成动态的 Web 页面。

Servlet 不是从命令行启动的，而是由包含 Java 虚拟机的 Web 服务器进行加载的。

11.1.2　Servlet 与 Applet 的比较

Servlet 与 Applet 的相似之处如下：

- 它们不是独立的应用程序，没有 main()方法；
- 它们不是由用户调用，而是由另外一个应用程序（容器）调用；
- 它们都有一个生存周期，包含 init()和 destroy()方法。

Servlet 与 Applet 的不同之处如下：

- Applet 运行在客户端，具有丰富的图形界面；
- Servlet 运行在服务器端，没有图形界面；
- Servlet 最大的用途是通过动态响应客户机请求来扩展服务器功能。

11.1.3 Servlet 的功能

Servlet 是运行在 Web 服务器或应用服务器上的 Java 程序，是一个中间层，负责连接来自 Web 浏览器或其他 HTTP 客户程序的请求和服务器上的数据库或应用程序，Servlet 的工作任务如图 11-1 所示。

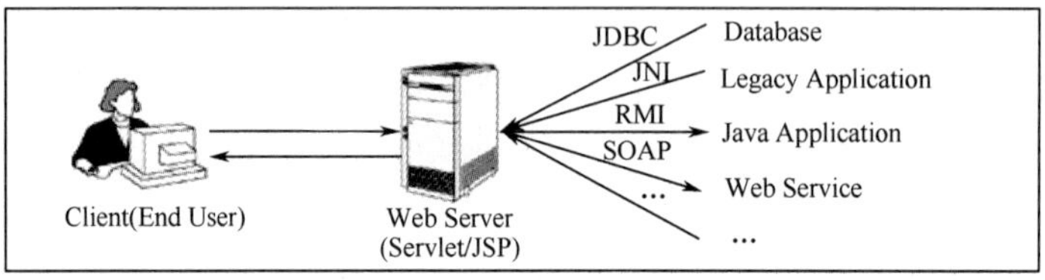

图 11-1 Servlet 的工作任务

1. 读取客户发送的显式数据

最终用户一般在页面的 HTML 表单中输入这些数据，数据也有可能来自 applet 或定制的 HTTP 客户程序。

2. 读取由浏览器发送的隐式请求数据

图 11-1 中显示了一条从客户端到 Web 服务器的单箭头，表示从客户端传送到 Web 服务器的数据，包括有两种：用户在表单中输入的显示数据、后台的 HTTP 信息（HTTP 信息包括 Cookie、浏览器所能识别的媒体类型和压缩模式等），两种数据都很重要。

3. 生成结果

这个过程可能需要访问数据库、执行 RMI 或 EJB 调用、调用 Web 服务，或者直接计算得出对应的响应。实际的数据可能存储在关系型数据库中，该数据库可能不理解 HTTP，或者不能返回 HTML 形式的结果，所有 Web 浏览器不能直接与数据库进行会话，即使它能够做到这一点，为了安全上的考虑，我们也不希望让它这么做。大多数其他应用程序，也存在类似的问题。因此，我们需要 Web 中间层从 HTTP 流中提取输入数据，与应用程序会话，并将结果嵌入返回 Web 浏览器的文档中。

4. 向客户发送显式数据（文档）

向客户发送的显式数据也称为文档，这个文档可以用各种格式发送，包括文本（HTML 或 XML）、二进制（GIF 图），甚至可以是建立在其他底层格式之上的压缩格式，如 gzip。但是，到目前为止，HTML 是最常用的格式，所以 Servelt 和 JSP 的重要任务之一就是将结果包装到 HTML 中。

5. 发送隐式的 HTTP 响应数据

图 11-1 中显示了一条从 Web 中间层到客户端的单箭头。实际发送的数据有两种：文档本

身、后台的 HTTP 信息。同样，两种数据对开发来说都是至关重要的，HTTP 响应数据的发送过程，涉及告知浏览器或其他客户程序所返回文档的类型（如 HTML），设置 Cookie、缓存参数及其他类似的任务。

理论上讲，Servelt 并非只用于处理 HTTP 请求的 Web 服务器或应用服务器，同样可以用于其他类型的服务器。例如，Servlet 能够嵌入 FTP 或邮件服务器中，扩展他们的功能。而且，用于会话启动协议服务器的 Servlet API 最近已经被标准化（参见 http://jcp.org/en/jsr/detail?id=116）。但在实践中，Servelt 的这种用法尚不流行，在此，我们只论述 Http Servlet。

11.1.4　Servlet 与传统 CGI 的比较

和传统 CGI 及许多类 CGI 技术相比，Servelt 具有以下特点。

1. 效率高

应用传统的 CGI，针对每个 HTTP 请求都用启动一个新的进程，如果 CGI 程序自身相对比较简短，那么启动进程的开销会占用大部分执行时间，而使用 Servelt，Java 虚拟机会一直运行，并用轻量级的 Java 线程处理每个请求，而非重量级的操作系统进程；类似地，应用传统的 CGI 技术，如果存在对同一 CGI 程序的 N 个请求，那么 CGI 程序的代码会载入内存 N 次。同样的情况，如果使用 Servlet 则启动 N 个线程，则仅载入 Servlet 类的单一副本。这种方式减少了服务器的内存需求，通过实例化使更少的对象减少启动时间；最后，当 CGI 程序结束对请求的处理之后，程序结束，这种方式难以缓存计算结果，保持数据库连接打开，或是执行依靠持续性数据的其他优化，然而，Servelt 会一直停留在内存中（即使请求处理完毕），因而可以直接存储客户请求之间的任意复杂数据。

2. 便利

Servelt 提供大量的基础构件，可以自动分析和解码 HTML 的表单数据，读取和设置 HTTP 报头，处理 Cookie，跟踪会话。而在 CGI 中，大部分工作都需要自行编码完成。

3. 强大

Servlet 支持常规 CGI 难以实现或根本不能实现的几项功能：（1）Servlet 能够直接与 Web 服务器对话，而常规的 CGI 程序做不到这一点，至少在不使用服务器专有 API 的情况下是这样的。例如，与 Web 服务器的通信使得将相对 URL 转换成绝对路径名变得更为容易。（2）多个 Servelt 还可以共享数据，从而易于实现数据库连接共享和类似的资源共享优化。（3）Servelt 还能维护请求之间的信息，使得诸如会话跟踪和计算结果缓存等技术变得更为简单。

4. 可移植性

Servelt 使用 Java 语言，并且遵循标准的 API。所有主要的 Web 服务器实际上都直接或通过插件支持 Servlet。因此，为 Macromedia JRun 编写的 Servlet，可以不经过任何修改地在 Apache Tomcat、Microsoft Internet Information Server（IIS）、IBM WebSphere 、iPlanet Enterprise Server 或 Oracle9i AS 上运地，它们都实现了 Java2 EE，普遍支持 Servlet。

5. 安全

传统 CGI 程序中主要的漏洞之一是，CGI 程序常常由通过的操作系统外壳来执行。因此，CGI 程序必须仔细地过滤掉那些可能被外壳特殊处理的字符，如引号和分号，实现这项预防措施的难度非常大，需要耗费大量人力和时间，在广泛应用的 CGI 库中，不断发现由这类问题引发的安全隐患。

另外，一些 CGI 程序用不自动检查数组和字符串边界的语言编写而成。例如，在 C 和 C++ 中，可以分配一个包含 100 个元素的数组，然后向第 999 个“元素“写入数据——实际上是程序内存的随机部分，这完全合法。因而，如果程序员忘记执行这项检查，就会将系统暴露在蓄意或偶然的缓冲区溢出攻击之下。

Servelt 不存在这些问题，数组边界的检查以及其他内存包含特性是 Java 编程语言的核心部分，即使 Servelt 执行系统调用激活本地操作系统上的程序，也不会用到外壳来完成这项任务。

6. 主流

Servelt 和 JSP 技术得到服务器提供商的广泛支持，包括 Apache、Oracle、IBM、BEA、Maromedia、Causho、Silverstream 等诸多公司都提供了支持 Servelt 和 JSP 技术的 Web 服务器，以及其他应用服务器。通过应用免费插件，Microsoft IIS 和 Zeus 也可以支持 Servlet 和 JSP 技术，并可以运行在 Windows、Unix/Linus、MacOS、VMS 和 IBM 大型机操作系统之上，当前已应用在电子商务、在线银行、在线票务、Web 搜索引擎、企业门户、金融平台及众多常用网站。

11.1.5 Servlet 工作原理

Servlet 运行在 Web 服务器上的 Web 容器里。Web 容器负责管理 Servlet，装入并初始化 Servlet，管理 Servlet 的多个实例，并充当请求调度器，将客户端的请求传递到 Servlet，并将 Servlet 的响应返回给客户端。Web 容器在 Servlet 的使用期限结束时终结该 Servlet，服务器关闭时，Web 容器会从内存中卸载和除去 Servlet 。

1. Servlet 容器

Servlet 容器也叫 Servlet 引擎，是 Web 服务器或应用程序服务器的一部分。基本思想是在服务器端使用 Java 来动态生成网页，用于在发送的请求和响应之上提供网络服务，解码基于 MIME 的请求，格式化基于 MIME 的响应。Servlet 容器是 Web 服务器和 Servlet 进行交互的必不可少的组件。Servlet 没有 main 方法，不能独立运行，它必须被部署到 Servlet 容器中，由容器来实例化和调用 Servlet 的方法（如 doGet()和 doPost()）。Servlet 容器在 Servlet 的生命周期内包容和管理 Servlet。

在 JSP 技术推出后，管理和运行 Servlet/JSP 的容器也称为 Web 容器。

这里以目前最为常用的 Web 服务器——Tomcat 为例来介绍 Servlet 容器如何管理 Servlet。Tomcat 本身也很复杂，我们只从 Servlet 与 Servlet 容器的接口部分开始介绍，如图 11-2 所示。

在 Tomcat 的容器等级中，Context 容器直接管理 Servlet 在容器中的包装类 Wrapper，所以 Context 容器如何运行将直接影响 Servlet 的工作方式。

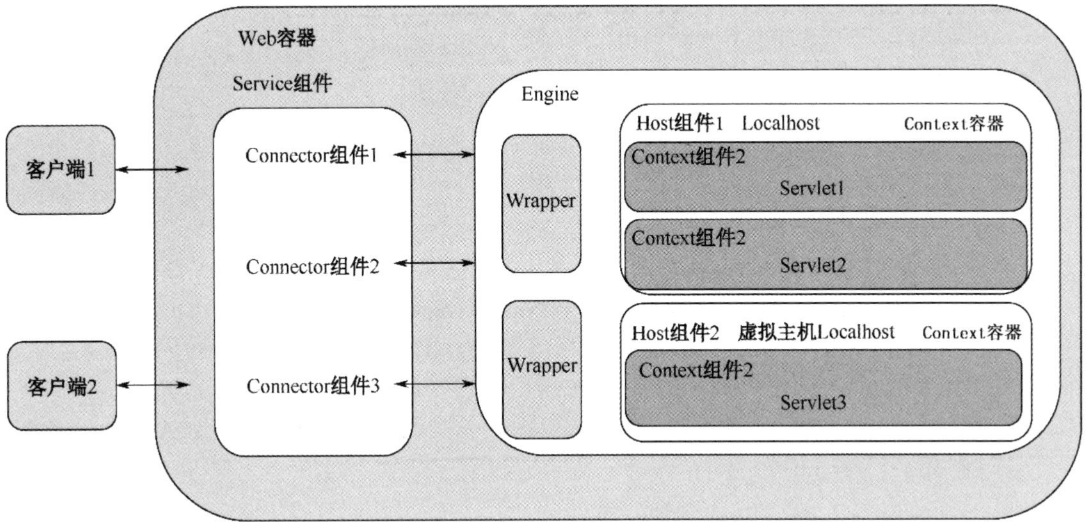

图 11-2 Tomcat 容器模型

从图 11-2 中可以看出 Tomcat 容器分为四个部分，真正管理 Servlet 的容器是 Context 容器，一个 Context 容器对应一个 Web 工程，在 Tomcat 的配置文件中可以很容易发现这一点，如 Context 配置参数中包括以下语句：

```
<Context path="/prjtServlet" docBase="D:\projects\ prjtServlet" reloadable="true" />
```

2. Servlet 容器的启动

从 Tomcat7 开始支持嵌入式功能，增加了一个启动类 org.apache.catalina.startup.Tomcat。创建一个实例对象并调用 start 方法就可以很容易启动 Tomcat，我们还可以通过这个对象来增加和修改 Tomcat 的配置参数，如可以动态增加 Context、Servlet 容器等。

以下利用 Tomcat 类来管理新增的一个 Context 容器，选择 Tomcat7 自带的 examples Web 工程，并看看它是如何加入这个 Context 容器中的。

例如，给 Tomcat 增加一个 Web 工程。

以下代码创建一个 Tomcat 实例并新增一个 Web 应用，然后启动 Tomcat，并调用其中的一个 HelloWorldExample Servlet，看有没有正确返回预期的数据。

```
Tomcat tomcat = getTomcatInstance();
File appDir = new File(getBuildDirectory(), "webapps/examples");
tomcat.addWebapp(null, "/examples", appDir.getAbsolutePath());
tomcat.start();
ByteChunk res = getUrl("http://localhost:" + getPort() +
"/examples/servlets/servlet/HelloWorldExample");
assertTrue(res.toString().indexOf("<h1>Hello World!</h1>") > 0);
```

Tomcat 的 addWebapp 方法的代码如下（Tomcat.addWebapp）：

```
public Context addWebapp(Host host, String url, String path) {
 silence(url);
```

```
    Context ctx = new StandardContext();
    ctx.setPath( url );
    ctx.setDocBase(path);
    if (defaultRealm == null) {
      initSimpleAuth();
    }
    ctx.setRealm(defaultRealm);
    ctx.addLifecycleListener(new DefaultWebXmlListener());
    ContextConfig ctxCfg = new ContextConfig();
    ctx.addLifecycleListener(ctxCfg);
    ctxCfg.setDefaultWebXml("org/apache/catalin/startup/NO_DEFAULT_XML");
    if (host == null) {
      getHost().addChild(ctx);
    } else {
      host.addChild(ctx);
    }
    return ctx;
  }
```

一个 Web 应用对应一个 Context 容器，也就是 Servlet 运行时的 Servlet 容器，添加一个 Web 应用时将会创建一个 StandardContext 容器，并且给这个 Context 容器设置必要的参数，url 和 path 分别代表这个应用在 Tomcat 中的访问路径和这个应用实际的物理路径，最重要的一个配置是 ContextConfig，这个类将会负责整个 Web 应用配置的解析工作；最后将这个 Context 容器加入父容器 Host 中。然后将会调用 Tomcat 的 start 方法启动 Tomcat。

11.1.6 Servlet 生命周期

Servlet 生命周期包含以下几个过程：

- 客户机将请求发送到服务器；
- 服务器上的 Web 容器实例化（装入）Servlet；
- Web 容器将请求信息发送到 Servlet；
- Servlet 创建一个响应，并将其返回到 Web 容器；
- Web 容器将响应发回客户机；
- 服务器关闭或 Servlet 空闲时间超过一定限度时，调用 destory()方法退出。

1. Servlet 装入和初始化

第一次请求 Servlet 时，服务器动态装入并实例化 Servlet。

Servlet 调用 init()方法执行初始化。

2. 调用 Servlet

每个 Servlet 都对应一个 URL 地址。应用服务器收到对 URL 地址的请求信息，根据配置文件（Web.xml）将请求转发到指定的 Servlet 来处理。

3．处理请求

Web 容器会产生一个新的线程来调用 Service()方法，Service()方法检查 HTTP 请求类型（GET、POST、PUT、DELETE 等），调用相应的 doGet()、doPost()、doPut()、doDelete()等方法。

4．多个请求的处理

Servlet 为每个请求创建一个新的线程来处理客户端的请求，其模型如图 11-3 所示。

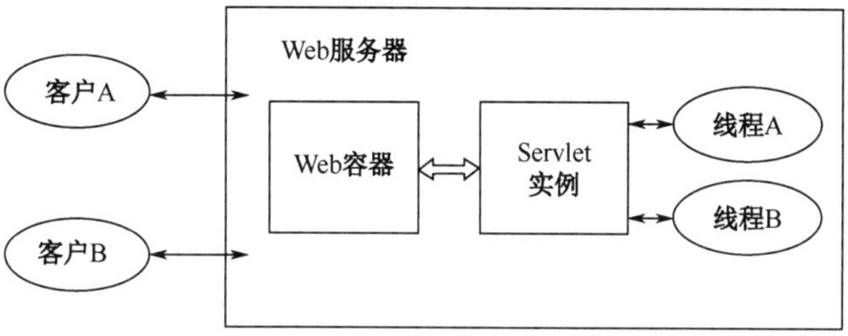

图 11-3 Servlet 处理多个请求模型

5．退出

Web 应用程序关闭或 Servlet 已经空闲了很长时间，Servlet 实例将会被服务器从内存中移除，移除之前自动调用 Servlet 的 Destroy()方法，但是，当服务器出现意外被关闭时，则 Destory()方法不会保证被调用。

11.1.7 Servlet 会话管理

1．会话跟踪（Session）

Http 协议是一种无状态的协议，客户端每次打开一个 Web 页面，就会与服务器建立一个新的连接，发送一个新的请求到服务器，服务器处理客户端的请求，返回响应到客户端，并关闭与客户端建立的连接。当客户端发起新的请求，那么将重新与服务器建立连接，因此服务器并不记录关于客户的任何信息。

一次会话从客户打开浏览器开始到关闭浏览器结束，问题在于：如何唯一标识每一个客户会话？为解决这个问题，有 3 种常见的会话跟踪技术：Cookie、URL 重写和使用 HttpSession 对象跟踪会话。

1）Cookie

Cookie 是一小块可以嵌入 HTTP 请求和响应中的数据。在典型情况下，Web 服务器将 Cookie 值嵌入响应的首部，而浏览器则在其以后的请求中都携带同样的 Cookie。Cookie 的信息中可以有一部分用来存储会话 id，Cookie 由浏览器保存在客户端，通常保存为一个文本文件。

2）URL 重写

Cookie 可能会造成对隐私权的侵犯，大部分浏览器会关闭 Cookie 功能。URL 重写通过在 URL 地址后面增加一个包含会话信息的字符串来记录会话信息。

3）使用 HttpSession 对象跟踪会话

HttpSession 接口允许 Servlet 查看和管理关于会话的信息，确保信息持续跨越多个用户连接等。HttpSession 接口实际上是建立在 Cookie 和 URL 重写两种会话跟踪技术之上的，只不过由 Servlet 自动实现了关于会话跟踪的一切，不再需要程序员了解具体细节。

HttpSession 接口方法如下。

- isNew()：若客户机还不知道会话，则返回 true。
- getId()：返回包含分配给这个会话的唯一标识字符串。
- setAttribute()：使用指定的名称将对象绑定到这个会话。
- getAttribute()：返回绑定到此会话的对象。
- setMaxInactiveInterval()：指定 Servlet 与客户机的会话时长。
- Invalidate()：终止当前会话。

使用 HttpSession 接口进行程序开发的基本步骤如下。

- 获取会话对象。
- 对会话对象进行读或写。
- 手工终止会话，或者什么也不做，让它自动终止。每个会话对象都有一定的生存周期，超过这个周期，容器自动将会话对象终止。

2. Servlet 上下文

服务器上的每个 Web 应用都会有一个背景环境对象。Servlet 的上下文对象——Javax.Servlet.ServletContext 接口提供了同一 Web 应用内的不同资源间共享信息功能，是正在运行的 Servlet 所处的 Web 应用程序的上下文对象的视图，可以通过 getServletContext()方法得到该 Servlet 运行的上下文对象。

通过 Servlet 上下文可以实现以下功能。

- 访问 Web 应用程序资源：

  `ServletContext.getResource()`

- 在 Servlet 上下文属性中保存 Web 应用程序信息：

  `ServletContext.getAttribute()` 、 `getAttributeNames()` 、 `removeAtrribute()`, `setAtrribute()`

- 获取初始化参数信息：

  `getInitParameter()`

- 提供日志支持：

  `Log(String )`

3. Servlet 间协作

在一个 Servlet 处理完毕后，将客户端的请求传递到另外一个 Servlet 来处理，这称为请求指派。Servlet 规范定义了 javax.servlet.requestdispatcher 接口，其封装了到同一个 Web 应用内的另外一个资源的应用，主要有两种方法：

- Forward()方法将请求传递到其他资源；
- Include()方法将其他资源对此请求的响应包含进来。

11.2 Servlet 实现相关的接口和类

创建一个 Servlet 类，必须直接或者间接地实现 javax.servlet.Servlet 接口，因为在该接口中定义了 Servlet 生命周期中的方法和 Servlet 最基本的方法。实现 Servlet 程序的层次结构如图 11-4 所示。

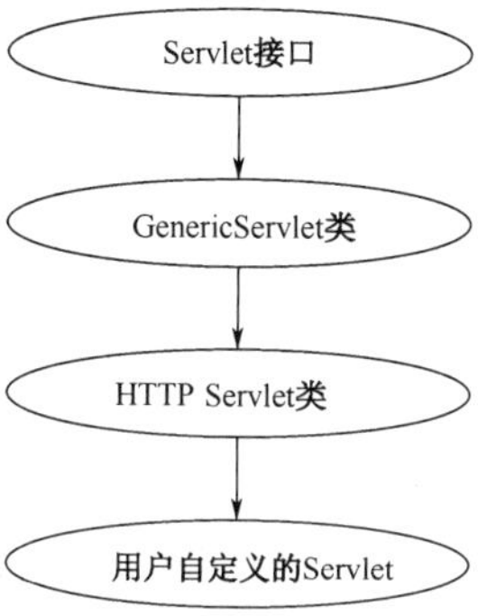

图 11-4 实现 Servlet 程序的层次结构

从图 11-4 中可以看出，用户自定义的 Servlet 程序必须要继承 HttpServlet 类，而 HttpServlet 类是 javax.servlet.http 包中常用的类，该类需继承 javax.servlet 包中的 GenericServlet 类，而 GenericServlet 类要实现 javax.servlet.servlet 接口。

11.2.1 Servlet 接口

Servlet 接口是 javax.servlet.Servlet，其基本目标是为 Servlet 程序提供生命期方法 init()、service()和 destroy()方法。Servlet 常用方法如表 11-1 所示。

表 11-1 Servlet 接口常用方法

方法名称	功能定义
init	初始化 Servlet 类
destroy	销毁 Servlet 实例以便回收占有的资源
service	响应客户端请求
getServleConfig	获取 Servlet 的配置信息
getServletInfo	获取 Servlet 的文本

Servlet 的生命周期由 javax.Servlet.Servlet 接口定义，在写 Servlet 的时候必须直接或间接的实现这个接口。一般趋向于间接实现：通过从 javax.Servlet.GenericServlet 或 javax.Servlet.http.HttpServlet 派生。

在实现 Servlet 接口时必须实现它的 5 个方法。

1. init()方法

init()方法格式如下：

```
public void init(ServletConfig config) throws ServletException
```

一旦对 Servlet 实例化后，容器就调用 init()方法。容器把一个 ServletConfig 对象传递给 init()方法，这样 Servlet 实例就可以把与容器相关的配置数据保存起来供以后使用。如果 init()方法没有正常结束，那么就会抛出一个 ServletException，一旦抛出该异常，Servlet 就不再执行，而随后对它的调用会导致容器对它重新载入并再次运行 init()方法。接口规定对任何 Servlet 实例，init()方法只能被调用一次，在任何请求传递给 Servlet 之前，init()方法可以在不抛出异常的情况下运行完毕。

2．service()方法

service()方法格式如下：

```
public void service(ServletRequest req,ServletResponse res) throws ServletException, IOException
```

只有成功初始化后 service()方法才能被调用处理用户请求。前一个参数提供访问初始请求数据的方法和字段，后一个参数提供 Servlet 构造响应的方法。

3．destroy()方法

destroy()方法格式如下：

```
public void destroy()
```

容器可以在任何时候终止 Servlet 服务，容器调用 destroy()方法前必须给 service()线程足够时间来结束执行，因此接口规定当 service()正在执行时 destroy()不被执行。

4．getServletConfig()方法

getServletConfig()方法格式如下：

```
public ServletConfig getServletConfig()
```

在 Servlet 初始化时，容器传递进来一个 ServletConfig 对象并保存在 Servlet 实例中，该对象允许访问两项内容：初始化参数和 ServletContext 对象，前者通常由容器在文件中指定，允许在运行时向 sevrlet 传递有关调度信息，后者为 Servlet 提供有关容器的信息。getServletConfig()方法可以让 Servlet 在任何时候获得该对象及配置信息。

5．getServletInfo()方法

getServletInfo()方法格式如下：

```
public String getServletInfo()
```

getServletInfo()方法返回一个 String 对象，该对象包含 Servlet 的信息，如开发者、创建日期、描述信息等。getServletInfo()方法也可用于容器。

11.2.2 GenericServlet 类

GenericServlet 类是 Servelet 接口的直接实现。此类提供除 service()方法外所有接口中方法

的缺省实现，这意味着通过简单地扩展 GenericServlte 可以编写一个基本的 Servlet。除 Servlet 接口外，GenericServlet 类也实现了 ServletConfig 接口，处理初始化参数和 Servlet 上下文，提供对授权传递到 init()方法中的 ServletConfig 对象的方法。

如果编写的 Servlet 程序和 HTTP 协议无关，那么该 Servlet 程序必须继承 javax.servlet. GenericServlet，并重写里面的方法。Generic Servlet 如果编写的程序和 HTTP 协议有关，那么该 Servlet 程序必须继承 javax.servlet.http.HttpServlet 类，并重写里面的方法，该类主要用在跨协议的 Servlet 程序的处理上面。GenericServlet 类常用方法如表 11-2 所示。

表 11-2　GenericServlet 类常用方法

方法	说　明
String getInitParameter(String name)	返回具有指定名称的初始化参数值。通过调用 config.getInitParameter(name)实现
ServletConfig getServletConfig()	返回传递到 init()方法的 ServletConfig 对象
ServletContext getServletContext()	返回在 config 对象中引用的 ServletContext
String getServletInfo()	返回空字符串
void log(String msg)	编写注册 Servlet 的入口，为此调用 Servlet 上下文的 log()方法，Servlet 的名字被加到消息文本的开头
abstract void service(Request reques t,Response response)throws ServletException,IOException	由 Servlet 引擎调用，为请求对象发出的请求提供服务。这是 GenericServlet 中唯一的抽象方法。因此它也是唯一必须被子类所覆盖的方法
String getServletName()	返回在 Web 应用发布描述器（Web.xml）中指定的 Servlet 的名字

11.2.3　HttpServlet 类

HttpServlet 类是 javax.servlet.GenericServlet 类的一个子类，重写了从父类中继承的方法。在创建支持 HTTP 协议的 Servlet 类时，必须继承 javax.servlet.http.HttpServlet 类，HttpServlet 类重写了父类的方法，如 service()等方法，并增加了一些新的方法，如 doGet()、doPost()、doPut()等。

HttpServlet 类常用方法如表 11-3 所示。

表 11-3　HttpServlet 常用方法

方法	说明
doGet(HttpServletRequest request,HttpServletResponse response)	用于把客户端的数据传给服务端，但数据会在请求 URL 里显示，这在系统的安全方面可能带来一些问题。例如，用 doGet()调用传送用户名和密码
doPost(HttpServletRequest request,HttpServletResponse response)	用于把客户端的数据传给服务端，该方法可以用隐藏方式给服务器端发送数据，并且适合发送大量数据
doPut(HttpServletRequest request,HttpServletResponse response)	与 doPost()相似，但允许客户端把真正的文件传送并存放于服务器上，而不仅仅是传送数据
void doDelete(HttpServletRequest request,HttpServletResponse response)	用于客户端删除服务器端的文件或者 Web 页面，极少使用

11.3 Servlet 请求和响应

Servlet 最主要的作用就是处理客户端请求，并向客户端做出响应。为此，针对 Servlet 的每次请求，Web 服务器在调用 service()方法之前，都会创建两个对象，分别是 HttpServletRequest 和 HttpServletResponse。其中，HttpServletRequest 用于封装 HTTP 请求消息，简称 request 对象；HttpServletResponse 用于封装 HTTP 响应消息，简称 response 对象。request 对象和 response 对象在请求 Servlet 过程中至关重要，浏览器访问 Servlet 的交互过程如图 11-5 所示。

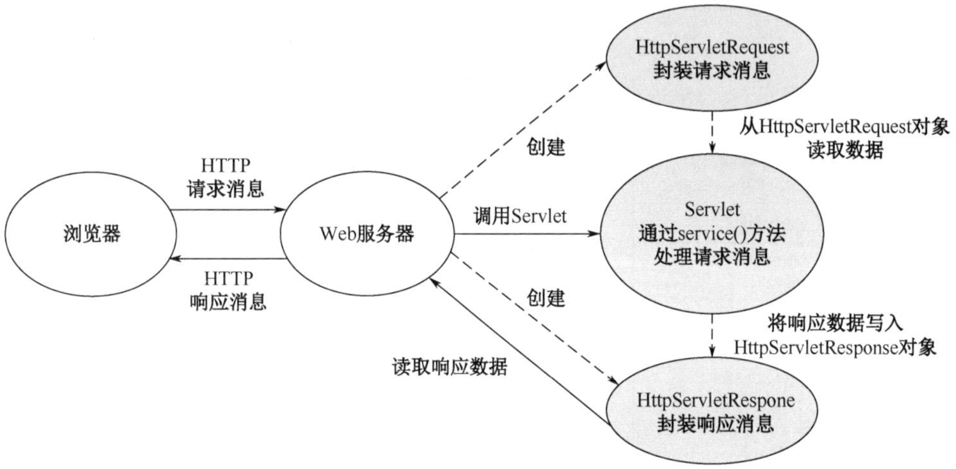

图 11-5 浏览器访问 Servlet 的交互过程

在 Web 服务器运行阶段，每个 Servlet 都只会创建一个实例对象。然而，每次 HTTP 请求，Web 服务器都会调用所请求 Servlet 实例的 service(HttpServletRequest request, HttpServletResponse response)方法，重新创建一个 request 对象和一个 response 对象。

11.3.1 HttpServletRequest 对象

在 Servlet API 中，定义了一个 HttpServletRequest 接口，它继承自 ServletRequest 接口，专门用来封装 HTTP 请求消息。由于 HTTP 请求消息分为请求行、请求消息头和请求消息体三部分，因此，在 HttpServletRequest 接口中定义了获取请求行、请求消息头和请求参数的相关方法。

1. 获取请求行信息的相关方法

访问 Servlet 时，在请求消息的请求行中包含请求方法、请求资源名、请求路径等信息。为了获取这些信息，在 HttpServletRequest 接口中，定义了一系列用于获取请求行的方法，如表 11-4 所示。

表 11-4 请求行信息的相关方法

方法声明	功能描述
String getMethod()	该方法用于获取 HTTP 请求消息中的请求方式（如 GET、POST 等）
String getRequestURI()	该方法用于获取请求行中资源名称部分，即位于 URL 的主机和端口之后、参数部分之前的部分
String getQueryString()	该方法用于获取请求行中的参数部分，也就是资源路径后面问号（?）以后的所有内容
String getProtocol()	该方法用于获取请求行中的协议名和版本，如 HTTP/1.0 或 HTTP/1.1
String getContextPath()	该方法用于获取请求 URL 中属于 Web 应用程序的路径，这个路径以“/”开头，表示相对于整个 Web 站点的根目录，路径结尾不含“/”。 如果请求 URL 属于 Web 站点的根目录，那么返回结果为空字符串（"")
String getServletPath()	该方法用于获取 Servlet 所映射的路径（url-pattern）
String getRemoteAddr()	该方法用于获取请求客户端的 IP 地址，其格式类似于“192.168.0.3”
String getRemoteHost()	该方法用于获取请求客户端的完整主机名，其格式类似于“www.sw.com”。需要注意的是，如果无法解析出客户机的完整主机名，该方法将会返回客户端的 IP 地址
String getRemotePort()	该方法用于获取请求客户端网络连接的端口号
String getLocalAddr()	该方法用于获取 Web 服务器上接收当前请求网络连接的 IP 地址
String getLocalName()	该方法用于获取 Web 服务器上接收当前网络连接 IP 所对应的主机名
int getLocalPort()	该方法用于获取 Web 服务器上接收当前网络连接的端口号
String getServerName()	该方法用于获取当前请求所指向的主机名，即 HTTP 请求消息中 Host 头字段所对应的主机名部分
int getServerPort()	该方法用于获取当前请求所连接的服务器端口号，即 HTTP 请求消息中 Host 头字段所对应的端口号部分
String getScheme()	该方法用于获取请求的协议名，如 http、https 或 ftp
StringBuffer getRequestURL()	该方法用于获取客户端发出请求时的完整 URL，包括协议、服务器名、端口号、资源路径等信息，但不包括后面的查询参数部分。 注意，getRequestURL()方法返回的结果是 StringBuffer 类型，而不是 String 类型，这样更便于对结果进行修改

2．获取请求消息头的相关方法

当请求 Servlet 时，需要通过请求消息头向服务器传递附加信息，如客户端可以接收的数据类型、压缩方式、语言等。为此，在 HttpServletRequest 接口中，定义了一系列用于获取 HTTP 请求头字段的方法，如表 11-5 所示。

表 11-5 获取请求消息头的方法

方法声明	功能描述
String getHeader(String name)	该方法用于获取一个指定头字段的值，如果请求消息中没有包含指定的头字段，那么 getHeader()方法返回 null；如果请求消息中包含多个指定名称的头字段，那么 getHeader()方法返回其中第一个头字段的值
Enumeration getHeaders(String name)	该方法返回一个 Enumeration 集合对象，该集合对象由请求消息中出现的某个指定名称的所有头字段名组成。在多数情况下，一个头字段名在请求消息中只出现一次，但有时候可能会出现多次

续表

方法声明	功 能 描 述
Enumeration getHeaderNames()	该方法用于获取一个包含所有请求头字段的 Enumeration 对象
int getIntHeader(String name)	该方法用于获取指定名称的头字段，并且将其值转为 int 类型。需要注意的是，如果指定名称的头字段不存在，那么返回值为-1；如果获取到的头字段的值不能转为 int 类型，那么将发生 NumberFormatException 异常
Long getDateHeader(String name)	该方法用于获取指定头字段的值，并将其按 GMT 时间格式转换成一个代表日期/时间的长整数，这个长整数是自 1970 年 1 月 1 日 0 点 0 分 0 秒算起的以毫秒为单位的时间值

3．获取请求参数

在实际开发中，经常需要获取用户提交的表单数据，如用户名、密码、电子邮件等。为了方便获取表单中的请求参数，在 HttpServletRequest 接口中，定义了一系列获取请求参数的方法，如表 11-6 所示。

表 11-6　获取请求参数的方法

方法声明	功 能 描 述
String getParameter(String name)	该方法用于获取某个指定名称的参数值，如果请求消息中没有包含指定名称的参数，那么 getParameter()方法返回 null；如果指定名称的参数存在但没有设置值，那么返回一个空串；如果请求消息中包含多个该指定名称的参数，那么 getParameter()方法返回第一个出现的参数值
String[] getParameterValues(String name)	HTTP 请求消息中可以有多个相同名称的参数（通常由一个包含多个同名字段元素的 FORM 表单生成），如果要获得 HTTP 请求消息中的同一个参数名所对应的所有参数值，那么就应该使用 getParameterValues()方法，该方法用于返回一个 String 类型的数组
Enumeration getParameterNames()	getParameterNames()方法用于返回一个包含请求消息中所有参数名的 Enumeration 对象，在此基础上，可以对请求消息中的所有参数进行遍历处理
Map getParameterMap()	getParameterMap()方法用于将请求消息中的所有参数名和值装入进一个 Map 对象中返回

11.3.2　HttpServletRequest 应用

1．通过 request 对象传递数据

request 对象不仅可以获取一系列数据，还可以通过属性传递数据。在 ServletRequest 接口中，定义了一系列操作属性的方法，具体如下。

1）setAttribute()方法

该方法用于将一个对象与一个名称关联后存储进 request 对象中，其完整语法定义如下：

```
public void setAttribute(java.lang.String name, java.lang.Object o)
```

需要注意的是，如果 request 对象中已经存在指定名称的属性，setAttribute()方法将会先删除原来的属性，然后再添加新的属性。若传递给 setAttribute()方法的属性值对象为 null，则删

除指定名称的属性，这时的效果等同于 removeAttribute()方法。

2）getAttribute()方法

该方法用于从 request 对象中返回指定名称的属性对象，其完整的语法定义如下：

```
public java.lang.Object getAttribute(java.lang.String name)
```

3）removeAttribute()方法

该方法用于从 request 对象中删除指定名称的属性，其完整的语法定义如下：

```
public void removeAttribute(java.lang.String name)
```

4）getAttributeNames()方法

该方法用于返回一个包含 request 对象中的所有属性名的 Enumeration 对象，在此基础上，可以对 request 对象中的所有属性进行遍历处理。getAttributeNames()方法的完整语法定义如下：

```
public java.util.Enumeration getAttributeNames()
```

需要注意的是，只有属于同一个请求中的数据才可以通过 request 对象传递数据。关于 request 对象操作属性的具体用法，将在后面的小节进行详细讲解。在此，大家只需了解即可。

2. RequestDispatcher 接口

当一个 Web 资源收到客户端的请求后，如果希望服务器通知另外一个资源去处理请求，那么除使用 sendRedirect()方法实现请求重定向外，还可以通过 RequestDispatcher 接口的实例对象来实现。在 ServletRequest 接口中定义了一个获取 RequestDispatcher 对象的方法，如表 11-7 所示。

表 11-7　获取 RequestDispatcher 对象的方法

方法声明	功 能 描 述
public RequestDispatcher getRequestDispatcher(String uripath);	如果在这个指定的路径下能够找到活动的资源（如一个 Servlet、JSP 页面、CGI 等），那么就返回一个特定 URL 的 RequestDispatcher 对象；否则，就返回一个空值，Servlet 引擎负责用一个 RequestDispatcher 对象封装目标路径。这个 RequestDispatcher 对象可以用来完成请求的传送

获取到 RequestDispatcher 对象后，最重要的工作就是通知其他 Web 资源处理当前的 Servlet 请求。为此，在 RequestDispatcher 接口中，定义了两个相关方法，如表 11-8 所示。

表 11-8　RequestDispatcher 接口的方法

方法声明	功 能 描 述
public void forward(ServletRequest request, ServletReponse response)	被用来从这个 Servlet 向其他服务器资源传递请求。当一个 Servlet 对响应做了初步的处理，并要求其他的对象对此做出响应时，可以使用这个方法。当 request 对象被传递到目标对象时，请求的 URL 路径和其他路径参数会被调整为反映目标对象的 URL
public void include(ServletRequest request, ServletResponse response)	此方法用于包含响应中某个资源（Servlet、JSP 或 Html）的内容，其过程是用一个相同的 Request 再请求一次被包含的资源，并将被包含资源的响应数据包含到原本的资源中去，构成完整的响应数据

表中列举的两个方法中，forward()方法可以实现请求转发，include()方法可以实现请求包含。

1）请求转发

在 Servlet 中，如果当前 Web 资源不想处理请求时，可以通过 forward()方法将当前请求传递给其他的 Web 资源进行处理，这种方式称为请求转发，如图 11-6 所示。

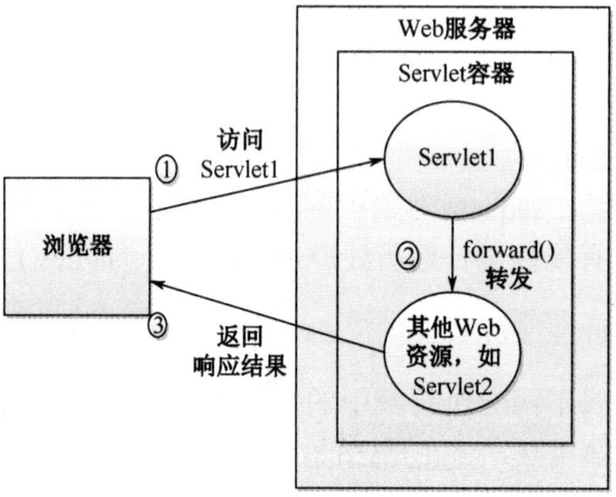

图 11-6　请求转发

从图 11-6 中可以看出，当客户端访问 Servlet1 时，可以通过 forward()方法将请求转发给其他 Web 资源，其他 Web 资源处理完请求后，直接将响应结果返回到客户端。

2）请求包含

请求包含指的是使用 include()方法将 Servlet 请求转发给其他 Web 资源进行处理，与请求转发不同的是，在请求包含返回的响应消息中，既包含了当前 Servlet 的响应消息，又包含了其他 Web 资源所做出的响应消息。使用 include()方法实现请求包含的工作原理如图 11-7 所示。

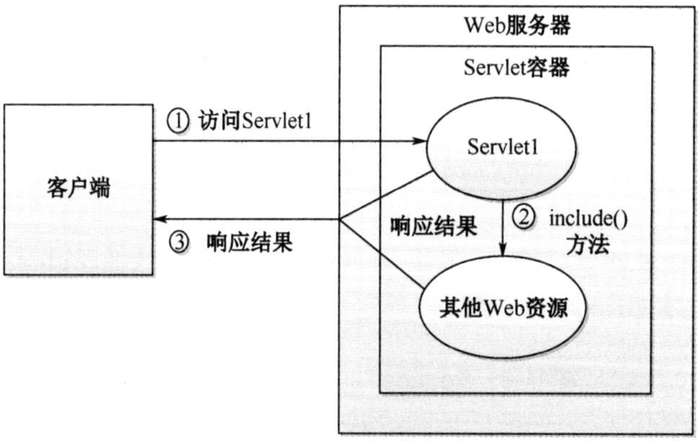

图 11-7　请求包含

从图 11-7 中可以看出，当客户端访问 Servlet1 时，通过调用 include()方法将其他 Web 资源包含了进来，这样，当请求处理完毕后，回送给客户端的响应结果既包含当前 Servlet 的响应结果，又包含其他 Web 资源的响应结果。

11.3.3 HttpServletResponse 对象

在 Servlet API 中，定义了一个 HttpServletResponse 接口，它源于 ServletResponse 接口，专门用来封装 HTTP 响应消息。由于 HTTP 响应消息分为状态码、响应消息头、消息体三部分，因此，在 HttpServletResponse 接口中定义了向客户端发送相应数据。

1. 发送响应状态码相关的方法

当 Servlet 向客户端回送响应消息时，需要在响应消息中设置状态码，为此，在 HttpServletResponse 接口中，定义了两个发送状态码的方法。

1）setStatus(int status)方法

该方法用于设置 Http 响应消息的状态码，并生成响应状态行。由于响应状态行中的状态描述信息直接与状态码相关，而 Http 版本由服务器确定，因此，只要通过 setStatus(int status) 方法设置了状态码，即可实现状态行的发送。需要注意的是，正常情况下，Web 服务器会默认产生一个状态码为 200 的状态行。

2）sendError(int sc)方法

该方法用于发送表示错误信息的状态码，如 404 状态码表示找不到客户端请求的资源。

2. 发送响应消息头相关方法

当 Servlet 向客户端发送响应消息时，由于 Http 协议的响应头字段有很多种，为此，在 HttpServletResponse 接口中，定义了一系列设置 Http 协议的响应头字段的方法，如表 11-9 所示。

表 11-9　设置响应消息头字段的方法

方法声明	功 能 描 述
void addHeader(String name, String value)	这两个方法都是用来设置 Http 协议的响应头字段的，其中，参数 name 用于指定响应头字段的名称，参数 value 用于指定响应头字段的值。 不同的是，addHeader()方法可以增加同名的响应头字段，而 setHeader()方法则会覆盖同名的头字段
void setHeader(String name, String value)	
void addIntHeader(String name,int value)	这两个方法专门用于设置包含整数值的响应头。避免了使用 addHeader()与 setHeader()方法时，需要将 int 类型的设置值转换为 String 类型的麻烦
void setIntHeader(String name, int value)	
void setContentLength(int len)	该方法用于设置响应消息的实体内容的大小，单位为字节。对于 HTTP 协议来说，这个方法就是设置 Content-Length 响应头字段的值
void setContentType(String type)	该方法用于设置 Servlet 输出内容的 MIME 类型，对于 HTTP 协议来说，就是设置 Content-Type 响应头字段的值。例如，如果发送到客户端的内容是 jpeg 格式的图像数据，就需要将响应头字段的类型设置为“image/jpeg”。需要注意的是，如果响应的内容为文本，setContentType()方法还可以设置字符编码，如 text/html;charset=UTF-8
void setCharacterEncoding(String charset)	该方法用于设置输出内容使用的字符编码，对 HTTP 协议来说，就是设置 Content-Type 头字段中的字符集编码部分，一般不使用。

3. 向客户端（浏览器）发送数据的相关方法

由于在 HTTP 响应消息中，大量的数据都是通过响应消息体传递的，因此，ServletResponse

遵循以 IO 流传递大量数据的设计理念。在发送响应消息体时，定义了以下两个与输出流相关的方法。

1）getOutputStream()方法

```
ServletOutputStream out = response.getOutputStream(): 获取字节流
```

该方法所获取的字节输出流对象为 ServletOutputStream 类型。由于 ServletOutputStream 是 OutputStream 的子类，它可以直接输出字节数组中的二进制数据。因此，要想输出二进制格式的响应正文，就需要使用 getOutputStream()方法，如文件下载。

2）getWriter()方法

```
PrintWriter out = response.getWriter(): 获取字符流;
```

该方法所获取的字符输出流对象为 PrintWriter 类型。由于 PrintWriter 类型的对象可以直接输出字符文本内容，因此，要想输出内容全为字符文本的网页文档，需要使用 getWriter()方法。

11.3.4 HttpServletResponse 应用

在某些情况下，针对客户端的请求，一个 Servlet 类可能无法完成全部工作，这时，可以使用请求重定向来完成多个 Servlet 的串接。所谓请求重定向，指的是 Web 服务器接收到客户端的请求后，可能由于某些条件限制，不能访问当前请求 URL 所指向的 Web 资源，而是指定了一个新的资源路径，让客户端重新发送请求。

为了实现请求重定向，在 HttpServletResponse 接口中，定义了一个 sendRedirect()方法，该方法用于生成 302 响应码和 Location 响应头，从而通知客户端重新访问 Location 响应头中指定的 URL，sendRedirect()方法的完整语法如下所示：

```
public void sendRedirect(java.lang.String location)
throws java.io.IOException
```

其中，参数 location 可以使用相对 URL，Web 服务器会自动将相对 URL 翻译成绝对 URL，再生成 location 头字段。

sendRedirect()方法实现请求重定向的工作原理如图 11-8 所示。

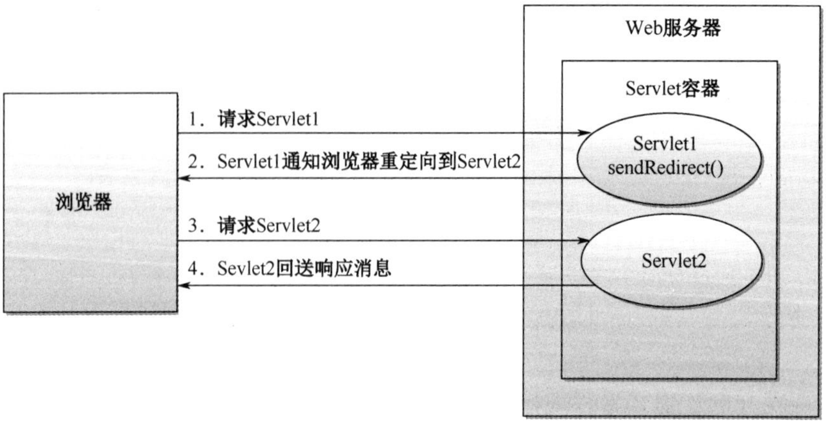

图 11-8　sendRedirect()方法实现请求重定向的工作原理

在图 11-8 中，当客户端访问 Servlet1 时，由于在 Servlet1 中调用了 sendRedirect()方法将请求重定向到 Servlet2，因此，Web 服务器在收到 Servlet1 的响应消息后，立刻向 Servlet2 发送请求。Servlet2 对请求处理完毕后，再将响应消息回送给客户端。

11.4 Servlet 开发与部署示例

在本示例中，按以下步骤开发部署一个简单的 Servlet。

11.4.1 Servlet 代码编写

以下是 Servlet 输出 Hello World 的示例源代码：

```
// 导入必需的 Java 库
import java.io.*;
import javax.servlet.*;
import javax.servlet.http.*;

// 扩展 HttpServlet 类
public class HelloWorld extends HttpServlet {
  private String message;
  public void init() throws ServletException
  {
    // 执行必需的初始化
    message = "Hello World";
  }
  public void doGet(HttpServletRequest request,
               HttpServletResponse response)
              throws ServletException, IOException
  {
    // 设置响应内容类型
    response.setContentType("text/html");

    // 实际的逻辑是在这里
    PrintWriter out = response.getWriter();
    out.println("<h1>" + message + "</h1>");
  }
  public void destroy()
  {
    // 什么也不做
  }
}
```

11.4.2 编译 Servlet

把上面的代码写在 HelloWorld.java 文件中，然后将这个文件存放在 C:\ServletDevel（在 Windows 上）或 /usr/ServletDevel（在 UNIX 上）中，并且把这些目录添加到 CLASSPATH 中。

正确设置环境后，进入 ServletDevel 目录，并编译 HelloWorld.java，如下所示：

```
$ javac HelloWorld.java
```

如果 Servlet 依赖于任何其他库，那么必须在 CLASSPATH 中包含那些 JAR 文件。在这里只包含了 servlet-api.jar JAR 文件，因为没有在 Hello World 程序中使用任何其他库。

该命令行使用 Sun Microsystems Java 软件开发工具包（JDK）内置的 Javac 编译器。为使该命令正常工作，PATH 环境变量需要设置 Java SDK 的路径。

如果一切顺利，上面编译会在同一目录下生成 HelloWorld.class 文件。下一小节将讲解已编译的 Servlet 如何部署在生产中。

11.4.3 部署 Servlet

默认情况下，Servlet 应用程序位于路径 <Tomcat-installation-directory>/webapps/ROOT 下，且类文件放在 <Tomcat-installation-directory>/webapps/ROOT/WEB-INF/classes 中。

如果您有一个完全合格的类名称 com.myorg.MyServlet，那么这个 Servlet 类必须位于 WEB-INF/classes/com/myorg/MyServlet.class 中。

把 HelloWorld.class 复制到 <Tomcat-installation-directory>/webapps/ROOT/WEB-INF/classes 中，并在位于 <Tomcat-installation-directory>/webapps/ROOT/WEB-INF/的 web.xml 文件中创建以下条目：

```
<web-app>
    <servlet>
        <servlet-name>HelloWorld</servlet-name>
        <servlet-class>HelloWorld</servlet-class>
    </servlet>

    <servlet-mapping>
        <servlet-name>HelloWorld</servlet-name>
        <url-pattern>/HelloWorld</url-pattern>
    </servlet-mapping>
</web-app>
```

上面的条目要被创建在 web.xml 文件中的 <web-app>...</web-app> 标签内。在该文件中可能已经有各种可用的条目，但不要在意。

到这里基本已经完成，现在使用 <Tomcat-installation-directory>\bin\startup.bat（在 Windows 上）或 <Tomcat-installation-directory>/bin/startup.sh（在 Linux/Solaris 等上）启动 tomcat 服务器，最后在浏览器的地址栏打开 http://localhost:8080/HelloWorld，将会看到如

图 11-9 所示的结果。

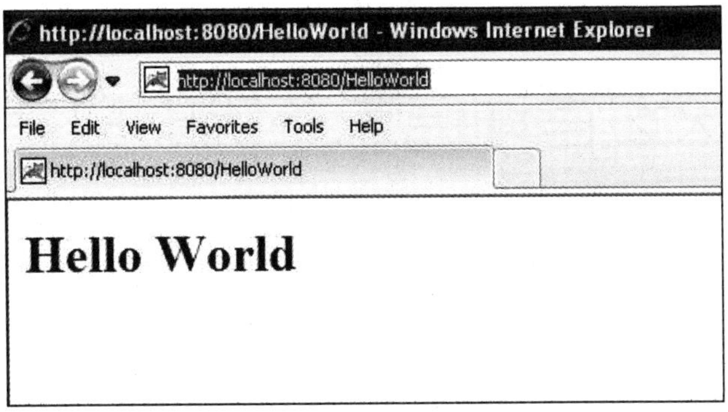

图 11-9　Servlet 部署示例运行结果

附录A 快递管理信息系统的数据库表定义

1. 货运单主表

货运单主表（D_ShipList_Main）如表 A-1 所示。

表 A-1 货运单主表

字段名	字段数据类型	字段说明	备 注
PKID	int	货运单 PKID	标识，从 1 开始，增量为 1
GoodsBillCode	varchar(50)	货运单编号	主键
SendGoodsCustomerNO	varchar(20)	发货客户编号	允许为空，客户表 T_Customer 中 CustomerCode 字段的外键
SendGoodsCustomer	varchar(50)	发货客户	不允许为空
SendGoodsCustomerTel	varchar(50)	发货客户电话	长度不超过 12 位
SendGoodsCustomerAddr	varchar(50)	发货客户地址	允许为空
ReceiveGoodsCustomerCode	varchar(20)	收货客户编号	允许为空，客户表 T_Customer 中 CustomerCode 字段的外键
ReceiveGoodsCustomer	varchar(50)	收货客户	不允许为空
ReceiveGoodsCustomerTel	varchar(50)	收货客户电话	长度不超过 12 位
ReceiveGoodsCustomerAddr	varchar(50)	收货客户地址	必须含“市”或“省”字
SendGoodsDate	datetime	发货日期	不允许为空
SendGoodsAddr	varchar(100)	发货地址	不允许为空，必须含“市”或“省”字
ReceiveGoodsAddr	varchar(50)	收货地址	不允许为空，必须包含“市”字
PredeliveryDate	datetime	预期交货日期	允许为空
FactDealDate	datetime	实际交货日期	允许为空
HelpAcceptPayment	numeric(8,2)	代收货款	允许为空
AcceptprocedureRate	numeric(3,1)	代收手续费率	允许为空，默认值为 0
PayMode	varchar(50)	付款方式（1：现金 2：支票 3：微信 4：支付宝）	必须是 1、2、3、4 这四个值中的一个
FetchGoodsMode	SmallInt	取货方式（1：上门取件 2：客户送件 3：自动快递箱取件）	必须是 1、2、3 这三个值中的一个
FetchEmployeePKID	Varchar(20)	取件员工 PKID	不允许为空，是员工基本信息表（T_Employee）中 EmployeeCode 字段的外键
DistributeGoodsMode	SmallInt	送货方式（1：快递员派件 2：客户取件 3：自动快递箱取件）	必须是 1、2、3 这三个值中的一个

续表

字段名	字段数据类型	字段说明	备　注
DistributeEmployeePKID	Varchar(20)	派件员工 PKID	允许为空，是员工基本信息表（T_Employee）中 EmployeeCode 字段的外键
WriteBillPerson	varchar(50)	填票人	不允许为空
WriteDate	datetime	填写日期	不允许为空
Validity	smallInt	有效性（0：无　1：有）	不允许为空，必须是 0、1 这两个值中的一个，默认值为 1
IfAudit	smallInt	是否审核（0：未　1：已）	不允许为空，必须是 0、1 这两个值中的一个，默认值为 0
IfSettleAccounts	smallInt	是否结账（0：未　1：已）	不允许为空，必须是 0、1 这两个值中的一个，默认值为 0
CarriageFee	NUMERIC(8,2)	合同总费用（运费总额）	不允许为空
DiscountRate	Numeric(2,2)	折扣率	小于等于 1
ReduceFund	NUMERIC(8,2)	减款	允许为空
PayKickback	NUMERIC(8,2)	付回扣	允许为空
CarryGoodsFee	NUMERIC(8,2)	送货费	允许为空
InsuranceFee	NUMERIC(8,2)	保险费	允许为空
Remark	varchar(100)	备注	允许为空

建表语句如下：

```
USE ExpressTest                                         --创建货运单主表
create table D_ShipList_Main
(
   PKID int not null,                                   --PKID
 GoodsBillCode varchar(50) NOT null,                    --货运单编号
   SendGoodsCustomerNO varchar(50)  null,               --发货客户编号
 SendGoodsCustomer varchar(50) NOT null,                --发货客户名称
 SendGoodsCustomerTel varchar(50) null,                 --发货客户电话
 ReceiveGoodsCustomerCode varchar(50) NOT null,         --收货客户编号
 ReceiveGoodsCustomerTel varchar(50) null,              --收货客户电话
 ReceiveGoodsCustomer varchar(50) NOT null,             --发货客户名称
 SendGoodsDate DATETIME NOT NULL,                       --发货日期
 SendGoodsAddr varchar(100) NOT null,                   --发货地址
 ReceiveGoodsAddr varchar(100)  NOT null,               --收货地址
 PredeliveryDate DATETIME  NULL,                        --预期交货日期
 FactDealDate DATETIME  NULL,                           --实际交货日期
 HelpAcceptPayment numeric(8,2) NULL,                   --代收货款
 AcceptprocedureRate numeric(4,1) NULL,                 --代收手续费率
 PayMode varchar(50) null,                              --付款方式
```

```
    FetchGoodsMode smallInt null,              --取货方式（1:上门取件  2:客户
                                                 送件  3:自动快递箱取件）
    FetchEmployeePKID int not null,            --取件员工 PKID
    DistributeGoodsMode smallInt null,         --送货方式（1:上门取件  2:客户
                                                 送件  3:自动快递箱取件）
    DistributeEmployeePKID int not null,       --派件员工 PKID
    WriteBillPerson varchar(50) null,          --填票人
    WriteDate DATETIME  NULL,                  --填写日期
    Validity SMALLINT null,                    --有效性(0:无  1:有)
    IfAudit smallInt null,                     --是否审核(0:未  1:已)
    IfSettleAccounts smallInt null,            --是否结账(0:未  1:已)
    CarriageFee numeric(8,2) NULL,             --合同总费用（运费总额）
    DiscountRate NUMERIC(2,2) NULL,            --折扣率
    ReduceFund numeric(8,2) NULL,              --减款
    PayKickback numeric(8,2) NULL,             --付回扣
    CarryGoodsFee numeric(8,2) NULL,           --送货费
    InsuranceFee numeric(8,2) NULL,            --保险费
    Remark varchar(100) null                   --备注

)
```

2. 货运单详表

货运单详表（D_ShipList_Detail）如表 A-2 所示。

表 A-2　货运单详表

字段名	字段数据类型	字段说明	备注
PKID	int	货运详单 PKID	
GoodsBillPKID	int	货运单 PKID	
GoodsRevertBillPKID	int	货运回执单 PKID	
PieceAmount	int	件数	
PackageWeight	real	货物重量	Not null check(PackageWeight>0 and PackageWeight<100)
PackageType	smallInt	货物包装类型	1：袋装　2：纸箱　3：木箱
Volume	real	体积	
PriceMode	varchar(50)	计价方式	1：实际重量　2：体积重量
PriceStandard	varchar(50)	计费标准	
GoodsValue	NUMERIC(8,2)	货物价值	

建表语句如下：

```
USE ExpressTest                                --创建货运单详表
CREATE TABLE D_ShipList_Detail
```

```
(
 PKID int not null,                                    --PKID
 GoodsBillPKID int not null,                           --货运单 PKID
 GoodsRevertBillPKID int null,                         --货运回执单 PKID
 PieceAmount int not null,                             --件数
 PackageWeight real not null check(PackageWeight>0 and PackageWeight<100),
                                                       --快件重量
 PackageType SMALLINT NULL,                            --货物包装类型(0:袋装
                                                         1:纸箱  2:木箱)
 Volume REAL,                                          --体积
 PriceMode SMALLINT,                                   --计价方式（1:实际重量
                                                         2:体积重量）
 PriceStandard REAL,                                   --计费标准（单价）
 GoodsValue NUMERIC(8,2)                               --货物价值
)
```

3. 货运事件表

货运事件表（D_ShipEvent）如表 A-3 所示。

表 A-3　货运事件表

字段名	字段数据类型	字段说明	备注
PKID	Int	货运事件 PKID	
GoodsBillDetailPKID	int	货运详单 PKID	D_ShipList_Detail→PKID
EventName	Varchar(50)	事件名称	
Remark	Varchar(200)	事件说明	
OccurTime	Datetime	事件发生时间	

4. 货运回执单表

货运回执单表（D_CarriageRevertList）如表 A-4 所示。

表 A-4　货运回执单表

字段名	字段数据类型	字段说明	备注
PKID	int	货运回执单 PKID	
GoodsBillDetailPKID	int	货运详单 PKID	D_ShipList_Detail→PKID
GoodsRevertBillCode	int	货运回执单编号	
RoutePKID	int	线路 PKID	T_Route→PKID
LoadStation	varchar(100)	装货地点	
StartCarryTime	datetime	起运时间	
DealGoodsStation	varchar(100)	交货地点	
ArriveTime	datetime	到达时间	
ReceiveGoodsLinkMan	varchar(50)	收货联系人	

续表

字段名	字段数据类型	字段说明	备注
LinkmanPhone	varchar(50)	联系人电话	
LinkmanMobile	varchar(50)	联系人手机	
ReceiveGoodsDetailAddr	varchar(100)	收货详细地址	
CarriageBanlanceMode	SmallInt	运费结算方式	1：预付 2：到付
Remark	varchar(200)	备注	
DriverPKID	int	司机 PKID	
IfBalance	smallInt	是否结算	0：未结 1：已结
BackBillState	SmallInt	回执单状态	0：未到达 1：已到达 2：已提货
StartAdvance	NUMERIC(8,2)	起运时的预付费用	
CarryGoodsInsurance	NUMERIC(8,2)	承运人货物保证金	
DispatchServiceFee	NUMERIC(8,2)	配载服务费	
AllCarriage	NUMERIC(8,2)	总运费	
Insurance	NUMERIC(8,2)	保险费	
SignTime	Datetime	签定时间	
AcceptStation	Varchar(100)	接货点	
CarriageMode	SmallInt	运费计价方式	1：普通货物计价 2：特种货物计价 3：优待计价

5. 货运差错表

货运差错表（D_CarriageError）如表 A-5 所示。

表 A-5 货运差错表

字段名	字段数据类型	字段说明	备注
PKID	Int	货运差错 PKID	
CarriageRevertPKID	int	货运回执单 PKID	D_CarriageRevertList→PKID
MistakeType	Int	差错类别	T_ErrorType→PKID
PieceAmount	int	差错件数	
GoodsValue	NUMERIC(8,2)	差错货物价值	
CompensateFee	Money	赔付金额	
CompensateDate	datetime	赔付日期	
Remark	Varchar(100)	备注	

6. 货运差错类型字典表

货运差错类型字典表（T_ErrorType）如表 A-6 所示。

表 A-6 货运差错类型字典表

字段名	字段类型	字段说明	备注
PKID	Int	货运差错类型 PKID	
ErrorName	Varchar(50)	差错类型名称	
ErrorRemark	Varchar(200)	差错类型说明	

7. 中转信息表

中转信息表（D_Transfer）如表 A-7 所示。

表 A-7 中转信息表

字段名	字段数据类型	字段说明	备注
PKID	Int	中转 PKID	
CarriageRevertPKID	int	货运回执单 PKID	D_CarriageRevertList→PKID
TransferStation	varchar(50)	中转地	
TransferAddr	varchar(100)	中转详细地址	
TransferCheck	varchar(50)	中转验收人	
CheckTime	datetime	验收时间	
TransferSendTime	datetime	中转发车时间	
TransferFee	money	中转费	
AfterTransferBill	Varchar(50)	中转后单号	
TransferCompany	Varchar(50)	中转公司名称	
Remark	Varchar(100)	备注	

8. 客户运单结算表

客户运单结算表（D_ShipFeeList）如表 A-8 所示。

表 A-8 客户运单结算表

字段名	字段类型	字段说明	备注
PKID	Int	费用结算 PKID	
GoodsBillCode	varchar(50)	货运单编号	
ReceivedMoney	NUMERIC(8,2)	付费金额	
ReduceFee	NUMERIC(8,2)	减费金额	
PayTime	datetime	付费时间	
BalanceType	smallInt	付款类型	1：现金 2：公对公转账 3：支票 4：支付宝 5：微信
PayerName	Varchar(20)	付款人姓名	
Remark	Varchar(100)	备注	

9. 客户基本信息表

客户基本信息表（T_Customer）如表 A-9 所示。

表 A-9 客户基本信息表

字段名	字段数据类型	字段说明	备注
PKID	int	PKID	标识，从 1 开始自增，增量为 1
CustomerCode	varchar(20)	客户编号	主键
Customer	varchar(50)	客户名称	不允许为空

续表

字段名	字段数据类型	字段说明	备注
Phone	varchar(20)	电话	允许为空，长度不超过 12 位
Fax	varchar(50)	传真	允许为空，长度不超过 12 位
CustomerAddress	varchar(50)	地址	允许为空
PostCode	varchar(10)	邮编	长度必须是 6 位
Linkman	varchar(20)	联系人	允许为空
LinkmanMobile	varchar(20)	联系人手机	长度必须是 11 位
CustomerType	varchar(50)	客户类型（1：政府机关　2：事业单位　3：国有企业　4：民营企业　5：个人）	允许为空，必须为 1、2、3、4、5 这 5 个值中的一个，默认值为 4
EnterpriseProperty	Smallint	企业性质（1：独资　2：合资　3：外资）	允许为空，必须为 1、2、3 这五个值中的一个
EnterpriseSize	Int	企业规模（企业人数）	允许为空
LinkManEmail	varchar(50)	联系人电子邮件	允许为空，要求必须含”@”

10. 公司员工基本信息表

公司员工基本信息表（T_Employee）如表 A-10 所示。

表 A-10　公司员工基本信息表

字段名	字段数据类型	字段说明	备注
PKID	Int	员工 PKID	标识，从 1 开始自增，增量为 1
EmployeeCode	Varchar(20)	员工号	主键
Name	Varchar(20)	姓名	不允许为空
Gender	smallint	性别（1:男　2:女）	允许为空，必须是 1、2 这两个值中的一个
BirthDate	Smalldatetime	出生日期	允许为空
NativeProvince	Varchar(20)	籍贯省份	必须包含“省”或“自治区”或“市”字
NativeCity	Varchar(20)	籍贯市	允许为空，必须包含“市”字
EntryDate	Smalldatetime	入职日期	允许为空
PositionType	smallint	岗位类型（1：高层管理　2：中层管理　3：基层员工　4：外聘　5：实习）	允许为空，必须为以上五个值中的一个
Salary	Numeric(6,0)	工资标准	允许为空

11. 运营线路信息表（T_Route）

运营线路信息表（T_Route）如表 A-11 所示。

表 A-11　运营线路信息表

字段名	字段数据类型	字段说明	备注
PKID	int	线路 PKID	
StartStation	varchar(50)	起点	
EndStation	varchar(50)	终点	
Distance	real	里程（千米）	
FetchTime	real	抵运时间（小时）	

参 考 文 献

[1] 张庆华，程国全. 物流信息系统开发技术基础. 北京：中国物资出版社, 2007.
[2] 明日科技. Java 从入门到精通. 北京：清华大学出版社, 2019.
[3] 陈佳,谷锐,徐斌. 信息系统开发方法教程. 北京：清华大学出版社, 2019.
[4] 慕静,任立肖,檀柏红. 管理信息系统开发方法、工具与应用. 北京：清华大学出版社, 2018.
[5] Abraham Silbersehats. 数据库系统概念. 北京：机械工业出版社, 2012.
[6] Jeffrey D.Ullnam, Jennifer Widom. 数据库系统基础教程. 北京：机械工业出版社, 2009.
[7] 牟综磊，吕橙，任彦龙. 数据库原理与 Web 应用. 北京：中国电力出版社, 2020.
[8] 王亚平. 数据库系统工程师教程. 北京：清华大学出版社, 2018.
[9] MICK. SQL 基础教程. 北京：人民邮电出版社, 2017.
[10] Alan Beaulieu. SQL 学习指南. 北京：人民邮电出版社, 2015.
[11] Anthony Molinaro. SQL 精典实例. 北京：人民邮电出版社, 2018.
[12] 明日科技. SQL Server 从入门到精通. 北京：清华大学出版社, 2020.
[13] 明日科技. HTML+CSS+JavaScript 编程从入门到精通. 北京：电子工业出版社, 2019.
[14] 唐永芬. HTML+CSS 网页设计教程. 北京：北京交通大学出版社, 2020.
[15] 林龙，刘华贞. JSP+Servlet+Tomcat 应用开发从零开始学. 北京：清华大学出版社, 2019.
[16] 王春明，史胜辉. JSP Web 技术及应用教程. 北京：清华大学出版社, 2018.
[17] 孙华林. 构建 Web 应用系统:基于 JSP+Servlet+JavaBean. 北京：机械工业出版社, 2017.
[18] 张桓. Java Web 动态网站开发. 北京：人民邮电出版社, 2018.
[19] 吴志祥. Java EE 开发简明教程. 北京：电子工业出版社, 2020.
[20] 杨开振. Java EE 互联网轻量级框架整合开发. 北京：电子工业出版社, 2017.
[21] 肖睿，肖静，董宁. SSM 轻量级框架应用实战. 北京：人民邮电出版社, 2018.
[22] 李西明，陈立为. SSM 开发实战教程（Spring+Spring MVC+MyBatis）. 北京：人民邮电出版社, 2019.
[23] 王维强，曲志斌. 基于 J2EE 的物流信息管理系统的设计与实现. 武汉科技大学学报:自然科学版, 2006(01):95-97.
[24] 储泽楠，王伟. 基于轻量级 J2EE 架构的 ERP 物流管理系统的设计与实现. 计算机时代, 2019, 321(03):40-42.
[25] 周凯，王民. 一种基于 Java 和 MySQL 的物流服务协同平台. 电子技术与软件工程, 2018, 000(010):184-184.